ぼくの音楽人生

服部良一

エピソードでつづる
和製ジャズ・ソング史

日本文芸社

父の想い出

服部克久

父は生前、よく手紙を書いた。僕や家族だけでなく、いろいろな人に、まめに書いた。テレ屋で、何でも格好良くお洒落にやりたいほうだったから、面と向かって、堅苦しく説教をしたり、ほめたりするのは、気づまりだったのかも知れない。

もっとも僕の小さい頃は、人に自分の息子を紹介するのに、「本当にこいつはいい奴で…」と、こちらが照れくさくなって、父の背広のすそをひっぱるまで、やめなかったことを記憶しているから、筆まめになったのは、脳梗塞でたおれて、口が不自由になった故もあるのかも知れない。

昭和59年に、僕が初めてのアルバムを出した時にも、手術後のちょっと乱れた字で、枡目をはみ出すように大きく勢いのある手紙をもらった。やっとお前らしい音楽が出来たこと、服部良一の世界とまた一味違ったものを作りあげたことなどを、父らしく素直に書いてあった。

僕はその頃ちょうど、壁にぶつかっていた時だったので本当にうれしかった。そのうれしい想いを、キチンと父に返すことが出来たかどうか今ちょっと記憶にない。母方の江戸っ子の血の故か、どうもうまくお礼なんか言えない。なんていうか、こう口の中でモゴモゴといっておしまいになる。

それにくらべると父は感情表現が実に豊かだった。たとえばメロディが出来上がると、大きな声で家族全員を呼び集める。出来たてのホヤホヤを自作自演で我々に聞かせる。「どうだ?」と自慢気な父。「なんか、真ん中の所がおぼえにくいなー」などと、子供たちも一人前にクリティックするのだが、もちろん父は絶対に自信があるから、そんなことでは直しやしない。しかし、一事が万事ですべてがあけっぴろげの父である。

父は、好きな人と大切な家族にかこまれて、ビールのグラスを手にしている時が、もっとも幸せで、次から次へと話はつきない。もっとも世間話なんかは苦手で、話題はほとんど音楽中心になる。「喫茶店でダべるというのは、どうしてもダメだね」、と二度僕に言ったことがあるが、何となく時間潰しをするのはいやでも、音楽の話なら何時間でもOKだった。そしてアルコールが少しまわってくると、オヤジ独特のいろいろな言い回しが出てくる。

そんな良一語録をいくつか並べてみよう。

●

「カマチー」我々が小さい時、父は酔っぱらうと、すぐにベロベロとなめたがった。もちろん、子供たちは必死で逃げまくるのだが、なめそこなった父は、「本当にお前たちはカマチーねえ」と言うのだ。かわいいという意味で、これはいったい何弁であろうか、未だにちょっと判らないのだが、ただかわいいんじゃなくって実にかわいいと父は言いたいのである。とにかく子煩悩で、今までに、一度もなぐられたこともないし、きつく怒られることもなかった。

何しろ、できれば、広い土地の真ん中に自分の家があって、それをすべて、渡り廊下でつないで、家族全員で住みたかったのだから。

そんな親馬鹿の父も、二人目の子供が出来るまでは、飲んで歩いて家に帰るまで、自分が子持ちだということを完璧に忘れていたらしい。最初の子供へのお土産は銀座の夜店で買った蛍だった。長いことタクシーにゆられて帰って来た青い蚊帳の小さな籠に入れられた蛍のほのかな光を今でもおぼろ気におぼえている。

「涙ぐましい」父はビールがとにかく大好き

大正 13 年ごろ、出雲屋少年音楽隊。（前列左から 3 人目）

キング・ダンスホール・バンマス時代。（後列右から 2 人目）

で、うれしいにつけ、悲しいにつけ、いつでも、どこでもビール。親指と人差し指でグラスのふちをつまむ、独特の持ち方でぐっと飲みほしては、「涙ぐましいねえ！」が、口ぐせ。何にでもすぐ感動し、音楽を慈しみ、家族を愛し、友達を愛し、にぎやかなことが大好きだった。

毎年十月一日の誕生日とクリスマスイヴは、人を大勢集めてパーティーをやった。その日は、当時の人気スターたちがたくさん家に見えて夜おそくまでドンチャン騒ぎ。子供たちもその日だけは、朝まで起きていて、大人たちと一緒に過ごせる楽しい日だった。

今でも当時の写真を見ると灰田さん・笠置さん・堺さん・森繁さん・アキレタボーイズ、そして何より大事だった家族たちにかこまれた、父のうれしそうな笑顔がそこにある。父にとってこの一瞬は何よりも「涙ぐましい」ことだったに違いない。みんなで一晩中大騒ぎしていつの間にかソファーでうたた寝。ふっと寒くなって起き上がったねぼけまなこに、外は真白な銀世界。あの日のホワイト・クリスマスは、父風に言えば、本当に「涙ぐましい」朝でした。

「元旦や、もちで押し出す、去年ぐそ」これは正月、おとそを祝った後、子供たちが「きたなーい！」と騒ぐ中を毎年必ず読み上げるお得意の一句である。

●

さて、家ではいつもニコニコしている父も仕事となるとガラリと変わる。

東宝映画、松竹、日劇、コロムビア、ビクターと目の回るような毎日を過ごしながら、次々と曲を書き、ステージのアイデアを出し、時には歌詞も書いて、指揮もして、今で言えばスーパーアイドル並みの忙しさだった。

もちろん飛行機なんかない時代だから、一度コンサートツアーなんかに出てしまうと、

◀昭和10年、帝国ホテルにて音楽結婚式。

恩師エマヌエル・メッテル先生。

何日も逢えない。第一、家に居たってほとんど仕事場に閉じこもっているほうが多かった。大体、徹夜になる訳でちょうど朝七時頃、僕らが学校へ行く時間なんかでも、まだ前の晩から起きていて、母が後ろから棒で父の背中を押しているのに出くわしたりして、大変だなあ、と子供心にも感じたものだ。そういう時は、何かこう声を掛けにくい、いつもと違う父を感じた。

歌手の人たちの服部良一評はマチマチで、ものすごく怖い、という人と、本当に優しい、という正反対の二つにわかれる。

『買物ブギ』の時も、前の日劇のショーと次のショーの間に必死で書き上げた曲を、笠置シヅ子さんが食事もとらないで、家にかけつけたのをとっつかまえてすぐレッスン。おなかが空いて死にそうな笠置さんが、「とりあえず、何か食べさしてください」というのを鬼のように拒否して猛レッスン。あの長い曲をおぼえるまで、メシを食わさなかったもんだから、とうとうべそをかく有様。

宮城マリ子さんも、やっと新曲をもらってレッスンしてもらったのだが、どうしてももう一回練習したいということで、「ヨシ!それじゃ明朝七時に来い」と言うのをすっかり真に受けてしまった。朝早いので電車がないために、一晩中、戸口の所で待っていたマリ子さん、朝出て来たもう一人のマリ子さん(母)は、「あらまた、悪い冗談言って、しょうがないわねえー」とこれでおしまい。それでもマリ子さんの服部評は「やさしい先生」ということになる。

まるでモーツアルトのように自分の音楽をこよなく愛した父にとって、歌手やミュージシャンは特別に大事な人たちだったに違いない。何とか自分の音楽をより良くし、表現してもらいたいために、おどしたり、すかしたり、時には優しくなだめたり、ということで

昭和 12 年、響友会のメンバーとともに。（前列右から 4 人目）

昭和 13 年、コロムビア作家室。（左から 5 人目）

評価がわかれることになる。

若い時は、今でいう、いわゆるミュージシャンで、サックス片手に大阪のカフェーで荒かせぎ、時にはメガホンで歌もうたったりした。クラシックの勉強を一応してからポップス、ジャズにあこがれて作曲家になるというパターンは、僕と息子の隆之に引き継がれているし、現在ではよくある話なのだが、あの頃では珍しかったのだと思う。

だから作曲家として有名になってからでも、ただ、詩とにらめっこしながらメロディを作るというのではなく、実際にステージやショーらで演奏し、お客さんの反応を見てからレコーディングするというケースが多かった。

『東京ブギ』や『買物ブギ』は、そうしたステージでの評判が良くって後からレコーディングをした例で、また、ルンバ、ボレロ、ビギンなどリズム物が多いのも、自分がミュージシャンだった経験が、大いにモノを言っていると思う。

さらに、父の得意な分野の一つに、シンフォニック・ジャズがある。戦争中に上海で書いた『夜来香幻想曲』や『サキソフォン・コンチェルト』『若人の歌』など大きなオーケストラを使ったポップスミュージックは大好きで、NHKの『世界の音楽』や、日本中をツアーした『日立コンサート』と、存分に腕を振るった。晩年は『交響詩曲ぐんま』や『グリーン利根』など、クラシックぽいものを書くようになったが、いずれにしても日本ではこの分野で、父の右に出る人はなく、僕がフランスから帰った昭和33年、親子コンサートを開いた時も、父の編曲のほうがはるかに音がなるので、すっかり自信を失くしたおぼえがある。また、変な所に我慢のない人で、薬でもなんでも病院を出たら、すぐ屑箱に捨ててしまうし、大嫌いな風呂は、母に百万遍も言われて渋々入るという調子の父が、あんなに

昭和16年、吉祥寺の自宅にて。

昭和 18 年、満州ハルピンにて。

面倒くさいオーケストラのスコアを好んでよく書いたものだと思う。

録音の時間もかなりルーズで、「ハットリタイム」という言葉があったくらいよく遅刻した。もっとも本人に言わせれば、ギリギリまでねばって良いものを書こうとするからおくれるんだとのこと。この伝統（？）は私にも、私の息子にもしっかり受け継がれている。

そうかと思うと、作品帳などはキチンと整理されて、通しナンバーがうってあったりして、妙に几帳面な所があるのだから面白い。この四、五年は、字を書くのも不自由だったと思うのに、昭和63年2月29日の日付で、父の最後の作品が、「沼田南中学校校歌」と書き込まれている。通し番号は3593番。

●

昭和58年の『ミュージック・フェア』の収録の後、身体の不調を訴え、翌年大阪の国立循環器病センターで脳梗塞の手術を受けた際、担当の菊池先生から、「普通、他の人にはない所に血管が一本通っています」と言われた。もしかすると、それが、脳になんらかの刺激を与えて、服部良一を作り上げたのかも知れない。まんざら、あり得ない話でもないと思うのは、昔、酔った後、耳の所がザワザワしてうるさいと母によく訴えていたことを記憶しているからだ。

父は、金にまったく無頓着で、かせいだ（本人には、かせいだという意識はない）金は、大半がビールの泡と消え、残ったもので、5人の子供を学校にやり、僕もパリに留学させて頂いた訳で、母はだいぶ苦労したと思う。

良く言えば天真爛漫、悪く言えば、無茶苦茶。ヴアガボンド、自由人、天才、淋しがり屋の飲み助、甘い父親でこわい先輩、ルーズで几帳面、これがみんな、あの一本の血管の故だとしたら、神様ってすごいと思う。

昔はよく二人で、音楽論を戦わせたりして、

昭和 21 年、終戦直後の我が家。(右上・長男克久)

昭和 35 年、服部良一銀婚式パーティーにて。

すごく楽しかった。音楽家には音楽家にしかわからない悩みや話題があって、それが父子で出来るというのが、父にとってはすごくうれしかったのだと思う。だから長男の隆之が、パリに留学して、同じ音楽の道を歩むようになったことは、なんとも「涙ぐましい」ことだったに違いない。

常々なんとか三人でコンサートをやりたいと考えていて、平成2年、横浜博の会場で、服部三代コンサートを実現することが出来た。平成3年には、大阪・花博の会場で、八代亜紀の『服部良一アルバム』を三人でやり、平成4年の10月25日には、音楽生活70周年を記念して、大阪城ホールで『服部良一祭』を開催した。

当日は、母や妹たちの心配をよそに、元気に大阪にあらわれ、関係者がハラハラする中、ちゃんと記者会見をこなし、公演後の打上げはもちろんのこと、2次会まで行ったのには、うれしいやら、呆れるやら。出演の南こうせつ、財津和夫、エポたちと、楽しく歓談したあげく、最後は出演者全員と肩を組んで『青い山脈』の大合唱となった。若い出演者にとっては、感激の一瞬で、何かジェネレーションをこえて、みんなの胸に服部メロディが伝わっていく実感があった。

この年は本当にいろんなことがあった。11月15日には恒例の『交響詩曲ぐんま』の発表音楽会で、またまた涙ぐましいことに、孫の朋子がソプラノのソロを受け持って、涙また涙。12月には、天王洲のアートスフィアで『服部家の人々』という親子三代プラス次男の良次のプロデュースというミュージカルが、四日間にわたって行なわれ、連日劇場に通った。さすがにこの四日間の劇場通いは、こたえたのだろう、翌日からかなり具合が悪くなったと妹から聞いた。

大体、昼寝なんかしない人が、昼間ちょっ

愛妹・富子と自宅にて。

平成４年、『服部家の人々』楽屋にて。

と横になったり、食欲が落ちてきたりと、心配な症状が出る中、それでも、レコード大賞で音楽文化賞を頂くと、自分で会場に貰いに行くと言い出して、家族を慌てさせた。いくつになってもおとろえないサービス精神、音楽をやる仲間たちと常に一緒にいたいという気持ち、そしていつまでも現役だという強い自信とヴァイタリティーには本当に頭が下がる思いである。

あれやこれや想い出しながら、ロンドンでこの文をしたためている。息子の隆之と二人でレコーディング。いろいろと音楽の話で弾

昭和45年、日本作曲家協会のパーティーにて。(古賀政男とともに)

親子３人でテレビ共演。
昭和 60 年、帝国ホテルにて金婚式。（12 月 8 日）

親子三代の音楽一家。(克久、隆之とともに)

みながら、二人の姿に父と僕の姿が重なる。

もう一度でいいから元気な父と好きなビールを飲みながら音楽の話がしたかった、などと言うと、父に「しっかりしろ」と叱られるかも知れない。

今年もまた、大阪で『服部良一音楽祭』、三越劇場で「笠置シヅ子」、芸術座で森光子さんの服部メロディを使っての公演など何かと父を想い出す機会が多い。

日本のポップスの創始者としての、父良一に対する評価は、まだまだこれから上がっていくことと思われるし、何よりも父の作品と生き方に共感をいだく若いミュージシャンが増えていることが、我々にとってはうれしい。

作曲家にはノレンはないけれど、良一から克久・隆之と音楽家の血を大事にして、日本のポップスミュージックのためにがんばって行くことが、父に対する何よりの供養だと思う。


(1993年2月)

ぼくの音楽人生——エピソードでつづる和製ジャズ・ソング史——目次

装幀／ナカジマブイチ（BOOLAB.）
カバー写真／©服部音楽出版

●本書は一九九三年三月一五日、日本文芸社発行の『ぼくの音楽人生』に加筆・訂正を加えたものです。

ぼくの音楽人生

——エピソードでつづる和製ジャズ・ソング史

道頓堀ジャズ

道頓堀周辺を、ニューオーリンズのようだと思った一時期がある。大正の末のころのことだ。

ニューオーリンズは、音楽好きの人なら誰でも知っているアメリカ南部・ミシシッピー川の河口に近い大都会、ジャズ発祥の地として有名である。正確には、ジャズが音楽的に形をととのえて、爆発的に演奏された町、というべきか。

南北戦争が終り、奴隷が解放された一八六五年（慶応元年）後に、自由を得た黒人の間で不用になった軍楽隊の楽器――コルネット、トロンボーン、チューバ、クラリネット、小太鼓などを手に入れて気儘に演奏することが流行した。特に、ニューオーリンズは南部労働力の中心として、アフリカ大陸から連れてこられた黒人が多く、またフランスの植民地であったりスペイン領であったりした特異な歴史をもつ都会であったので、音楽の面でも不思議な混交がみられた。

ジャズは、こうした、アフリカ黒人がその血の中に持っていた原始的な舞踊リズムと欧州の音楽、さらにアメリカ原住民に伝わる古い民謡などが結合されて生まれたものだと言われている。

では、こうした、いわゆるクロスオーバーな新興音楽が、なぜジャズといわれるのか？　定説はないようだ。今はJazzで統一されているが、スペルも古くはJas, Jaz, Jasm, Jassとまちまちである。ジャズボ・ブラウンというプレーヤーからきた称だとする説、チャズと呼ばれたドラマーの名前がジャズになったという説、鳥のけたたましい鳴き声をフランス語でJaserというので、それが語源だと主張する者、エネルギッシュなスポーツを指すスラング説、同じスラングでも性行為を意味する、というのまである。

そんなセンサクはどうでもいいと、ぼくは思っている。ジャズ、その響きだけで、トランペットやクラリネット、サックス、ピアノ、ドラムス……などの渾然一体となったホットな音が聞こえてくるではないか。そして、それが演奏された十九世紀末のニューオーリンズのストリーヴィルと呼ばれた歓楽街の、酒場《バー》やダンスホールや船の雰囲気までが伝わってくるようだ。

同じように、大正末のミナミと呼ばれる大阪道頓堀周辺の歓楽街の、酒場《カフェー》やダンスホールや町角にジャズが満ちあふれていた。

ミシシッピー川をジャズ・バンドを乗せて上り下りしたという絢爛《けんらん》たるショーボートこそなかったが、道頓堀川に浮かんだ粋な屋形船で熱演するジャズ・バンドの姿は見られた。

『河合ダンス』（日本バレーの草分けである河合幸七郎が主宰）という芸者のジャズ・バンドまでが絶大な人気を博していた当時のミナミである。若くて美しい芸者衆が、杉田良造という大阪ジャズの先駆者の指導よろしきを得て、三味線をサックスやクラリネット、シロフォンなどに持ち替え、待合やパーティーでジャズを演奏し、合わせてアクロバットやタップダンスを披露して大正デモクラシーの華《はな》と謳われたものだ。中でも、駒菊という絶世の美女がいて、その姿は今でもぼくの瞼に焼きついている。

当時ミナミに、このようにジャズの全盛期が到来したのには幾つかの起因がある。

底流としては、アメリカで発生したジャズがようやく日本に知れて、普及し始めたこと。アメリカ航路の船の中でサロン・ミュージックやダンス音楽を演奏するために雇われた日本人のミュージシャン（明治四十五年七月に東洋汽船の地洋丸に乗った、東洋音楽学校卒の波多野福太郎、奥山貞吉ら五名が最初といわれる）が、本場でジャズを仕入れてきて、日本にもち帰り、日本人プレーヤーの中でジャズ気運が高まっていたこと。洋盤のレコードや楽譜も渡ってきた。

軍楽隊、東洋音楽学校（今の東京音大）、バンド屋、少年音楽隊などの出身の、洋楽器を扱えるプレーヤーが人数、技量ともに充足してきたこと。このため、欧米かぶれのダンスホールが主要都市に増えていた。

ここで少し解説すると――日本の軍楽隊は明治二年（一八六九年）、薩摩藩の侍三十人が横浜でイギリス人から洋楽を伝習されたのが始まりといわれている。東洋音楽学校の開校は明治四十年（一九〇七年）。地洋丸に乗った波多野福太郎らは第二回卒業生が四人と第三回卒業生が一人であった。『船のバンド』のはしりである。

『バンド屋』というのは、主として東京と大阪にあって、全国の映画館（無声映画だった）などに楽士を送りこんだ口入れ業者。多くは軍楽隊出身だったが、その親方が音楽好きの若者を養成してマネージメントした。今の芸能プロダクションのようなものだ。ここから無数の人材が巣立った。

『少年音楽隊』も多くの優秀な音楽家を世に送り出した。デパートが宣伝用に作った少年ブラス・バンドである。可愛い制服を着て、懸命に演奏し、来客を楽しませたものだ。日本橋三越と大阪三越が最も早く、それぞれ明治四十二年の結成。名古屋の松坂屋少年音楽隊が明治四十四年の発足。大阪高島屋の少年音楽隊の創立は大正十二年。

同じ大正十二年に、今一つ、大阪に『出雲屋《いづもや》少年音楽隊』というのが誕生している。出雲屋はデパートではない。うなぎ屋である。といっても、堂々たる建物の、うなぎ料亭やレストランを擁する食堂チェーン・ストアである。この出雲屋の若旦那が進取の人で、

「高島屋や松坂屋が少年音楽隊を持って派手にやっておます。出雲屋も同じ〝屋〟がついてまっせ。そんなら、うちでも立派な音楽隊をこさえて、売り上げを倍増しようやおまへんか」

といった発想で、大々的に隊員募集を行なったのである。

じつは、かく言うぼくは、その『出雲屋少年音楽隊』の出身である。一期生で、入隊が大正十二年（一九二三年）九月一日。奇《く》しくも、関東大震災の日だった。入隊式のさい中に、会場の戸障子がミシミシと音をたてて揺れたことを覚えている。

ともあれ、その日が、ぼくの音楽入門の日だ。早いもので、その日からもう六十年になる。音楽

人生六十年というわけである。

出雲屋少年音楽隊の入隊事情や隊員時代のエピソードは後ほど記すとして、うなぎ屋までがバンドを持つ時代風潮が大正末期の大阪道頓堀にあったのである。

以上いろいろ述べたのは、大阪にジャズ全盛期が到来した底流についてであったが、それが激流となって道頓堀周辺に渦巻く起爆剤になったのは、関東大震災であったのだ。

東京・横浜をはじめ関東一円を壊滅させたマグニチュード七・九の大地震は誘発した火事とともに、文化施設と娯楽施設をも徹底破壊した。職場を失ったミュージシャンが、大挙して、大阪へ流れ込んできたのである。

焼野原になった東京・横浜に見切りをつけた財界人や商売人も関西へやってきた。文化人や芸術家たちも疎開してきた。かくして、大阪に、人と富と文化が集中したのである。

*

人があふれ、商業活動が盛んになると、それと表裏をなして歓楽への欲求が強まる。一九〇〇年前後のニューオーリンズと同じである。

大阪人特有の商売気と義侠心もあった。関東勢の失業楽士救済と、もうかることから、道頓堀周辺の食堂やカフェーが、こぞってバンドを入れたのである。ダンスホールも急激に増えた。需要と供給の原理というやつであろう。

道頓堀、千日前、難波新地一円の雑踏の、青い灯、赤い灯のきらめく道という道には、「ジャズ・バンド毎夜演奏」の看板が競うように貼り出され、店内では女給の嬌声にまじって、『テル・ミー』『ティティナ』『ティペラリー』『ダンス・オリエンタル』『キャラバン』『オーバー・ゼア』などが歌い演奏されたのである。

ぼくは、日本ジャズ史上でも特記されるべきこの時代の大阪ジャズを『道頓堀ジャズ』と心の中で命名し、ぼく自身その渦中にあった当時の熱気を今もなつかしんでいる。

その最高潮は『道頓堀行進曲』が道頓堀の映画と歌劇の殿堂・松竹座で上演された昭和三年（一九二八年）の初夏だったと思う。

前年、映画スター岡田嘉子が、日活（京都の大将軍に撮影所があった）で『椿姫』を撮影中、アルマン役の竹内良一と「不義の駈落ち」をするという事件があった。何しろ、岡田嘉子は人気最高の主演女優である。相手の竹内良一が、また、男爵家の御曹子という異色の出自をもつ天下の二枚目である。世間はあっと驚いたが、主演二人に逃げられては撮影はできず、中止。二人は映画界から追放されてしまった。仕方なく、二人は岡田嘉子一座を組んで旅巡業に出かけた。大阪では松竹座が引き受け、彼女と彼のために小唄レビュー『道頓堀行進曲』を企画したのである。

しばしば述べたように、当時の道頓堀はジャズのメッカだ。松竹座オーケストラの気鋭のピアニスト・塩尻精八が作曲した主題歌『道頓堀行進曲』（詞・日比繁治郎）は四分の四拍子の行進曲風のなかにシンコペーションを用いたジャズ調で、この曲は道頓堀カフェーで一斉に歌われたものだ。

松竹座の公演も、時の人岡田嘉子への見世物的興味も加わって空前の大当り。松竹座の三階が落

⇧昭和2年、大阪BKコンサート。後列左端が塩尻精八。その右が筆者。

ちかけて、これがまた話題をさらったこともあった。岡田嘉子は芝居がはねると、あちこちのカフェーに特別出演しては、

赤い灯　青い灯　道頓堀の
川面にうつる　恋の灯に
なんでカフェーが　忘らりょか

と歌い、ときには客との大合唱になって浪花っ子を湧かせたものである。

こうした熱狂の道頓堀ジャズ・エイジは、しかし、長くは続かなかった。水をさしたのは、大阪市が公布したダンスホール規制条令である。

大正十五年十二月二十五日に大正天皇が崩御された。全国民は喪に服した。直ちに改元された昭和の元年は数日で昭和二年の正月を迎えたが、なおしばらく興行街も歓楽街も歌舞音曲の類をつつしまねばならなかった。

結局、この静粛が尾をひいた形で、この年の十二月二十六日のクリスマス明けを期限として、大阪市内のダンスホールの営業が禁止されたのである。男女が体を寄せ合って踊るのは良風美俗に反する、というわけだ。カフェーはひきつづき営業が許され、折りからの映画のトーキー化で職を失った伴奏楽士のなだれこみもあって、ますます繁盛していった

が、ジャズは衰微した。なぜなら、ダンスはまかりならぬカフェーでは、どうしてもムード音楽的なものが主となり、ジャズはダンスホールでしか本領を発揮できないからである。ここで言っておきたいのは、戦前においては、日本はもちろん、本場のアメリカでも、ジャズはダンスミュージックとほとんど同意語であったということだ。

その実証として、当時アメリカで人気最高だったポール・ホワイトマン楽団は、ワルツも演奏する、どちらかといえばスイートなダンス・オーケストラだったが、リーダーのホワイトマンは「キング・オブ・ジャズ」、ジャズの王様を自称して、世間もそれを認めていた事実をあげよう。また、アル・ジョンスンの例もあげる。世界最初のトーキー劇映画はアメリカのワーナー社の『ジャズ・シンガー』であるが、主演のアル・ジョンスンはヴォードビルの芸人で、今でいうポピュラー・シンガーである。それが堂々、ジャズ・シンガーとして、彼の歌声が世界ではじめてスクリーンからとび出し、世界中を感激させたというわけだ。

さて、大阪市のダンスホール禁止令で活躍の場を失ったジャズ系のミュージシャンたちはどこへ行ったか？

まず、神崎川を渡って、隣接の兵庫県へなだれこんだのである。兵庫県はダンスホールＯＫで、大阪の廃業を横目でみながら、阪神国道沿いの杭瀬、尼崎、西宮、神戸に、大きな店が次々に開店していった。そして、欲求不満のジャズ・プレーヤーとダンス狂の客を吸収して大いに繁盛したのである。

ぼくも、県境の橋を渡って兵庫県のダンスホールへ転進した一人であった。

そのとき、ぼくは、またしてもアメリカのジャズの歴史に思いを馳せたものだ。ジャズのメッカ、ニューオーリンズも無粋な法令でジャズメンが職を失い、ミシシッピー川をのぼり、あるいは汽車に乗って、シカゴやニューヨークへ散っていった過去をもつ。無粋は、かの地の場合、第一次世界大戦にアメリカが参戦したことによるニューオーリンズの軍港化であった。歓楽街のストーリービルが全面閉鎖にあい、従って大勢のバンドマンがお払い箱になったわけだ。

彼らは、働き場所を求め、同時にジャズをひろめるために、それを受け入れてくれそうな大都会のシカゴやニューヨークへ向かった。

そのことを思い浮かべ、昭和の初期、ぼくはサックスケースをかかえて神崎川を渡りながら、その向こうの杭瀬、尼崎地帯をシカゴに擬《ぎ》し、東京へ向かった連中をニューヨーク派とひそかに呼んだものである。

アメリカでは、ニューオーリンズから、シカゴ、ニューヨークへジャズメンが進出することによって、ジャズはさらにクロスオーバーして大輪の花を咲かせた。

日本も同じであった。

ジャズの中心は、やがて、大震災の復興が成った東京へ移ってゆく。

明治・大正の洋楽

話を少しもどそう。

ぼくは明治四十年十月一日の生まれである。が、近ごろでは人に聞かれたときは一九〇七年生まれだと答えることにしている。明治生まれというだけで頭が古いと思われたくないからだ。

大阪の玉造のはずれ、本庄が出生の地である。ぼくが五歳になるころには、わが家は谷町九丁目に引っ越してきていた。谷町は寺町である。界隈は大小の寺院が甍《いらか》と築地塀を並べていた。

高台には、近松門左衛門の『生玉心中』で名高い生国魂《いくたま》神社があり、少しはなれて高津宮がある。ぼくが幼時をすごした家は、その中間の、ゴミゴミと立ち並んだ棟割り長屋の一軒であった。

父の名は久吉、母はスエといった。姉が二人、妹が二人の五人きょうだい。父の家は代々尾張の人形師だった。人形といっても土をこねて作るおもちゃの人形だ。祖父の代に大阪へ移ってきたらしい。文明開化著しく、人形もセルロイドやゴムや製品になって素朴な土人形や土の動物のおもちゃは商売にならず、ぼくの幼時には父は昼間は砲兵工廠で臨時工をしていた。夜だけ人形づくりを細細とやっていた。

母は、今東光和尚の小説に出てくる河内の出身である。働き者で、子供の世話をする一方、毎日毎夜、さまざまな手内職で家計を助けていた。

父は近所では「ホトケの久さん」と呼ばれるくらい馬鹿正直で、他人のことは義理堅く、決して融通のきくほうではなかった。が、若いころは多少道楽をしたようで、鳥打ち帽をかぶった、ちょっと小意気な姿の写真は今でも残っている。母は、そんな父から田舎くさい、と言われたこともあったようだが、ほんとうに律義で、まじめな性格だった。子供のしつけも実にきびしかった。物覚えが非常によく、ぼくが少年音楽隊で働くようになってからも、当時としては珍しい西洋楽器の名前も、これはクラリネット、これはサキソホンと、よく覚えていた。ぼくの性格は母に影響されたのか、幼いころからよく働き、記憶もよかったようだ。

ぼくの幼いころの思い出は、暗い電灯の下の、母や姉たちの夜なべ仕事や父のやつれた面影など貧しい暮らしの情景ばかりだが、楽しい記憶もある。

近所に神社やお寺が密集しているので、お祭りや縁日が多い。そんなところで、よく艶歌師《えんかし》を見かけた。

マントをはしょった長髪の青年が、バイオリンをひきながら艶歌を聞かせる。輪を作った人ごみの中に、彼女とおぼしき女性が、

「一部×銭です」

と、歌詞に略譜のついたものを売り歩いていた。

「熱海の海岸、散歩する」の『金色夜叉《こんじきやしや》』や「緑もふかき白楊の、蔭を今宵の宿りにて」の『不如帰《ほととぎす》』も、ぼくはこの艶歌師によって覚えさせられたものだ。

艶歌はその以前は演歌といい、書生節として中国の月琴の伴奏で歌われる、時局を風刺した歌であった。それがやがて手風琴に変わり、大正の初期にはバイオリンになったようである。

日本の大衆洋楽、いわゆる軽音楽は演歌師または艶歌師によって日本中に普及していったといえよう。

洋楽が日本に入ってきたのは、安土桃山時代に渡来した南蛮人（主としてスペイン人）による演奏があったとしても、やはり明治維新以後とすべきであろう。

さきに、日本の軍楽隊のはじまりは明治二年の薩摩藩と書いたが、それより五年前の元治元年（一八六四年）に徳川幕府軍で洋式軍隊の訓練に鼓笛楽《こてきがく》を採用している。オランダ人に教えを受けた、横笛、小太鼓、大太鼓程度の楽器だったようだ。鉄砲隊による洋式戦法の号令や行進には、鼓笛隊は欠かせないものになり、維新戦争のときには敵も味方も小規模な鼓笛隊をもっていた。

明治元年、官軍が江戸へ行進するときに将兵が歌ったといわれる、「宮さん宮さん……」の『トコトンヤレ節』は鼓笛の伴奏付きであった。このあたりが日本の洋楽のはじめであろうか。

維新が成ると、官軍の主力の薩摩藩では、正式に三十名よりなる軍楽隊を編成した。ロンドンから購入した楽器は、フルート、ピッコロ、クラリネット、トランペット、トロンボーン、ホルン、大太鼓、小太鼓など堂々たるものである。

明治四年になると、各藩の軍楽隊や鼓笛隊は明治政府の陸海軍軍楽隊に吸収再編成され、活躍も大規模になってゆく。軍歌もつぎつぎに作られた。

一方、文部省では、洋楽による音楽教育に力を入れ、明治十四年に『小学唱歌初篇』を制定出版している。『蝶々』や『螢（の光）』などが入っていた。この唱歌教育によって洋楽は飛躍的に普及する。

⇧大正6年、東平野尋常高等小学校四年生（前から三列目、左から五番目）。

明治の洋楽で、今一つ忘れてならないのは讃美歌だと思う。開港開国とともにキリスト教が奔流のごとく入ってきて、教会が津々浦々に建てられた。楽器は主としてオルガンだったが、その音色とともに歌われる讃美歌は文明開化を象徴するようなハイカラな旋律だった。

ぼくの西洋音楽への目覚めも、この讃美歌であったといっていい。六歳のころだ。近くにメソジスト派の教会があって、日曜学校をひらいていた。そこで、初めてオルガンというものを見聞し、讃美歌を歌った。子供のころのぼくの声は女の子のように澄んだ美しい音色のボーイソプラノだったそうである。そこで教会の合唱隊の一員に加えられ、いつもソプラノパートを歌っていた。日曜学校には十歳くらいまでの四年間ほど通いつづけた。

満で七歳の大正三年四月、ぼくは東平野尋常高等小学校に入学した。この学校の先輩には作家の武田麟太郎、後輩にも、やはり作家の織田作之助が出ている。

入学してみると、クラスのなかで、ぼくがいちばん歌がうまかった。ほかの生徒には出ない高い、いい声で歌えるのである。旋律を覚えるのも早い。だから、唱歌の時間に新しい歌を教わるときには、いつも先生が、

「服部、お前がさきに歌え」

と、ぼくを立たせ、

「いいか、みんなは服部のあとについて歌うんだぞ」

という具合になったものである。

ぼくの音楽の才能が生来のものであるかどうかはわからない。両親はともに小唄や端唄が好きだった。父は音程は悪いが、なかなか味のある声で歌った。浪曲の『義士銘々伝』が得意で、民謡の『江州音頭』や『河内音頭』は母の十八番《おはこ》だった。

明治の末から大正の初めごろのあの時代、ぼくが育った大阪の下町では、何か祝いごとでもあって人が集まると、すぐに酒盛りをやっていたような気がする。酒が入ると必ず歌になる。

父は酔ってくると、だれかれかまわず周りの人に歌え歌えとすすめる癖があった。最後に自分がたっぷり自慢のノドを聞かせたい魂胆なのだ。ぼくが小学生のころには、そのお鉢が、ときとして

ぼくにも回ってきて、

「おい、良一、お前もなんぞ歌え」

と指名される。するとぼくも、日ごろ聞きかじりの小唄や浪曲のまねごとをして、居並ぶ大人たちからヤンヤの喝采を浴びた。ぼくはぼくで、どこか妙にませたところのある子供だったのだろう。

姉たちも芸事は好きだったようだ。近所に三味線のお師匠さんが住んでいて、二人の姉が三味線や小唄を習いに行っていたことを覚えている。ことに二番目の姉のキクは歌が大変上手で、小学校の学芸会では決まって唱歌を歌い、それが評判になっていた。

非常な不景気の時代で、わが家も吹きだまりのような棟割り長屋住いの、しがない暮らしではあったが、不思議に芸能心をはぐくむ生活環境はあったようだ。

ぼくより十歳下の末の妹の富子も、宝塚歌劇団を経て、歌手になっている。昭和十三年に大ヒットとなった「わたし十六、満州娘……王《ワン》さん待ってて、ちょうだいね」の『満州娘』を歌った服部富子が末の妹である。

＊

明治の洋楽は、それが導入された初期には軍楽隊の中にしかなかった時代がつづくが、やがて除隊した楽隊員が市井へ散っていった。「市中音楽隊」と呼ばれるグループが軍楽隊退役者中心に作られたのは明治二十一年だったという。六、七人から十数人の楽隊が、店のおひろめ宣伝の町まわりから、曲馬団や見世物興行の客寄せ、園遊会や運動会での演奏に活躍する。いわゆる『ジンタ』

だが、ジンタなる呼称は大正の初期に生まれたもののようだ。

それよりさき、明治十六年に、東京の日比谷に鹿鳴館が落成開館している。欧米文明に追いつくために明治政府が作った国際的な社交場で、舞踊会が売りものだった。ダンスの伴奏は陸海軍の軍楽隊が出張していたが、やがて軍人以外の楽士も現われるようになる。

演歌師が街頭に立つようになったのは、明治二十年代のようだ。

最初は、壮士が時局風俗を批判風刺した瓦版のようなものを読み歌いながら売る『読売』であった。ところが、日露戦争時の明治三十八年に添田唖蝉坊《そえだあぜみぼう》作の『ラッパ節』が全国に流行し、明治四十年に神長瞭月《かみながりょうげつ》が伴奏にバイオリンを用いると、俄然、演歌と演歌師はブームになり、同時に、急速に俗謡調化の道をたどる。演歌師は壮士の気概と風貌を失って歌詞本を実演付きで売る芸人となり、歌う内容も色っぽくなって、艶歌師の字を当てられるようになった次第である。

さまざまな曲が次々に艶歌師によって世にひろがった。『千葉心中』『須磨の仇浪』『毒草』『生《な》さぬ仲』『渦巻』『あきらめ節』『ハイカラ節』『デカンショ節』……。

コミカルな歌も流行した。大正に入ってからだが、『コロッケの歌』『のんき節』『まっくろけのけ節』など、愉快な歌が世の中を明るくした。

『パイのパイ節』をはじめて聞いたときは驚いた。小学校の六年生（大正八年）ごろだっただろうか。やはり、どこかの縁日の雑踏の中で、バイオリン片手の艶歌師によってである。

東京は日本のキャピタルで

丸の内に諸官省が並んでる
日比谷　浅草　芝　上野
鮪《まぐろ》に鰹《かつお》に海苔《のり》に蕎麦《そば》
火事火事　けんか騒ぎ　ベランメ　コン畜生にヤッツケロ　五月《さつき》の鯉《こい》の吹き流し
ラメチャンタラギッチョチョンでパイのパイのパイ
パリコトパナナデ　フライ　フライ　フライ

というもので、終わりのほうの歌詞はなんだかわけがわからないが、大変調子がよく、ぼくは一度で気に入ってしまった。

この別名『東京節』は、添田さつきの詞だが、旋律は外国からの拝借でジョージア・マーチの曲で歌われている。後年、ジャズソングとしても面白いと思ったものだが、当時は歌師によって一丁のバイオリンにのせて歌われた。

大正三年三月二十六日から六日間、帝国劇場でトルストイの『復活』が劇団「芸術座」によって上演された。松井須磨子の歌った主題歌『カチューシャの唄』が大評判になり、直ちに艶歌師によって全国にひろまった。さらに、レコード化がこの異常人気を増幅することになる。

エジソンがレコードを発明したのは一八七七年（明治十年）である。錫箔《すずはく》を使った極めて原始的なもので、やがて改良されて蠟管蓄音器となった。

商品として日本に輸入されたのは明治二十九年。日本人によって吹き込みも行なわれたが、見世物の域を出なかった。

蓄音器が新しい文明器として世の関心の的となったのは、明治四十年の、上野公園での「東京勧業博覧会」だといわれる。奇しくも、ぼくの生まれた年である。会場の外国館に、多種多様の新型蓄音器が展示され、盛んなデモストレーションが行なわれて、博覧会随一の人気を集めたという。

しかし、蓄音器とレコード盤が、一躍、大衆のものとなった契機は、さきの『カチューシャの唄』のレコード化といっていいだろう。

芸術座は帝国劇場の公演をおえると、地方巡演へ向かったが、その途中、松井須磨子は乞われるままにたいして期待せず、京都のオリエント・レコードで『カチューシャの唄』を吹き込んだ。島村抱月と相馬御風の共同詞、曲は中山晋平。レーベルには「復活唱歌」と刷り込まれてある。これが、当時としては驚異の数字である二万枚を一挙に売りつくし、レコード流行歌最初のヒットとなったのである。

この成功から、舞台劇の中に主題歌を入れることが盛んになり、レコード会社はそれを競ってレコードにする。なかでも北原白秋と中山晋平は黄金コンビで『さすらいの歌』『煙草のめのめ』『恋の鳥』『酒場の唄』『花園の恋』『今度生れたら』など、数多くの名曲を世に送った。全国に普及させたのは、艶歌師に代わってレコードである。

そのころ、つまり小学生時代のぼくらへの、さらに強烈な洋楽の刺激はオペラであった。

イタリア人のオペラ演出家ローシーが帝劇から招かれて来日したのが大正元年。翌年から『ヘンゼルとグレーテル』『魔笛』『蝶々夫人』などの大作を日本人の出演で公演している。この帝劇の歌劇部が、経営不振から大正五年に解散すると、ローシーは赤坂のローヤル館に拠って本格的な歌劇および喜歌劇の興行をつづける。しかし、ここでも失敗し、ローシーは大正七年、失意のうちに日本を去った。

帝劇オペラの一方の流れは、伊庭孝らによって、より娯楽的な『浅草オペラ』として軽歌劇の花を咲かせた。

原信子、清水金太郎、田谷力三、高田雅夫、原せい子、戸山英二郎（後の藤原義江）らの華やかな活躍から、その抜粋歌の楽譜がハーモニカの譜で売り出されたのが大正中期の特徴といえる。

ハーモニカが輸入されたのは明治二十四年ごろであるが、大正に入ると国産品が大量に出まわっており、ハーモニカは最も手軽で大衆的な洋楽器となっていた。川口章吾、宮田東峰の名が子供心にあこがれの的であったことを思い起こす。

むろん、ぼくもハーモニカに夢中になった少年の一人である。自分の奏するハーモニカの音色に、艶歌師や蓄音器で聞くどのような音楽よりも、いっそう深い感銘を持つようになった。聞くことから自分で奏する愉悦を覚えたわけだ。次第に複音を求め、合奏の妙を知り、メロディーとハーモニを楽しむ段階へ移り、ハーモニカは軽音楽への芽生えをぼくの体中に生じせしめたようである。『カルメン前奏曲』『トレアドル・マーチ』『天国と地獄』『ウィリアムテル序曲』『リゴレット』、『ボッカチオ』の中の『恋はやさし』などが、やや背のびしたハーモニカ少年のレパートリーだった。

そのころの少年の、今一つの楽しみに活動写真（映画）を付け加えることができる。連続活劇のウィリアム・ダンカン、エディー・ポーロー、パール・ホワイト、エルモ・リンカーン、トム・ミックスらのスターの活躍とともに、「彼の運命やいかに」という名調子の活弁（活動弁士――映画説明）にかぶる音楽は、『双頭の鷲』『天国と地獄』『ウィリアムテル』などのメロディーで、ラブ・シーンや悲しい場面には『ラブ・イン・アイドルネス』や『トロイメライ』のメロディーが響いた。ここにも、きらびやかな洋楽の世界があった。

映画の伴奏バンドは、やがて、上映の間に幕間演奏を行なうようになる。休憩時間になるとオーケストラ・ボックスがライトに浮き出され、そこへしずしずと指揮者が現われ、十数名の楽員が演奏をはじめる。最も多く奏されるのが、『軽騎兵序曲』『アイーダの行進曲』『カルメン』『天国と地獄』などである。

東京では、船のバンドから銀座の洋画専門の「金春館《コンパル》」に転進した波多野福太郎の「ハタノ・オーケストラ」の幕間演奏が人気を博していた。

大阪でも、道頓堀や千日前の活動館がいっせいに休憩音楽をとりあげ、映画自体よりも休憩時間の洋楽演奏がお目当ての客も少なくない有様であった。

なかでも、道頓堀の松竹座はメンバーも多く、ファゴットやホルンまでそろえた豪華な管弦楽団で、曲目も『シェヘラザーデ』『アルルの女』など交響楽的な楽曲を演奏して気を吐いていた。

日本の交響楽を受け入れる母体は、これら活動写真館の幕間演奏が作り出したといっても過言ではないと思う。

大正初期に、ドイツ留学から帰国の山田耕筰が交響楽運動を行なっていたが、実を結ばず、日本最初の本格的な交響楽団の結成は大正十一年の東京シンフォニー・オーケストラといわれている。これも、翌年の関東大震災で解散の憂き目を見る。

ともあれ、大正年間までは、いわゆるクラシックと大衆音楽の区別はなく、初期の交響楽団員の多くは映画館の伴奏屋の出身である。次の章で述べるが、サキソホン、フルート、オーボエ奏者であったぼくも、一時期、カフェーやダンスホールでジャズをやり、映画館でセミクラシックを吹き、大阪フィルハーモニック・オーケストラの一員としてベートーベンの交響曲などシンフォニーを演奏する幸運に恵まれた。

シンガー・ソングライター

ぼくの小学校入学が大正三年四月であることは前に記した。大正三年といえば、アメリカではW・C・ハンディの名作『セントルイス・ブルース』が出版された年。日本では純粋のジャズ・バンドはまだなく、船のバンドの連中がダンス音楽を無器用に演奏していたころである。

小学校時代のぼくは、多少いたずらっ気はあったが、品行方正、学業優秀の優等生で級長または副級長をつとめつづけた。

四年生のときに強敵が現われ、級長の地位を奪われた。後年、著名な国際法学者として、東大教授などを歴任し、原水爆禁止運動の先頭にも立った安井郁君である。彼とはライバル同士であったが、互いに切磋《せっさ》琢磨《たくま》した親友でもあった。

ぼくが唱歌に秀でていたのに対し、安井君は詩が上手であった。ぼくはそのころ、近所の銀山寺という浄土宗のお寺の子供会に入って三十《みそ》一《ひと》文字《もじ》（短歌）に子供ながら凝《こ》っていた。和尚さんが短歌好きであったからだ。そんなこともあって、安井君とぼくは直ぐに親しくなり、遠足や校外授業のときにはそれを題材にして短歌や詩を作りあったものだ。

春の課外教室で大阪城に登ったとき、

　川越えば造幣局のさくら花
　　我れ劣らじと咲き匂うかな

とぼくが即興作をものにすれば、安井君も、

　竿さして渡る船人春うらゝ
　　造幣局のさくら散る午後

と詠み、付き添った担任の美しい徳永先生に、

「二人とも大変よく出来ましたわね」

とほめられて、二人とも嬉し恥ずかしで頬を染めたことを思い起す。

二人で同級生の特徴を短歌に詠み込んで遊んだこともある。学芸会には決まって一緒に対話劇に出演し、宮本武蔵と塚原卜伝を共演して拍手喝采を浴びたこともあった。

銀山寺の子供会の三十一文字の処女作を披露しよう。和尚さんを歌った迷作である。

　ぼんさんは頭はたこで衣着て
　　手には数珠持ち南無阿弥陀仏

これが、およそ二十年後に、ぼくがコロムビアの専属作曲家になってから、ジャズ・コーラス作

品の第一号『山寺の和尚さん』を作る機縁になっている。

山寺の和尚さんは
毬《まり》は蹴りたし毬はなし
猫を紙袋に押し込んで……

というあの歌である。

そのころ、坂本という校長先生が栄転されることになり、「校長先生を送る」という作文を書かされた。みんなは言われる通りに作文を書いたが、ぼくだけは『ローレライ』と『仰げば尊し』のメロディーを混ぜ合わせたような奇妙な歌を作詞作曲し、それを校長先生に捧げたのである。このことは学校内の評判になった。ちょっとした、シンガー・ソングライターといったところであろうか。

小学六年が終ると、ぼくは、そのまま尋常高等科へすすんだ。家庭の事情で中学校や商業学校へ進学できなかったからだ。

ぼくの家では、そのころはもう人形づくりをやめて、父は砲兵工廠づとめだけになっていた。一日一円二十銭くらいのわずかな収入では、一家七人の暮らしは楽ではない。

父からは、

「上の学校へやりたいのはやまやまやけどな、とてもできない。どうしても行きたけりゃ、苦学しいや」

と言いわたされて悲しい思いをしたが、家計の苦しさを知っているので、しかたがない、働きながら勉強しようと決心した。

五年生のころから新聞配達を始めた。上級学校受験も断念し、当時、小学校から延長の二年制の高等科が設けられてあったので、そこに行くことにしたのである。良きライバルだった安井君をはじめ大半の友達が上級学校へすすんだので、高等科では競争相手のいないぼくの成績は常にトップで級長をつとめたが、心の寂しさは消えなかった。

高等科になってからも新聞配達や、冬休みには郵便局の臨時集配人や電報の配達人もして稼ぎ、学費にあてるとともに家計を助けた。

将来のことを考え、大阪人らしく商人《あきんど》の道を選ぶしかない、などと思いつめ、それなら国際的な商人になってやろうと商業英語やそろばんを夜間の補習学校へ通って勉強することも実行した。早朝の新聞配りから夜学まで、全く自由の時間のない、何かに追い立てられるような毎日である。蓄積する疲労と前途への不安が、ともすれば十三、四歳の少年の心身をむしばもうとする。そんなときに活力を与えてくれるのが音楽であった。

高等科の担任の河田助蔵先生を忘れることができない。たいへんな音楽好きで、唱歌の時間になると愛用のバイオリンをひいて西洋の歌を教えてくださるというハイカラ先生だった。その教え方がユニークだった。「吹く朝風にひらひらと」という『ひよどり越え』の歌詞を『カルメン』の『トレアドールマーチ』の節で、また「見よや勇まし蹄《ひづめ》の轟《とどろき》」という『近衛騎兵』をワグナーの

『結婚行進曲』で歌わせるといったやり方である。

　ぼくは、寒風吹きすさぶ黎明の町を重い新聞束を抱えて走るときなど、よく河田先生式の変曲法で歌劇の抜粋歌や流行のコミカル節などを歌ったものである。また、自作の短歌や詩に感情のおもむくまま勝手な節をつけて思いきり歌うこともあった。そのころから、そうした一種の作曲は好きだったようである。

　暗い夜道を眠い目をこすりながら補習学校へ通うときには、ハーモニカを吹きながら歩いた。歌をうたい、ハーモニカに没入するときだけ日常の苦しさや悲しさを忘れることができた。

＊

　大正十二年三月、八年間にわたって学んだ東平野尋常高等小学校を去る日がきた。卒業式で、ぼくは卒業生総代として校長先生の前に進み出て答辞を読み、涙ながらに校門を出た。

　卒業を前に、担任の河田先生から、

「服部、お前は将来、何になるつもりか」

と、聞かれたことがある。

　ぼくは、はっきり自分の未来像を語ることができなかった。

「夜学で英語を勉強していますし、できれば神戸か横浜の商館で働き、貿易商になれればいいと思うてます」

　ぼくは歯切れ悪く答えた。

「うむ、貿易商か。それはいい、男らしい仕事だ」

賛同した先生の言葉も、はずみがない。尋常高等小学校出では、志が高ければ高いほど、成功の道のりはきびしく遠いのだ。

「中学校、大学校へ進めれば、服部なんかは将来は思いのままなんだがなあ」

河田先生は溜息まじりにつぶやいた。

その思いは、本人のぼくのほうが痛切である。だが、ぼくの境遇では、かなわぬ夢だ。それは河田先生も充分に御承知である。

ぼくは、しめっぽくなった空気を破るように元気よく言った。

「卒業しても勉強だけはやめません。昼間の学校は無理やので、どこぞ商業学校の夜学へ通いたいと思うてます」

「それなら、大阪実践商業がいい。天王寺商業の夜間部だよ。お前んところの家からも近かろう」

こういうわけで、尋常高等小学校を卒業すると、大阪実践商業に籍を置いたのである。

昼間は、次姉・キクの勧めで、安土町《あづちまち》にあった山本商店という綿花や綿布を扱う貿易商に、給仕として住込みで働いた。いよいよ貿易商への第一歩である。しかし、所詮、住込みの給仕は走り使いと雑用係だ。昼夜の別なくこき使われるだけである。この店に、大阪高商の学生が英語を教えにきていた。ぼくの英語は彼から一応ほめられたものの、本格的に勉強しなければとても実用にならない感じであった。将来を考えると不安がつのるばかり。こんなところに、いつまで辛抱していてもうだつが上がるものではない。永久に下積みだと思われた。

ついに、ぼくは着物や私物をふろしきに包み、雨の降る中を自転車で家へ逃げ帰ってしまった。忘れもしない、明日は生国魂神社の例祭という七月八日の夜のことである。母は、お店を無断でやめて帰る子なんか家へ入れてやらない、と激しく怒った。

何とか父や姉たちの執《と》りなしで久しぶりに我が家の床で眠ることができたが、翌朝には次の就職口が決まっていた。近所にちょうど仲介してくれる人がいたのだ。大阪電通の、やはり給仕に毛の生えたような職である。

「電通ではな、夜はみんな夜学に通っているそうや。そのほうがお前も身を入れて勉強できるんやないか」

昨夜はどつかんばかりに怒った母が、やさしく言ってくれた。

電通には通信部と広告部があって、ぼくは広告部に配属された。新聞広告が主で、一日中、朝日新聞社や毎日新聞社などをまわって紙型の配達にいそがしい。文字通り足が棒になり、五体が綿のように疲れる。それでも、夜は歯をくいしばって大阪実践商業に通い、将来はさらに関西大学の専門部へでも進みたいと考えていた。一度でもいいから、あの角帽をかぶってみたかった。

新聞社が点在する梅田《きた》から堂島一帯にかけての垢抜けした大通りを汗水たらして走りまわりながら、すれちがう大学生の姿を羨望の目と、今にみておれ、という闘志で見送る日日であった。

ハーモニカも歌も忘れた一時期だった。

音楽家になっている現在からふりかえれば不思議な感もなきにしもあらずだが、当時は、音楽でめしを食おうなどという考えは全く頭になかったのである。周囲の誰もがそうであった。芸能好きの親きょうだいも、洋楽の妙を教えてくださった河田先生も、唱歌の成績が抜群で校長先生送別の歌にシンガー・ソングライターらしさをみせたぼくに、音楽家への期待を露ほどもあらわさなかったのである。ミュージシャンの社会的地位がひくく、まともな職業と見なされなかった時代だったからであろう。

ぼくはひたすら角帽にあこがれ、貿易商への夢は薄れていたが、一流の会社員か学者か、自分でもはっきりわからないものの、とにかく堅実な世界を目ざしていたのである。

それでも、休日などには、家からも近いミナミの繁華街によく足を向けた。

道頓堀橋の南に、すごくハイカラな建築の松竹座が落成開場したばかりであった。洋画専門館だが、これも結成したばかりの大阪松竹少女歌劇団（松竹楽劇部）の本部もあり、伴奏楽士による映画幕間演奏も行なわれていて、耳新しいオーケストラの響きが舗道に流れ出ていた。

道頓堀通りの中座の隣に、今井楽器店というモダンな店があった。今は、「今井」という名物のうどん屋に商売がえしているが、当時は大阪一の楽器店だった。ショーウインドーに、弦楽器や打楽器とともに金ぴかのトランペットやサキソホン、トロンボーン、チューバなどがたくさん陳列されていて、一種独特の夢の世界をかもしていた。

ぼくの足は自然にとまり、店頭に長い間たたずんで、楽器を眺めてすごすのが常であった。それらの金ぴかの洋楽器はさまざまな空想をかきたたせてくれる。西洋では、これらの楽器をふんだんに使って交響楽というものを演奏するという。アメリカでは、小人数で自由に演奏するジャズというのが流行っているという。それはどのような音楽であろうか。

美しい楽器の群れを前にして、とめどもなく空想はひろがるが、それらの世界は、実生活においては、まだ、ぼくに無縁であった。

少年音楽隊

せっかくの第二の就職先である電通も間もなくやめてしまった。

仕事があまりにもいそがしく、勉強と両立できそうになかったからだ。今度は母もあまり叱らなかった。健康を気遣ってくれたからであろう。そこで、しばらく家にいて夜学だけに通うことにした。

だが、働かないとなると生活は楽ではないし、将来の不安がますます募る。その上、これまでの過労がたたったのだろう、心身ともにおかしくなって、とうとう神経衰弱になってしまった。しかたがないので、夜学も休み、母の郷里へ行って静養することに決まった。南河内の新堂村である。

この田舎の家でぼんやりしていると、久枝姉から手紙がきた。姉はそのころ、天下茶屋の吉田という出雲屋（うなぎ屋チェーン）の本家に見習奉公に出ていた。

「今度、吉田の若旦那はんが、道頓堀の出雲屋で少年音楽隊を作るそうや。良ちゃんは昔から唱歌もハーモニカも上手やったし、入隊してみたらいいと思います。手続きをしとったから、すぐに帰っていらっしゃい」

といった文面であった。

出雲屋の若旦那の吉田安次郎氏が少年音楽隊を作ろうと思い立った動機は前に書いた。デパートの少年ブラスバンドは一種の流行であったし、大阪では三越、松坂屋につづいて高島屋が少年音楽隊を結成したばかりであった。安次郎の末弟の正ぼんが、自分でドラムを叩いてジャズ演奏するほどの新しがりやで、音楽好きであったせいもあろう。

とにかく、ぼくは姉の呼びかけに応じて河内から南海電車に乗って大阪へ向かった。が、その電車の中にぶらさがっている「出雲屋少年音楽隊員大募集」の広告を見て、顔が赤くなった。金モールのついた赤い楽隊服を着てラッパを吹いている少年の姿が描かれてある。まるでチンドン屋だ。

ぼくは、天下茶屋駅で下車して、姉を勤め先に訪ねた。当然、本店にも、少年音楽隊大募集のポスターが貼ってある。

「ぼくは、いやや」

ポスターを指さして、ぼくは姉に入隊する意志が消えたことを告げた。

「あんな格好をするかと思うと、むしずが走る」

五歳上の姉がこわい顔で叱った。

「なに甘ったれているのよ、あの金モール、格好ええやないか、一流の仕立てやそうよ。楽器かて道頓堀の今井楽器店からアメリカ製の上等品をぎょうさん買うたというし、しばらく音楽隊で一生懸命やるのも気が晴れるのとちがうか」

姉はつづいて待遇の説明をした。契約年数は三年で、はじめの一年間は教育期間だが、その間も手当として月に十五円ずつ支給されるというのだ。二年目からは二十五円以上になるという。ほかの就職口にくらべて決して悪くはなかった。夜学通いも許されるという。学費を払って、さらに家へも幾らか生活費を入れられる。それに、契約の三年間をおえるのと夜間の実践高商を卒業するときがほぼ同じになる。将来の設計図はそのときに書き直せばよい。

「よし、姉さん、やってみるよ。田舎でぶらぶらしていても気が滅入るばかりやから」

「そうよ。もしかしたら、良一、音楽隊が合ってるんじゃないかなあ」

この久枝姉が、あるいは作曲家服部良一の生みの親といえるかも知れない。

「そやけど、ぼく、受かるかなあ。ぎょうさん試験に受けにくるんやろ」

今度はそのことが心配になった。派手好みの若旦那がほうぼうに広告を出して大募集をくりひろげているのだ。

「心配なか。あんたなら一番で入れるわよ」

姉の予言は当った。

大勢の応募者を集めて試験が行なわれたが、ぼくは一番の成績で合格になった。学科試験も聴音

テストもトップだったと聞かされて、

「案外、ぼくにも音楽家の素質があるのかも知れへんな」

と、長姉に安堵と自信の胸中をもらしたものである。

九月一日が出雲屋少年音楽隊の晴れの入隊式の当日であった。会場は、天下茶屋の本家の広間。一族のおえら方が居並ぶ前で、採用された十数人の紅顔の少年が入隊の宣誓を唱えた。ちょうどそのとき、かすかな地鳴りとともに足もとが揺れ、ミシミシと戸障子が音をたてた。

「地震や」

誰かが叫んだ。

「さわぐな、たいしたことはない」

楽長の橘宗一先生が、落ち着いた声で制した。橘楽長は大阪の第四師団でクラリネットを吹いていた軍楽隊の出身である。

地震は、たしかに、たいしたことはなく直ぐにおさまった。が、これが関東一円を壊滅させた大地震の余波だと知ったのは、夕方に鈴の音もけたたましく出された号外によってである。

この関東大震災によって、東京のミュージシャンが大挙、大阪に流れてきて、道頓堀ジャズエイジを形成したのである。その起因となった日が、ぼくの音楽人生の第一歩である少年音楽隊入隊式の日だったのである。

＊

そのころ、東京では三越と松坂屋に少年音楽隊があった。三越の少年音楽隊が最も歴史が古く、明治四十二年の結成。楽長は海軍軍楽隊出身の久松鉱太郎。この音楽隊からは、のちにジャズ界はもちろん交響楽団やオペラ界の重鎮となった数多くの人材が出ている。井田一郎、田谷力三、佐野鋤《たすく》などである。

大阪の三越少年音楽隊は、東京三越と同時に発足して、楽長は初代が高浜孝一、ぼくが出雲屋音楽隊に入ったころは中川久次郎楽長であった。ここからも実力派のミュージシャンが多数育っていった。岩波桃太郎、河崎一郎、斎藤広義、東松二郎などである。

大阪高島屋少年音楽隊は大正十二年の創設。楽長は陸軍軍楽隊出身の金馬雄策。芦田満、小畑光之、谷口又士、南里文雄、七条好、古田弘、中沢寿士、村越二郎など錚錚《そうそう》たるジャズメンが輩出した。

⇧大正13年、出雲屋少年音楽隊のころ。

大阪松坂屋少年音楽隊の楽長は、海軍軍楽隊出身の沼泰三。次いで、やはり海軍軍楽隊出の早川弥左衛門が指揮をとった。名古屋松坂屋から大阪へ移ってきたようで、ここからは日比野愛次、中村鉱次郎らが巣立っていった。

昭和に入ってから、その二年に、東京の豊島園が少年音楽隊をもった。三越の久松鉱太郎を楽長に迎え、この音楽隊からは後年有名なコミック・バンド『ハット・ボンボンズ』が誕生している。

以上のような少年音楽隊のブームの中で、わが出雲屋少年音楽隊も、大正十二年に発足したのである。楽長は前記したように橘宗一先生。指導者としては、隊長と同じ軍楽隊出身の村越国保と中谷辰男、東京音楽学校出で松竹座オーケストラの指揮者であった原田潤の各氏である。

そのほか、松竹座オーケストラや宝塚オーケストラの腕ききが先生として随時やってきていた。ぼくは、ソプラノサックスをセルビア人のアダム・コバチ氏に習い、バンジョーを平茂夫、フルートを水野渚、オーボエを平石享二、ピアノを岩淵繁造の各先生方にきたえられるという忙しさだった。ロシア人のトランペッター、ドブリニン氏や船のバンドの大先輩、バイオリンの田中平三郎氏なども教授陣に加わっていた。

楽器は、その前を通るごとにぼくが店頭で眺めていた道頓堀の今井楽器店から購入の、アメリカC・G・コーン製の極上品。そのころとしては珍しいサキソホンが十丁もあって、サキソホン・ファミリーを作ってみたり、いろいろ新しい企画を打ち出して話題を呼んだものである。

訓練はきびしかった。五つも六つもの楽器を同時に習得せねばならない荒修業である。ぼくは入隊試験で一番だったという自負心と物事に熱中する性格で、上達は誰よりも早く、自然、仲間うちのリーダー格におしあげられていた。

そのかわり、勉強も人一倍行なった。楽器の練習はもとより、音楽理論や楽譜の書き方にも取り組んだ。教授陣は誰もが現場の演奏家なので、理論や譜面の指導は熱心ではない。そこで、毎日のように図書館に通って独学した。

外国の偉大な音楽家への興味もわく。当時のぼくには、例えば、バッハ、モーツァルト、ベートベンといった作曲家の存在が不思議で仕方がなかった。それらの作品は、橘楽長のお宅で、手回し蓄音機にかじりつくようにして聴いた。自分たちが練習しているブラスバンドの単純な音楽とは全くちがう世界のように思われる。人間わざとは思えなかった。そのような音楽を作り出す人たちは、いったいどんな生活をし、どういうふうに音楽を勉強したのだろうか。

ぼくは図書館で、それら大音楽家の伝記も読みあさった。

そうした伝記の著者として、堀内敬三、服部竜太郎、大田黒元雄といった人たちの名前を覚えた。服部竜太郎さんはのちにぼくの結婚の媒酌人をつとめてくださることになるし、堀内敬三さんの生家がぼくの家内の実家と隣り合わせという偶然に恵まれることにもなるが、むろん当時はそんなことになろうなどとは知る由もなかった。世の中は実際にせまいと言うべきか、人生の不思議なめぐり合わせと言うべきか。

ともあれ、ぼくの勉強は貪欲にすすんで、しまいには福井直秋著『リヒテル・ハーモニー』という和声学の専門書を借り出すほどになった。

こうして、あわただしく教育期間の一年が過ぎようとしていた。

二年目になると、月給が上がる。ぼくは第一期の隊員の中で、百点満点の九十八点という飛び抜けた成績を得ていた。それで、ほかの連中は二十五円に昇給しただけなのに、ぼくだけは三十五円に決まり、特別のほうびとして銀時計がもらえることになった。

ところが、その時計をもらう寸前になって、ちょっとした事件が起きた。出雲屋の親類筋に不幸があって、その葬式に音楽隊で葬送行進曲をやってくれという命令である。

経営者である若旦那から命令を受けて戻ってきた橘楽長が浮かぬ顔をしている。それというのも、半年おくれの二期生や入ったばかりの三期生までも総動員して、盛大に演奏をやってくれという要望なのである。

おそらく、若旦那としては、不景気のさなかに相当に金を消費する音楽隊道楽を一族から白眼視されており、それに対する工作の意味もあったのであろう。今でこそ、そのように想像するが、当時、十七歳のぼくには大人の世界の機微はわからない。

「楽長、そんなことはできませんよ。それに、やるべきでもありません」

ぼくは真っ先に反対した。

「規則にも、一年間は修業期間だとはっきり書いてあります。修業中に一般の人々に聴かせるほどの力はおまへん。出雲屋音楽隊の恥になります」

「そやけど、若旦那の面子《めんつ》もあることだし……」

「それは公私混同とちがいますか。出雲屋音楽隊はお店にきてくれはるお客さんのために演奏する楽団です。うちうちの、しかも葬式に第一回の演奏をするなど、絶対に応じられません」

ぼくは、正論だと信じる主張を押し通し、一期生の中の、ぼくに賛同する六人の仲間を引き連れて近くの原っぱへ食糧を携帯して坐り込んだ。六人は一期生の中でも優秀者ばかりであった。

橘楽長や指導の先生たちが、かわるがわる説得に現われるが、ぼくは頑《がん》として聞き入れなかった。

橘楽長は経営者との間に立って、大変困られたにちがいない。

「服部、ときには人間、融通をきかせるものだ。修業期間いうても、お前たちはあと数日で表へ出る。人の前で演奏することになるんや」

「そうかも知れまへんけど、二期生、三期生はどうなるんです?」

「あの連中は、まあ、飾りだ。若旦那の見栄《みえ》だよ。ただ楽器をもって立っているだけでいいと言わはってる」

「それが気に食わんのです。そんな、いいかげんなこと、絶対に許されまへん」

ぼくも強情だった。

いよいよ葬式の刻限が迫るのに、実際に音が出せる中心メンバーがいないので音楽隊は立ち往生だ。とうとう先生たちが例の金モールのついた赤い楽隊服を着用し、飾り帽子をかぶって、子供たちにまじって演奏するはめになった。

どうにか急場はつくろったが、あとで問題が大きくなった。ぼくは首謀者として堂々と名乗り出て、用意の趣意書を経営陣に突きつけた。若旦那をはじめ出雲屋のおえら方は、かんかんに怒り、

「何という生意気な子供やろう。そんな子には銀時計などやることおまへん」

ということになり、せっかくの時計をふいにしてしまった次第。クビにならなかったのは、反抗

して困らせたにもかかわらず、楽長の橘先生がぼくの才能と一途《いちず》さを愛して、かばってくださったからであろう。

橘楽長は、それ以来、一層ぼくを信頼してくれたし、仲間うちでも公然とボスとして認められ、大人たちからも、

「服部はもう子供じゃない」

と一目置かれるようになった。

＊

演奏活動がはじまった。

ぼくらの場合、デパートの音楽隊とちがって、出雲屋のチェーンストアで演奏する。「安くてうまい出雲屋のまむしを食べながら音楽をどうぞ」というわけだ。まむしとは関西でいう、うなぎ料理。いわば、レストラン・シアターの草分けといったところである。大抵は、ウナどんの匂いをかぎながら中二階の仮舞台でブラスバンド演奏をする。太左衛門橋南詰の、かど屋食堂の紅白の幕を張った二階から、道頓堀通りへ景気よくマーチや流行歌を流したこともあった。

出雲屋は今でも「明治十八年創業、昔ながらのいづもや」という看板を掲げ、道頓堀心斎橋東詰で、食いだおれの大阪の名物店の一翼をになっている。

大正十三年三月、三年間の実践商業を六番の成績で卒業した。とにかく、つらい夜学をがんばり通したのである。父も母も、その努力をほめてくれた。さまざまなことが回想され、感慨無量だっ

た。卒業しても、実業界や大学へ進む気持は全くなくなっている。音楽がぼくをしっかり捕えてしまったのだ。昼も夜も音楽に専念できる喜びで胸がいっぱいになった。

音楽隊では、ぼくは最初、デリケートな音色を要求されるオーボエの担当だったが、やがて出雲屋自慢のサキソホン・ファミリーのリーダーとしてサックスを吹いた。

サキソホン・バンドの楽譜などは全くなかった時代である。ぼくは自分の工夫で『かっぽれ』とか『安来節《やすぎぶし》』などをバンドカラーに合わせて編曲し、演奏したものである。これが大変に受けた。それで、ぼくは初めて音楽の創作面の面白さを知り、人生をこの世界に託したいと考えるようになった。

食堂での演奏は、勇壮活発なだけのブラスバンド演奏より、聴かせたり見せたりするショー的な音楽が喜ばれる。しかも、モダンで大衆的な歓楽街の中心、道頓堀という土地柄、ジャズが歓迎された。

むろん、ジャズという言葉は普及されているとはいえない。しかし、ジャズは、大阪では船場《せんば》の、北浜二丁目角の『灘万《なだまん》』で毎日演奏され、評判になっていた。

『灘万』は大阪でも有名な老舗の料理屋だが、そのころはハイカラなビルになっていて、料亭というよりは洋食屋兼洋菓子屋といったおもむきだった。そのレストランの中二階か何かで、前野港造さんのバンドがジャズをやっていたのを覚えている。ぼくらは勉強のためにたびたび聴きに行ったものだ。せいぜい四、五人の編成だったと思うが、アメリカ帰りの前野港造のサックスは、

「あれがジャズというものか」

と、うならせるに足る新しい奏法だった。浪花っ子は、これを『灘万ジャズ』と呼んだ。日本最初のジャズ・プレーヤーは誰か、ジャズ・バンドの魁《さきがけ》はどこか、興味ある問題だが、一概には言えない気がする。ダンスミュージックとジャズの境界線が明確でないし、おそらく、アマ・プロを通じて、ほとんど同時期にほうぼうでジャズ演奏が試みられたのではなかろうか。

灘万ジャズの少し前に、井田一郎氏が宝塚オーケストラの中でジャズ・バンドを作って演奏した話や、そこを飛び出して神戸で独自のジャズ・バンド『ラフィング・スターズ』を結成した噂は、当時、ぼくも耳に入れている。東京では、大正十年前後に早くも、芸能マニアともいうべきかの有名な「益田太郎冠者」益田太郎男爵一家がジャズを演奏したという話も聞く。

いずれにせよ、大衆の前でジャズを広く宣布した最初のプロは、灘万ジャズの前野港造といえるのではあるまいか。

大正十三年後半には、松竹座オーケストラでも幕間演奏にジャズを取り入れ、道頓堀界隈にはジャズを売りものにするカフェーやダンスホールが続々と開店しつつあった。

なお、前野港造バンドにジャズを演奏させた『灘万』は、それ以前に「ナダマン料理でパイのパイのパイ」と歌われ、第一次大戦後のベルサイユ平和会議に日本の首席全権・西園寺《さいおんじ》公望《きんもち》卿が料理方として灘万の主人と愛妾のお花さんをパリへ連れて行くと、たちまち町でこのような歌が流行った。

世界の平和はどうなるか

フランスパリーに集まって
損はあるまいウィルソン
冗談ばっかりジョージさん
何もくれないクレマンソー
灘万料理は西園寺
どんな御馳走ができるやら
　ハナチャンタラ　ベッピンサンデ　アイキョモノ
　パリッ子ト　キョウソウデ　フレーフレーフレー
（平和節＝詞・添田さつき）

その灘万は、御存知の方も多かろうが、俳人であり、マルチ文化人として名高い楠本憲吉氏の生家である。

さて、わが出雲屋少年音楽隊の最盛期は、三十余人のブラスバンドで、次第にジャズめいたものを演奏して人気を集めた。当時、サキソホンが最もジャズらしい音色を出す楽器とされていた。十本ものサックスをもつ『出雲屋ジャズ』は、未熟ではあったが、いささかの迫力はあったようだ。

ぼくは、我流ながら編曲を受けもち、ジャズのときには橘先生にかわって指揮をすることも増えてきた。

演奏した曲は、当時流行っていた『ダンス・オリエンタル』『キャラバン』『バンプ』『チャング』

『ケーキウォーク』『フー』などで、ときには自作の『よいどれ』（フォックストロット）も、試奏することがあった。

夜学から解放され、華やかな生活が日常となると恋が芽生える。出雲屋チェーン店のかど屋食堂の艶ちゃんと仲良くなったのだ。色が白くて、すんなりとした彼女を、なぜか、ぼくには女神かなんかのように思われたのである。休みの日には、しめし合わせて、天王寺動物園や、少し足をのばして南海電車の湊の海辺などに二人で遊びに行った。

後日の『我が青春のうた』の中に、次の一句がある。

　南海の浜に語らうつやごとも
　　いまは昔の夢となるらん

ある月の夜、堺の砂浜で妙な興奮を覚えて、

「ぼくが好きなら、接してくれ」

といったら、彼女はじっとぼくを見つめていたが、だまって目を閉じた。ぼくのファースト・キッスである。

そこで次の休みの日には、さらに足をのばして堺の南、白砂青松の景勝地として名高い浜寺の海辺に女神を誘い出し、また接吻を求めたら、

「いや」

である。

「どないしたんや、ぼくを好きでなくなったのか」
心変わりを責めれば、
「好きよ。でも、結婚するまでは、ダメ」
と、かたくなな表情だ。それっきり気まずくなって、交際は自然消滅してしまった。

菊池寛の『第二の接吻』という小説が評判になっているころだった。ぼくと彼女の間柄も、四月から始まって九月の秋風の立つころ、第二の接吻をめぐっておじゃんになってしまったのだ。ぼくがまだ十七、八、彼女も十四、五歳で、恋というほどのことでもなかったのだろう。

しかし、このときの思い出は、後年、『夜の浜辺』という甘いタンゴの曲で生かされる。昭和十年発売の、ニットー・レコードのクリスタル盤で、歌ったのはニットー時代には藤川光男といっていた林伊佐緒、それに北村季久江のコンビネーションであった。

第一次大戦後の不景気は、ついにどん底状態になり、伝統ある三越の少年音楽隊が解散したのが大正十四年の五月。前後して、出雲屋も音楽隊を維持できず、解散ということになってしまった。わずか二年たらずの寿命である。

デパート系の少年音楽隊は大正末までに全部解散したようである。

出雲屋少年音楽隊は、活動した期間は短かったが、胡桃《くるみ》正義、布谷真一、大野晴夫などのジャズメンが巣立っていった。そして、服部良一という作曲家も生み出してくれたのである。

メッテル先生

音楽隊は解散したが、楽器と隊員の少年たちが残っている。

結局、楽長の橘宗一先生が後を引き受けることになった。奔走の甲斐があって大阪毎日新聞が後援してくれることになり、出雲屋少年音楽隊はそっくりそのまま『大阪プリンセス・バンド』と改称して新発足した。

その関係で、大毎からよく頼まれて、避暑地の浜寺などへ演奏に行ったものである。ほかにも、いろいろなところへ出稼ぎに行ったが、経営は思わしくなく、先行き不安が募った。

橘先生は交渉ごとにいそがしく、ぼくは楽長補として、しばしばタクトを振った。小学校の運動会などへ行って演奏するときは、楽譜も『君が代』から『天然の美』に至るまで全部ぼくが編曲し、楽団員に稽古をつけた。

日本でラジオ放送がはじまったのは大正十四年（一九二五年）である。東京放送局（ＪＯＡＫ）の第一声が三月二十二日、六月には大阪放送局（ＪＯＢＫ）が放送を開始した。ともに今のＮＨＫの前身である。

ＢＫは、早速、放送用に大阪フィルハーモニック・オーケストラを結成した。集められた顔ぶれは相当のものだったが、管楽器のメンバーが足りなかったようだ。そこで、大阪プリンセス・バンドの練達者がエキストラに頼まれるようになった。

これまでの吹奏楽団とちがって、初めて交響楽団《シンフォニー・オーケストラ》の中に足を踏み入れたわけだ。そのうち、大阪放送局がプリンセス・バンドを丸抱えするという話も出たが、結局、ぼくだけが大阪フィルに引き抜かれ、六十円の月給を保障されることになった。大学出の初任給が四十五円くらいのときの六十円である。

父は、ぼくが少年音楽隊に入ったころ、砲兵工廠をやめて、家でぶらぶらしていた。そのうち、魚屋をやりたいと言い出し、魚河岸に出入りするようになって、魚の行商をはじめた。次第に得意先も増えて、店を一軒もつことになり、近所の表通りに引っ越した。

人形づくり時代の『尾久』が変じて、今度の屋号は『魚久』。ぼくは魚屋のせがれ、ということになってしまったわけだ。

その父がぼくに、

「楽隊なんかやめて、かたぎの魚屋になれ。世間では、ラッパやサイフのソコなんか持つやつは西洋乞食というそうやないか」

と、盛んに家業を手伝うことをすすめる。

父は、サキソホンのことを、わざと大きくなまってサイフのソコ（財布の底）と、いやがらせを言う。それに、日本では芸能人を古くから河原乞食とさげすむ風がある。それで、洋楽器をもつ者を西洋乞食と呼ぶのだ。

事実、当時、指揮者の近衛秀麿さんなど、華族の身分で西洋乞食のまねをやるというので、礼遇停止にされかかる騒動まで起こしている。

わが家でも、西洋乞食をめぐってたびたび口争いになり、そのあげく、父はぼくに対して無関心を装うようになった。しかし、姉や妹たちはぼくを励ましてくれた。母は、中立というよりは、やはり楽隊はほどほどにして、秀才らしく、会社員か商人の道を進んでほしい様子であった。

父がぼくを見直したのは、大阪放送局の大阪フィルハーモニック・オーケストラのメンバーになり、月給が六十円と知ってからである。

「学士さまよりは、ええ給金やないか」

と、母にもらしたそうだ。

ぼくが放送でフルートやサキソホンの独奏をやるようになると、ぼくファンの隣のラジオ屋のおばさんが『魚久』にとんできて、

「良一さんが、今、放送してまっせ。みんな早ようきて聞きなはれ」

と大声をあげるので、放送局でのぼくの仕事は近所の評判になり、家族も鼻が高く、父はようや

くせがれを魚屋にするのをあきらめたようである。

大阪フィル時代で忘れることのできないのは、メッテル先生との出会いである。

大阪フィルは結成以来、ずっと外人の指揮者ばかりだったが、いずれも短期であった。そこで、BK（大阪放送局）は、ハルピン管弦楽団の指揮者、ロシア人のエマヌエル・メッテル氏に白羽の矢を立て、常任指揮者として招いたのである。大正十五年（昭和元年）三月の来日であった。

メッテル氏は、黒海に面したヘルソン市（現在・ソビエト連邦ウクライナ共和国）の生まれ。ウクライナ地方の北、ロシアの南部にあたるハリコフという都会のハリコフ大学法科を出て、音楽家に転じた人だ。当時、ロシア帝国の首都であり、ヨーロッパ音楽の中心地の一つであったペテルブルグ（現在・レニングラード）に出て、ペテルブルグ音楽院に入って本格的に音楽の勉強をしなおした。

そのころは、いわゆる「ロシア国民楽派五人組」すなわち、ボロディン、キュイ、バラキレフ、ムソルグスキー、リムスキー・コルサコフが活躍し、加えてグラズノフ、リヤドフという一流人が現役でいたロシア音楽の最盛期である。

メッテル氏は、音楽院でリムスキー・コルサコフ、グラズノフ、リヤドフに師事し、特にリムスキー・コルサコフに感銘を受けられたようである。卒業後、たちまち頭角をあらわし、ペテルブルグ帝室歌劇場のコーラスの指揮者、ロシア帝室音楽院教授、モスクワ国立歌劇場指揮者等を歴任して、指揮者としては第一人者となる。

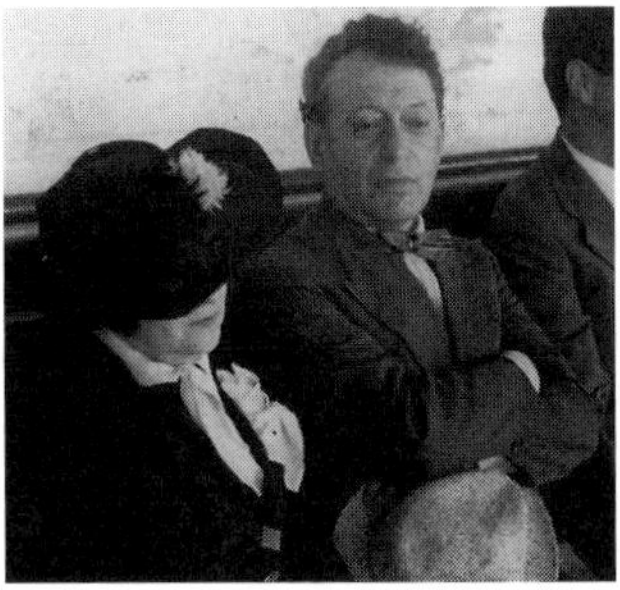
⇧エマヌエル・メッテル先生とオソフスカヤ夫人。

しかし、ロシア革命によって、一九一七年（大正六年）、ロシアの買収地であった極東のハルピン（満州＝現在の中国東北）へ逃避をよぎなくされた。

ハルピンにはロシアの東支鉄道が経営するハルピン管弦楽団があり、メッテル氏はこの田舎オーケストラを東洋一に育て上げ、さらに名声をあげ、開局間もないＢＫの招請を受けたのである。

夫人のオソフスカヤさんも芸術家で、ワルシャワ・バレー団のプリマドンナだった人。来日後は宝塚歌劇学校の舞踊教師になり、夫妻ともに、日本の黎明期の洋楽・洋舞界に貢献されたのである。

ぼくが大阪フィルに入ったとき、指揮者はすでにメッテル氏であった。すごくきびしい人というのが第一印象だった。何時間でもぶっ通しの稽古、稽古で、誰もがグロッキーになる。

ぼくは、ここでも、がんばり屋の本領を発揮して皆についてゆくと同時に、一つの自分なりの勉強法をあみ出した。それは、練習のとき、自分のパートをこなすだけではなく、譜面台の横にミニ・総譜《スコア》を置いて、それを読みながらオーケストラ全体の進行に注意を払うようにしたことである。

ある日、猛練習が終って、皆がぐったりしているところへ、マネージャーがやってきた。

「服部君、メッテルさんが呼んでいるよ」

ぼくは、どきりとした。時折、ミスをした楽団員がメッテル氏の個室に呼ばれて、みっちり脂《あぶら》をしぼられる。恐る恐る部屋へうかがうと、鬼のメッテルがにこにこしている。片ことの日本語まじりで何か言った。意味がよくわからない。通訳兼任のマネージャーが、彼も頰をほころばせて通訳してくれた。

「きみは、練習のとき、総譜まで用意して勉強している。なかなか感心だ。音楽でも何でも、勉強が第一である。きみたちは、将来の日本の音楽を担う人だ。しっかりやりたまえ……と、おっしゃっている」

ぼくは感激した。顔面を紅潮させて、

「ありがとうございます、しっかりやります」

と、直立不動のまま大声で答えた。

通訳を介さずとも、ぼくの気持を理解したのだろう、すぐにメッテル氏は早口で何か言った。これは通訳が必要だ。

「今まで、どんな勉強をしてきたか、と尋ねておられる」

ぼくは答えた。少年音楽隊時代のこと、図書館で独学したこと、『リヒテル・ハーモニー』の本を読んだこと。

メッテル氏は大きく首を振った。

「ソンナ勉強デハ、ダメデス。ホントノ勉強ハ、先生ニツカナケレバ、ダメ。アナタ、勉強シマスカ」

「はい、やります」

ぼくは勢い込んだ。

「デハ、来週カラ一回ズツ、ワタシノ家へ来ナサイ」

こうして、ぼくはエマヌエル・メッテル氏を親しく先生と呼ぶ、彼の直弟子となったのである。

*

メッテル先生のお宅は、外人が好んで住む神戸の中山手通り、三角市場の一角にあった。近くに、神功皇后《じんぐう》が建てたといわれる由緒深い生田《いくた》神社の、うっそうとした森があった（今は、この界隈はかなり様子がちがっている）。

ここでまた『灘万』が出てくるのだが、最初のレッスン日に、ぼくは贈答品としては一級とされていた灘万のカステラを買って持参し、恐る恐る差し出すと、

「コレナンデスカ。ワタシ、アナタニ、レッスンアゲマス。オミヤゲ、イラナイ。モット、ジョウズニナッテカラ、モッテキナサイ」

と、まず叱られてしまった。

その日から、およそ四年間にわたって、練習のない日に、主としてリムスキー・コルサコフの和声学、対位法、管弦楽法、それに指揮法を、みっちり個人教授されることになる。

先生は、来日してまだ日が浅く、日本語はあまり話せない。ときには、ぼくが日本語の先生に早変わりすることもあったが、大体、ローマ字の筆談と五線紙への走り書きで用が足りた。それに、音楽用語や記号は万国共通だ。

和声学の教材としてメッテル先生がとりあげたリムスキー・コルサコフは、メッテル先生のペテルブルグ音楽院時代の師であり、ロシア国民楽派五人組の代表格の世界的巨匠であった。管弦楽曲

『スペイン綺想曲』、交響詩『サドコ』、交響組曲『シェヘラザーデ』や多くの歌劇の作曲家として知られている。

そのような巨匠の教えを、メッテル先生は未熟な日本のオーケストラの、一楽員の青年に全力を注いで伝授しようとしたのだ。

ぼくがまごまごしていると、

「アナタ、ドウシテワカラナイノ。アタマ、スコシ、バカネ」

と、神経質にどなる。

「アタマ、スコシ、バカネ」は、メッテル先生の怒ったときの常用語だ。これが、後年、思わぬ災禍を招き、日本を去らねばならない原因となった。このことは別章で述べる。だが、先生の「アタマ、スコシ、バカネ」は、たどたどしく、表情が真剣なだけに、妙にユーモラスで反撥する気は起こらないものだ。

講義の要点をノートに書きとめようとすると、

「ノート、ダメ。アタマ、アタマ、アタマ」

と頭を指で叩いて、筆記を許さない。音楽はすべて耳で覚えよ、という徹底した感性教育だった。

午後一時から三時間ほどのレッスンは緊張の連続で、トイレに行くひまもない。終ると、帰りの挨拶もそこそこにトイレへ飛んで行こうとすると、先生がついてきて玄関で五分ほどダメ押しの講義がつづく。ぼくは、たびたび、こまかく足ぶみしながら死ぬ思いで拝聴したものだ。

往生《おうじょう》したのは宿題である。レッスン日ごとに、一週間分の宿題を山のように出すのだ。次の章で書くが、そのころのぼくは夜はダンスホールのバンドで働くようになっていたので時間がない。あるとき、宿題をサボって行って、

「先生、頭が痛いので、練習問題ができませんでした」

と言いわけすると、

「ソレハタイヘンデス。スグ大学病院ノ院長ニミテモライナサイ。副院長デモダメ。院長ダケヨロシイ。ナゼ、アタマ、イタクナルカ、ヨクミテモライナサイ」

どうやら、仮病を見破っているようだ。

案の定、次週レッスンに行くと、先生の後ろの壁に、青い血と赤い血がトロッコで各局部に運ばれてゆく人体構造図と頭脳の分解図の軸が掛けられてある。

先生は、ごくまじめな顔で、図を示しながら、

「イマ、アナタノアタマニ、アオイ血ガノボッテイマス。ビョウキモ、レッスントオナジデス。毎日、ナマケナイデ。ヨロシオマスナ？」

と、妙な大阪弁まじりで諭された。

そして、帰りには、美しいオソフスカヤ夫人が果物《フルーツ》の皿をもって現われ、ぼくに食べさせるようになった。

「日本ノ人、オコメバカリ食ベテ、フルーツ、アマリ食ベマセン。ダメデス。フルーツ、アタマヨ

クナル。アナタガタガ、ショウライノ日本、セオウノデス。食ベルコトモ、ナマケテハイケマセン」

君たちが日本の音楽の将来を担うのだ、というのもメッテル先生の口ぐせだった。この言葉は、大阪フィルの楽員に対してはもちろんだが、京都大学の学生たちにも常に言っていたそうである。メッテル先生は京都帝国大学からも請われ、京大音楽部の第四代常任指揮者として指導にあたられていた。

世界をまたにかけて活躍している指揮者の朝比奈隆氏は、京大オーケストラをメッテル先生が育成していると知って、東大進学をやめ、京大を選んだというエピソードをもつ。
東京牛込生まれの彼も、少年時代から音楽好きで、趣味でバイオリンを弾いていた。昭和二年の六月に、メッテル先生は上京し、青山の日本青年館で新交響楽団（NHK交響楽団の前身）を指揮した。その指揮ぶりに感激したのが、東京高等学校の制服を着ていた朝比奈隆である。
朝比奈氏は京大に入ると、むろん、音楽部に属し、やはりぼくと同様、神戸のお宅に通って個人レッスンを受けるようになった。ぼくの相弟子というわけだ。レッスン日がちがうため、メッテル邸で顔を合わせることはなかったが、先生は時折、朝比奈隆の素質をほめ、

⇧昭和3年、大阪フィル第一回発表会（大阪朝日会館にて）。

「アサヒナサン、ヨイシキシャニナリマス。アナタ、ナマケテハイケマセン」

と、ぼくを鼓舞する。ところが、先生は朝比奈氏には、

「ハットリサン、ヨクベンキョウシマス、アナタダメ」

と、よく叱られたそうである。朝比奈氏とは同じメッテル門下として、今日にいたるまで、機会をとらえては協力しあい、先生の志を生かすべく音楽活動を行なっている。

ぼくと同時代にメッテル先生に師事していた門下生のなかからは、そのほか、音楽評論家の宮沢縦一、元N響事務長で民音資料館の小川昴、宝塚歌劇理事の酒井協、といった諸氏が出ているが、演奏の現場で今も働いているのは、指揮の朝比奈隆と作曲のぼくであろうか。

メッテル指揮の大阪フィルは、BKからの放送が主な仕事で、シューベルトの『交響曲第八番・未完成』、ベートーベンの『交響曲第五番・運命』、メンデルスゾーンの『交響曲第三番・スコットランド』など比較的知られた作品も演奏したが、彼の祖国のロシア音楽により力を入れられた。グリシカ、チャイコフスキー、それにグラズノフの作品が多かった。

演奏会も精力的に行なった。東京では三度、新交響楽団を指揮したし、京都で京大オーケストラや京都フィルハーモニー・オーケストラもたびたび指揮された。エマニエル・メッテルは関西音楽界の父と称されるにふさわしい人であった。

昭和三年十二月一日に、大阪フィルが対外活動として、第一回発表会を行なった。場所は大阪朝日会館。そのとき、ぼくは第二フルートを担当している。

大阪のジャズ界

大正の末ごろから、大阪でジャズが盛んになり、昭和初期にかけてぼくのいう道頓堀ジャズエイジが到来したのは、くりかえすようだが、関東大震災で壊滅した東京を逃がれてジャズ界のパイオニアたちが関西へ移ってきたことが大きな刺激になっている。

この風潮に、井田一郎、前野港造、といった大先輩の下で、若いジャズメンが急速に育っていった。

大阪のカフェーのはじまりは、明治四十四年二月に、外人居留地だった川口(西区)で開店した『カッフエー・キサラギ』だったそうだが、これは文字通りのコーヒー店。酒と女給のカフェーが盛んになったのは大正末期である。東京からのミュージシャンの流入が拍車をかけた。「ジャズ・バンド毎夜演奏」の看板をかかげて威勢よく客を呼び込んだのである。

ジャズと美人ダンサーが売りもののダンスホールも次々に開店した。難波新地のバー『コテージ』

がダンスホールにきりかえたのも震災後。同じころ戎橋のカフェー『パウリスタ』、千日前『ユニオン』『パリジャン』などもダンスホールとして新装開店した。

しかし、カフェーのほうは許されてますます繁盛したが、ダンスホールは昭和に入ると大阪市内では禁止になり、バンドマンと客は神崎川を渡って兵庫県へ転出する。

そうした昭和の初期、ぼくは、大阪フィルのオーケストラの仕事、放送局の仕事、それにメッテル先生のレッスンといそがしい毎日であったが、ジャズの象徴とされるサキソホンができるので、夜は道頓堀のカフェーで引く手あまたであった。

松竹座で公演した話題の駆落ちスター、岡田嘉子、竹内良一共演の『道頓堀行進曲』が大ヒットし、そのジャズ調の主題歌が夜も昼も歌われていた道頓堀ジャズの最盛期である。

面白いことに、そのころのカフェーでは、ジャズ・バンドが姿を見せては女給が騒ぐのでよろしくない、音だけ聞こえればよい、というので中二階に幕を張って演奏させせられたものだ。大体、ピアノ、サックス、トランペット。それにバイオリンがついたり、つかなかったり、ドラマーがいなければ店のドアボーイが臨時にドラムをたたくといった、かなりおおらかな調子で、ぼくはよく歌手を勤めさせられた。

まだマイクロホンのない時代で、大きなメガホンを口にあてて、がなるように歌うのである。『テル・ミー』『ティティナ』『ティペラリー』『オーバー・ゼァ』などを、歌手志望でもないのに、下手な英語でよく歌ったものだと思う。

『テル・ミー』が、ぼくの、いわば得意芸《おはこ》で、通称もいつしか「テルミーさん」。ありがたいもので、女給さんたちの間で「このごろ入った若いにいちゃんで、歌のうまいのがいやはる」という評判が立ったとかで、時折、幕の向こうから、

「テルミーさん、アンコール」

などと黄色い声が掛かったりした。

ミリオンダラーというカクテルを初めて飲まされたのも、そのころである。『カフェー一番』という店では、R子という女給がぼくをひいきにしてくれた。そのころの女給さんは、白いエプロン姿から金紗《きんしゃ》のお召の上に赤い前掛を結ぶという、色っぽい姿に変わっていた。

R子は美人というわけではないが、どちらかというと濃艶なタイプだった。演奏が終ると、にきび面のボーイが、「お客はんがお呼びだっせ」と伝えにくる。客席へ出向くと、そのボックスには、決まってR子がいた。お酒をすすめられるが、そのころのぼくは、まるで酒はだめだった。東京へ出てからは修業を積んで、今では「ビールの服部」といわれるまでになったが、当時はミリオンダラー一杯でふらふらになった。

R子はバンドマスターの愛人だった。だから、盛んにモーションを掛けられても、うかつに応じるわけにはいかない。仕事の帰りには、彼氏であるバンマスを撒《ま》いて、酔った勢いでしなだれかかりながらぼくの家までついてくるようになった。有難迷惑だった。結局は何事もないままに終った。

ジャズ音楽はますます盛んになった。が、なにぶん楽譜が無いに等しい。外国航路の天洋丸、春

洋丸、竜田丸、といった客船のバンドの人たちが少しずつ持ち帰るくらいで、大方のジャズバンドは自分勝手な演奏をやっていた。

ぼくはいろいろなツテを求めて、ジャズ楽譜を集めたり、採譜をした。楽器店にアメリカのジャズ・レコードや楽譜を取り寄せてもらったり、洋画館で上映するフィルムについてくることのある伴奏譜面を写したり、神戸のホテルなどで特別出演する外国船の外人バンドを聴きに行ったり……研究は怠らなかった。今でも、当時のなつかしい楽譜が多くぼくの保存箱に残っている。

それで、ぼくがバンドマスターをやるようになってからはコードネームをつけ、自分でレパートリー全部を編曲して、それを演奏するようにした。

自分のバンドをもったころに、ほろ苦い恋の思い出がある。『ヴィナス』というカフェーに出演していたときだ。店の女給で帝キネの女優だったという美人に夢中になり、若干のトラブルを起こして、とうとう店をクビになってしまったのだ。

失恋の痛みに加えて、経済的にも窮地に立たされた。酒と女とジャズに酔いしれて、浪費もはげしく、メッテル先生の言う「アタマ、スコシ、バカ」になっていた一時期である。楽員には月給を払わねばならず、ドラムは押えられるし、一人、心斎橋にたたずんで思案にくれた思い出である。

そのうち、ぼくはバンマスを一時やめて、小さなバンドから前野港造氏のフルバンドに入って修業をしなおすことにした。

『前野港造アンド・ヒズ・オーケストラ』は、川島良夫とフィリピン・ジャズ・バンド（サックスのマリアーノもいた）のあとをうけて、道頓堀の『赤玉』の専属になっていた。

川島良夫は明治三十三年、鹿児島生まれの東洋音楽学校卒。バンジョーとピアノの大先輩である。日本最初のジャズ・ピアニストとも言われている。

前野港造は、前にも述べた通り、日本ジャズの元祖の一人。ぼくが少年音楽隊時代、船場の『灘万』に聴きに行き、「これがジャズというものか」と感じ入った、あの、日本最初のジャズ・サックス奏者である。

『赤玉』は、もとは「西洋御料理・赤玉食堂」であったが、そのころから、ひどくモダンな建物で全館色電球のイルミネーションで飾られ、店の前にはパリのムーラン・ルージュをまねた赤い風車がまわっていた。カフェーに改造してからは、自他共に日本一のカフェーを誇っていた。従って、入れるバンドも超一流でなければならないわけである。

前野港造氏は実に音楽には熱心で、ことにフルバンドの編曲譜をたくさんもっていて、デタラメ演奏を許さなかった。特にフランク・スキナーの編曲が好きで、ぼくに研究をすすめてくれた。ぼくはそのほか、アーチ・ブレヤーやカサロマに続き、デューク・エリントンの楽譜まで分解してアレンジにこり、時折ステージでこれらの研究をためしたが、なんといっても編曲したスコアを自分たちで演奏して聴くことが一番有効

⇧大阪の道頓堀カフェー時代（初めてのバンマスのとき。左端が筆者）。

な勉強法だと痛感した。

このバンドに入って、ぼくは、松本伸、渡辺弘両君と初めて知り合った。

松本伸は明治四十一年、東京生まれのテナー・サックスの名手。のち、コロムビア・ジャズ・バンドのスターとなり、戦後は自分のバンドで大いに活躍する。

渡辺弘は大正元年生まれ、経歴は不明。そのころ、大阪に流れてきて、カフェーのボーイをしているところを前野港造に目をかけられた。ぼくが『赤玉』に入ったころは十五、六のかわいい坊やで、バンドボーイをしながらテナー・サックスの練習をしていたと記憶している。彼は、その後、めきめき腕をあげ、水の江瀧子の劇団「たんぽぽ」のオーケストラを経て、松竹軽音楽団を結成する。最も有名なのは、戦後のトップ・バンドといわれた『スターー・ダスターーズ』を率いての華麗な指揮ぶりだ。彼も日本ジャズ史上の大立物の一人であろう。

さて、昭和の初期、名手松本伸は『赤玉』のステージで、テッド・ルイズのまねをやって受けていた。シルクハットとクラリネットで『ミー・アンド・マイ・シャドー』などで客の拍手喝采を浴びていたのを、昨日のことのように思い出す。

やがて、ぼくは、前野港造オーケストラでサックスを吹きながら編曲も担当するようになったが、そもそも編曲という名称を覚えたのは井田一郎氏の仕事を通じてである。そのころ、編曲をやっていたのは井田一郎氏くらいで、二村定一などが唄った初期のジャズ・ソングのレコーディングはほとんどが井田一郎編曲・指揮であった。それで、編曲という仕事があることを知ったのである。

井田一郎氏は明治二十七年、東京生まれ。三越少年音楽隊の二期生である。船のバンドを経て、東京と大阪でジャズの第一人者の名声をほしいままにした。ぼくが知己の列に加えられたのは、井田氏が堺の大浜少女歌劇団でバイオリンを弾きながら指揮をするといった、彼の三十歳くらいのころであった。やがて井田氏は、大浜を飛び出して、大阪で松竹座系のアトラクション・バンドに関係する。

なにしろ、井田一郎氏は斯界のボス的存在だ。ぼくも時々、井田さんに声をかけられて映画の伴奏や松竹座でのスペシャル・ショーにエキストラとして出演した。『アルルの女』や『シェヘラザード』などでフルートを受け持ったことを覚えている。大阪フィル時代である。これが内職のはじまりであり、ジャズ界へ転向する一つのキッカケにもなった。

一回のエキストラで十円くれた。コーヒーが十銭、ライスカレーが十五銭時代の十円である。一週間も内職がつづこうものなら、ＢＫの月給と同等かそれ以上になってしまう。こたえられなかった。

そのころの道頓堀松竹座の指揮者は、松本四郎氏。ピアノは、『道頓堀行進曲』の作曲者・塩尻精八。そのほか、トランペットの斎藤広義、ドラムの山口豊三郎、ピアノの平茂夫、サックスの佐野鋤、ギターの角田孝、などがここでプレーし、それぞれの時代の人気者であった。

松本四郎氏は明治三十三年生まれの、東京音楽学校卒という容姿端麗な楽長であった。『籠の鳥』で大ヒットをとばした帝キネの女王、沢蘭子の御主人である。彼女が楽屋に訪ねてくると、楽隊仲間は大騒ぎしたものだ。明眸皓歯を絵に描いたような、近代的な美貌の女優で、ぼくなどは、そんな女性を妻にもつ松本さんをうらやましく思い、早くそのような楽長になりたいと念じたものである。

松竹座で思い出した。少し話はもどるが、大正十四年の五月に『日露交歓交響管弦楽演奏会』というのが松竹座で公演されたことがある。ぼくの出雲屋少年音楽隊時代だ。

道頓堀の松竹座は、当時、関西音楽界のメッカの感があった。

松竹の後援で、ロシアの一流のオーケストラ奏者が三十三名招かれ、日本人奏者七十数名と共演するという、日本交響楽史上、最初のビッグイベントであった。しかも、指揮者は日本人で、山田耕筰と近衛秀麿である。

ぼくは、松竹座の天井桟敷で驚きのまなこを見開いて、日本人が指揮する、ロシア人と日本人合同の大交響楽に聴き入ったものである。曲目は、チャイコフスキーの『悲愴』、その他であった。

この日の感動は、ぼくの音楽人生の中でも特記すべきものである。

＊

カフェーのジャズにも少しあきがきた。踊ることが禁じられているカフェーでは、ジャズを志すプレーヤーは欲求不満になる。

気鋭のミュージシャンは、どんどんダンスホールに進出していた。

千日前のユニオン食堂の二階のダンスホール『ユニオン』には、井田一郎氏のバンドが出ていたし、戎橋の『パウリスタ』には若手の小畑光之、谷口又士、胡桃正義らが奔放に演奏していた。高島屋少年音楽隊出身の新鋭トランペッター・南里文雄（明治四十三年、大阪生まれ）は、すでに神戸のダンスホールで活躍していた。

ぼくがダンスホールへ転進する気持になったころ、大阪のダンスホールは例の禁止令で閉鎖されており、神崎川を渡らねばならなかった。

ぼくは最初、『西宮ダンスホール』（西宮市神楽町）のバンド・リーダーを勤め、その後、『キング・ダンスホール』（尼崎市東長洲）へサキソホン・プレーヤーとして移った。

『キング・ダンスホール』は、ピアノの菊地博氏をリーダーに、トランペットの古田弘君やクラリネットの大久保徳二郎君などがいたと記憶する。

リーダーの菊地氏は、かねてぼくの勉強ぶりを知っていたので、進んでぼくにハーモニーのレッスンを受けるようになり、バンドマンの中からレッスン仲間が増えていくきっかけを作った。

この勉強会は東京へ出てからは『響友会』に発展する。響友会のさまざまなエピソードは章をあらためて記したい。

『キング・ダンスホール』でも、東京へ進出した菊地博氏のあとをうけて、ぼくがバンマスになった。このとき、ぼくは、フィリピン人のプレ

⇧昭和7年、キング・ダンスホール時代（左端が筆者）。

ーヤーを七、八人集めて『リョウイチ・ハットリ・アンド・ヒズ・マニラ・レッド・ハット・ストンバス』という、寿限無《じゅげむ》ばりの長いバンド名をつけて、フィリピン人とともに新しいジャズ演奏にアタックした。

フィリピンは、当時、アメリカの支配下であり、従って、ジャズが直輸入されていた。それに、フィリピン人は楽譜には弱いが、音感と演奏テクニックはすばらしい。彼らは、日本のジャズメンの育ての親といえる一面をもっていた。

ぼくは、このバンドで思いきり自分の編曲をためした。

フィリピンのプレーヤーは一様に驚き、

「ミスター・ハットリのミュージックは、ぼくたちのハーモニーと同じだ。アメリカのミュージシャンにも負けないよ」

と、ハッスルプレーをしてくれた。

そのころ、ぼくはそろそろ、マイナーではあるが、タイヘイ・レコードなどから頼まれて、編曲の仕事にたずさわっていた。

メッテル先生のレッスンは、リムスキー・コルサコフの和声学、対位法であって、作曲や編曲の実際を教えるのとはちがう。しかし、正式の音楽理論を勉強していることで、レコード会社に本格派の才能として買われ、演奏現場でも信頼され得たのだと思う。ぼく自身、他人にはない財産をもっているのだという自信を常にみなぎらせていた。

ＪＯＢＫのスタジオでも、ぼくはだんだん重きをなすようになった。『ＮＳジャズ・バンド』を結成したのも一つの思い出だ。

放送局でも、ちまたの人気に合わせて、ジャズを放送することが多くなった。大阪フィルの連中ではジャズは無理である。

そこで、ぼくがカフェーやダンスホールの腕ききを集めて、放送用に臨時編成するのが『ＮＳジャズ・バンド』だった。

「ＮＳ、って何だね」

と、局のおえら方が尋ねるときには、

「ニュー・サウンドの意味です。ジャズは新しい音楽ですから」

と、澄まして答えていたが、その実、ＮＡＩ・ＳＹＯＫＵ、つまり内職の頭文字のＮＳであった。

そんな、いそがしくもハッピーな日日を送っていたある日、東京から浅野太郎氏の率いるタンゴ・バンドが来阪して熱演したことがある。

そのメンバーに、ディック・ミネ君がいて、ドラムをたたきながらメガホンで歌っていたが、その彼がぼくに言った。

「東京に出てこいよ、今はなんたって、ジャズの中心は東京へ移っちゃっていますヨ。才能をのばすのなら、こんなところにいちゃいけねえ」

⇧昭和5年、NSジャズ・バンド（右より、筆者、谷口、石本、大野、青山、吉田）。

ジャズ・ソング事始め

ディック・ミネ君の、

「ジャズの中心は東京へ移っちゃっていますヨ」

という声は、いつまでもぼくの耳朶に残った。

その通りであった。充分わかっていたことである。

本場のアメリカで、ジャズメンがニューオーリンズからシカゴへ、さらに最大の都会ニューヨークへ転出して行ったように、日本のジャズプレーヤーたちも大阪から兵庫県下の京阪国道沿線へ、そしてさらに震災の復興なった最大の都会であり首都である東京へ進出していった。

アメリカで『ニューヨーク派』と呼ばれるジャズは黒人と白人の混交の成果であり、スタイルもデキシーランド風のアドリブ演奏ではなく、譜面を重視したオーケストレイションが主力となりつつあった。ピアニスト兼アレンジャーのフレッチャー・ヘンダースンの楽団がその象徴で、このビッグ・バンドでプレーした有名ジャズメンは、ルイ・アームストロング、コールマン・ホウキンズ、ドン・レッドマン、バスター・ベイリー、ジミー・ハリスン、カイザー・マーシャルなど多士済済である。

デューク・エリントンもピアニスト兼作曲・編曲の巨人であった。彼の楽団はさらにジャズ・オーケストラとして洗練され、後進のプレヤーやダンス・バンドに絶大な影響を与えた。自ら「キング・オブ・ジャズ」を名乗ったポール・ホワイトマンとその楽団、そして、クラシック奏者としても定評のあったクラリネットのベニー・グッドマンとその楽団などが輩出して、いわゆるスウィング時代の全盛期を迎えるのである。

こうしたニューヨーク・ジャズの人気は、集まりきたった人材の優秀さもさることながら、マスコミの力も無視できない。ラジオとレコードと映画である。とくに、ラジオとレコードによって、ジャズは大衆に浸透し、ジャズの虜《とりこ》になった人々がステージやダンスホールへ殺到するという好循環で、空前のジャズ時代を迎えたのであった。

わが国のジャズ発展事情も大同小異といえよう。

大正十四年に、東京（JOAK）、大阪（BK）、名古屋（CK）で次々に開局した中央放送局は、翌大正十五年八月に日本放送協会（NHK）に統合されたが、ジャズをかなり多く電波に乗せていた。大阪放送局（BK）でNSジャズ・バンドの名でぼくたちが稼いでいる模様は前章で述べた。

しかし、なんといっても日本の中心は東京である。

驚異の復興をとげ、首都の自負に燃えて、あらゆる面に活力を示しはじめた東京と比較すれば、大阪はローカルたるを否めなかった。レコード会社の存在が大きかった。

昭和二年に、以後大手《メジャー》と見なされる外資系のレコード会社が前後して東京で設立されたのである。

これには理由がある。関東大震災の経済建て直しのため、日本政府は「奢侈品ノ輸入税ニ関スル法律」（大正十三年七月）を発令し、当時ぜいたく品の一つとされていたレコードにも高い関税をかけた。このため、コロムビア、ポリドール、ビクターなど大手の洋盤輸入会社は、多額の関税を払うより日本国内でプレスしたほうが得と考えたわけだ。外国資本の乱入現象ともいえる。昭和二年の五月ごろに設立が集中したのは、大正天皇崩御による歌舞音曲停止期間の、そのころが解禁にあたったからである。

昭和二年五月に、日本最古の日本蓄音器商会（明治四十三年設立・鷲印レコード）が英・米コロムビアと合併の形で『日本コロムビア蓄音器株式会社』が設立された。同じ五月に、ドイツ・グラモフォン社と特約した『日本ポリドール蓄音器商会』が創立され、九月にはアメリカのビクターの全額出資による『日本ビクター蓄音器株式会社』が発足した。

各社は、本国から持ち込む原盤によって洋盤をプレスして発売したが、もちろん民謡、童謡、浪曲、長唄、映画説明、などの邦盤も大量生産した。

そのうち、外国の曲に日本語の詞をつけ、日本人の歌手にうたわせることを発案し、このアイデアが成功して、軽快なリズムをもつ一連の舶来流行歌をいつしか『ジャズ・ソング』と称するようになった。これは和製英語で、ナイト・ゲームをナイターと言ったり、カリー・アンド・ライスと言うべきをライスカレーと言って澄ましているたぐいである。命名者は不明。音楽レコード会社の文芸部あたりであろうといわれている。

ジャズ・ソングの最初の大ヒットは、昭和三年八月、ビクターから発売の『私の青空』（ドナルドソン曲・堀内敬三訳詞・二村定一歌）と『アラビヤの唄』（フィッシャー曲・堀内敬三訳詞・二村定一歌）であった。次いで、昭和四年、コロムビアから『バレンシア』（バディラ曲・訳者不詳・二村定一歌）、『月光価千金』（ラリー・シェイ曲・伊庭孝訳詞・天野喜久代歌）、『モン巴里』（J・ボワイエ、V・スコット曲・岸田辰弥詞・宝塚花組生徒歌）などがヒットし、ビクター発売の『恋はやさし』（ズッペ曲・小林愛雄訳詞・関屋敏子歌）も大変流行した。

これでわかる通り、ジャズ・ソングは、ジャズのスタンダード・ナンバーやポピュラー・ソングを中心に、シャンソンもタンゴもルンバも包含した広い意味のダンス曲の呼称であった。

この趨勢に、日本人作曲家が外国風の曲を作りはじめたのも、けだし当然といわなければならない。これを『和製ジャズ・ソング』と呼ぶとすれば、その魁《さきがけ》は、昭和三年十二月にビクターから出た『君恋し』（時雨音羽詞・佐々紅華曲・二村定一歌）あたりであろうか。この曲は、戦後フランク永井によってリバイバルされ、昭和三十六年、第三回日本レコード大賞の栄誉に輝いている。

時雨・佐々・二村のトリオによる昭和四年三月、ビクター発売の『神田小唄』に、

ジャズが音頭とる　神田　神田　神田

ジャズは流れるレコードはまわる

という歌詞を見出すことができる。ヒット曲の中で「ジャズ」という言葉が使われた最初ではあるまいか。

同じ昭和四年五月にビクターから出た『東京行進曲』（西条八十詞・中山晋平曲・佐藤千夜子歌）の中にも、

ジャズで踊って　リキュールで更けて

明けりゃ　ダンサーの　涙雨

という歌詞がでてくる。

同じ五月、コロムビアから発売された『黒い瞳よいまいずこ』（堀内敬三詞・曲・天野喜久代歌）は日本人が作曲した最初のフォックス・トロットと言われている。

前後してニットー・レコードから出た『道頓堀行進曲』は、すでに何度かそのエピソードを紹介している。

昭和五年三月には、ポリドールから『夜の東京』というジャズ・ソングが出た。加奈木隆司の詞に、

ジャズにふけゆく　銀座の町よ

があり、作曲がジャズ界の先駆者・井田一郎。歌っているのが『セントルイス・ブルース』など日本の女性歌手としては最初にジャズを歌ったと自他共に認める淡谷のり子である。

井田一郎氏は、昭和三年のはじめに大阪から東京へ転進していた。松竹の後援で『松竹ジャズ・

バンド』を結成し、アトラクション回りをやると同時にレコード会社をかけもちで吹き込みを引き受け、ジャズ・ソングの編曲・指揮者としては追随を許さない地位を獲得していた。

淡谷のり子は、青森の古い商家の生まれだが、幼いころに大火と父親の放蕩で没落し、さまざまな苦労を経たのち、彼女は、再生と自活を決意した若い母親につれられて妹とともに東京へ出る。大正十二年の春で、十六歳のときだそうだ。彼女とぼくは同い年で、大正十二年といえば、ぼくが出雲屋少年音楽隊へ入って音楽人生の第一歩を踏み出した年だ。

彼女も、母親のすすめで神田裏猿楽町にあった東洋音楽学校へ入学する。在学中、仕立物で生計をたてる母親に負担をかけまいと、画のモデルなどアルバイトをしながら、すきっ腹をかかえて声学の勉強に打ち込む。彼女をモデルに描いた田口省吾画伯の『裸婦臥像』は、その年の二科展で大変評判になったということだ。

彼女は、昭和四年、東洋音楽学校を卒業した。そのころ、ぼくは、すでに京阪国道沿いのダンスホールで盛んにジャズを演奏していた。

音楽学校を出た淡谷のり子は、卒業公演で、オペラ『魔弾の射手』（ウェーバー作曲）のアガーテのアリアを歌って喝采を得たが、クラシックでは食べていけず、悩んだ末、ポリドールに入社して流行歌手の道を歩みはじめる。その第一作が、井田一郎作曲の『夜の東京』だったのである。

レコーディングのとき、クラシック出身の彼女はジャズ特有のリズムに乗れず、歌い出しを何回もとちって、バンドマンの軽蔑の笑いを浴びたり、ディレクターからは、

「君、それでも音楽学校を出たというのかね」

と皮肉られ、非常な苦汁をなめたらしい。

勝気な彼女は、青山のポリドールのスタジオからの帰り、ジャズの要領をのみこもうと夢中になって歌をくりかえし口ずさんでいた。そのうち、足がひとりでにリズムに乗ってきた。

「これだわ、この調子だ。踊りの調子でいったらいいいんだ」

と体得した。

次のジャズ・ソングの吹き込みのときは、初めからピタリとリズムに乗り、意地悪顔のバンドマンやディレクターを驚かせたそうだ。

昭和六年一月、淡谷のり子はコロムビアと契約する。

コロムビアには、昭和四年に一流プレーヤーを集めて編成した『コロムビア・ジャズ・バンド』があり、その斬新華麗な演奏は、東京にもニューヨーク同様、ジャズ・オーケストラ時代の到来を告げていた。

メンバーは、初期が紙恭輔の指揮で、小畑光之（トランペット）、谷口又士（トロンボーン）、高見友祥（アルト・サックス）、芦田満（テナー・サックス）、橋本淳（サックスとバイオリン）、坂井透（バンジョー）、渡辺良（ベース）、平茂夫（ピアノ）、田中和男（ドラムス）。

昭和五年に紙恭輔はアメリカ留学を志して退団すると、一時、後任に井田一郎が入り、メンバーも多少出入りがあった。平茂夫や高見友祥らが去り、松本伸（テナー・サックス）や角田宏（ギター）

などの参加があり、実力ナンバーワンのトランペッターという評のあった南里文雄も一時期在籍した。昭和七年ごろからは、渡辺良が楽長としてタクトを振るようになったようだ。

⇧昭和6年ごろのコロムビア・ジャズ・バンド（前列左より、大野、小畑、角田、芦田、橋本、後列左より、井田、田中、渡辺、加藤）。

ダンスホールやカフェーも、関西よりは東京、横浜のほうが最質ともに優れてきており、盛況ぶりが伝わってくる。コロムビア・ジャズバンドはもちろん、それらダンスホールで活躍しているミュージシャンは、ほとんどが大阪で一緒にプレーした仲間である。彼らの華やかな消息を耳にするにつけ、ぼくの心の中は波立ち、焦燥が強まった。

マイナーたるを否めないタイヘイ・レコードでの仕事も空しく思うようになってきた。

*

ぼくがレコードの仕事をはじめたのは、かなり古く、昭和四年のころだ。二十二歳の時分で、阪急沿線の三国《みくに》にあった国歌レコードでジャズの吹き込みをしたことがある。セルロイド製の六インチ（約十五センチ）盤に、十人たらずのバンドで吹き込んだものだ。ぼくはサキソホンと編曲を担当した。

昭和六年には大阪のコロムビア吹込所で、演歌師出身で『籠の鳥』の作曲者として有名な鳥取春陽氏の作品の編曲などをしたこともある。

その後、タイヘイ・レコード（大正十二年創立の内外レコードを、昭和五年に発展的改称）の専属作曲家となった。しかし、上方落語や浪曲、長唄など純邦楽が主体のタイヘイには、専属歌手がほとんどいない。そこで、歌謡曲やジャズ・ソングの発売にあたって、どうしたかといえば、これがなんと、東京のメジャー系のレコード会社の歌手を内証で呼ぶのだ。もちろん、アルバイト組は変名を使って吹き込む。

例えば、のちにコロムビアのトップ歌手となった松平晃《あきら》はまだ音楽学校の生徒で、小川文夫または大山利夫の芸名でアルバイトに精を出し、ポリドールの渡瀬春枝（のち、渡辺光子と改名）は水野喜代子または月村光子の名で、松山映子はミッキー松山、奥田英子はミス・タイヘイ、林伊佐緒はマイフレンドという変名といった具合である。

それらの内職組は、東京から夜行列車でやってきて、朝、西宮にあるスタジオに直行し、ろくに練習もせずネボケ声で五、六曲歌って、ごっそりギャラを持ち帰るのである。

「あんたたちはいいいな」

これが、ぼくの、羨望といいささか義憤をこめた感慨だった。

「いや、これでも苦労はあるんですよ。声は隠しようがなくて、何となくバレちまっているところもあるけれど、やはりネボケ声でも作って別人にならなくちゃあね」

こんな変な釈明をする歌手もいた。

こっちは専属の悲しさで、臨時収入はない。しかも、与えられる仕事は屈辱を感じるものが多い。つまり、東京の作曲家のアルバイト作品を編曲させられるのだ。作詞家や作曲家もタイヘイ・レコードをよい稼ぎ場としていたのである。こんなときには、

（なにくそ、今にみておれ）

という気持になる。

ポリドールの人気作曲家で『忘られぬ花』（歌・池上利夫＝松平晃）や『時雨ひととき』（歌・渡瀬春枝＝水野喜代子など）等をヒットさせた江口夜詩や、キングで『海のセレナーデ』を書いた竹岡信幸（のち、ポリドールへ移り、『赤城の小守唄』で大ヒットをとばす）といった人たちの内証の曲を編曲したことを覚えている。

竹岡氏は、ギターの名手でもあり、ときには楽器をかかえて来阪し、自作自演の念の入ったアルバイトをして颯爽と帰ったものだ。

颯爽とは言えない作家たちもいた。流浪赤貧の詩人、数年後に『裏町人生』（阿部武雄曲）で不動の地位を築いた島田磬也《きんや》（明治四十二年・熊本市生まれ）と出会ったのも、タイヘイ・レコードのスタジオである。彼も東京からはるばるツテを求めて売り込みにきていた。いつもボロボロの着流しで、洋服がないというので、ぼくが三揃《みつぞろ》いを一着プレゼントしたことがある。酒好きの彼にカフェーを付き合ったこともあった。

島田君とのコンビの作曲は、昭和八年初頭吹き込みの『水郷の唄』や『春の丘』などで、『水郷の唄』は歌手が大山利夫、つまり松平晃。『春の丘』のほうは水野喜代子、すなわち渡辺光子であ

った。とくに『水郷の唄』はタイヘイ・レコードとしては大ヒットで、島田磬也作詞のレコードとしては初めてポスターを作ってもらった、と流浪の詩人は喜んでいた。

　こんなこともあった。

　ある日、会社から作曲を依頼された。

「社運を賭けた大作だっせ」

　と文芸部長は言う。

　うれしや、と緊張と感激を味わったのもつかの間、渡された歌詞のタイトルをみて、ガックリきた。『酒は涙よ溜息よ』と『わたし此頃幸福よ』の二編である。

「これ、コロムビアの古賀政男の曲のモジリじゃありませんか」

　憮然として、ぼくは上司に抗議した。

「そうや、今、『酒は涙か溜息か』と『わたし此頃憂鬱よ』が大ヒットしとるさかいな、これを見のがす手はない。服部先生、あんじょ頼みまっせ」

　と平然たるものだ。

「ぼくにはできませんよ。あまりにも、えげつないじゃおまへんか」

「そこが商売や。何も曲まで古賀さんのマネをしてくれとは言ってまへんで。メロディーはあんたはんの、しゃれた節回しでよか。そうでなくちゃあかん。それで、あんたを選んだんや。会社のために、一つ、引き受けておくれんか」

ここが専属のつらいところだ。会社のため、と言われれば拒絶もできない。

「もし、問題が起きるようなことがあっても、ぼくの責任とはちがいますからね」

一応、念をおして、しぶしぶ作曲にかかった。言うに言われぬ惨《みじ》めな気持が胸に澱《おり》のようにたまって、なかなか仕事がはかどらない。それでも数日後、ジャズ・ソング風にまとめて、あわただしく吹き込みを行なった。

『酒よ涙よ……』のほうはハワイアン・スタイルで、歌手は新進の黒田進（楠木繁夫）。伴奏に、当時、阪神国道のダンスホールに特別出演していたハワイ生まれの名手、アーネスト・カアイを加えた。

このように曲の内容は全くちがう作品であったが、題名があまりにも似ており、やはり訴訟にまで発展した。むろん、会社対会社の問題でぼくは何でもなかった。

だが、こうしたタイヘイ・レコードでの出来事は「わたし此頃幸福よ」どころではなく、「わたし此頃憂鬱よ」そのものに、ぼくの気持を滅入らせてゆく。

ダンスホールでの仕事もマンネリ化していた。

（こんなことをしていていいのだろうか）

東京のヒノキ舞台で活躍している先輩や同輩や後輩の姿が目にちらつく。

（こんなことをしておれば、永久に二流のミュージシャンで終ってしまう）

ぼくの苦悩は深まっていった。

仕事帰りの疲れたからだを、『魚久』の魚の匂いのかすかに漂う寝室に横たえ、暗い天井をみつめているとき、ディック・ミネ君の声がよみがえるのである。

「東京に出てこいよ、今はなんたって、ジャズの中心は東京へ移っちゃっていますヨ。才能をのぼすのなら、こんなところにいちゃいけねえ」

東京からのアルバイト歌手たちも、ぼくに上京をすすめていた。タイヘイより上の、大手のレコード会社を紹介してあげる、と言ってくれる人もいる。数年前に大阪を捨て、東京のジャズ・オーケストラやダンスホールで地盤を固めている昔仲間も「一緒にやろうよ、仕事場はいくらでもある」と手紙をくれていた。

日一日、ぼくの、東京で新機軸を出したいとする気持は高まっていった。

ラプソディー・イン・ブルー

仕事の上で岐路に立たされていた昭和八年のそのころ、ぼくは一方で、結婚問題でも悩んでいた。

キング・ダンスホールにダンサーで、十七歳になるかわいい子がいて、関西大学のボクシング部の選手と恋仲だった。ところが、その彼氏が裏切ったのである。

「うちを捨てて、金持の良家《ええし》のお嬢さんと結婚しはった」

と、彼女は、ぼくの胸で泣きじゃくった。

ぼくはバンマスで、一応お固いほうだったので店の女の子たちから、いささか頼りにされ、相談にも乗ってやる存在だった。

ぼくは慰め、ホールの仕事の帰りが同じ方向なので、自動車に一緒に乗せてやったり、道頓堀筋でうまいものを食べさせてやったり、妹に対するような気持で失恋の痛手から立ち直らせようとしているうち、よくある話とはいいながら、同情が愛情に変わり、彼女もぼくを恋慕するようになったのである。

だが、ぼくには音楽に対する大望があり、近い将来、東京へ出たいという気持を捨てきれていない。職業に貴賤はないけれど、妻に迎える女性には別のイメージもあった。松竹座オーケストラの松本楽長の愛妻・沢蘭子のような、メッテル先生の才色兼備の奥さん・オソフスカヤ夫人のような、あるいは、職業夫人ではなく、しっかり家庭を守る昔ながらの良妻賢母型の女性を――

いずれにせよ、ダンサーとのせっかちな結婚は自分をだめにしてしまうという自我が愛の衝動を抑制していた。性欲の発散なら、しかるべきところでできる。

ところが、早春のある日の昼前、隣のラジオ屋に彼女から電話が掛かってきた。

「相談がおます。すぐきて欲しいの」

と、なにやら切羽《せっぱ》つまった声で、そのことだけをくりかえす。

そういえば、昨夜、彼女は店を病気で欠勤していた。今夜も休むようなら見舞に行ってやらねばなるまいと思っていたところである。

ラジオ屋のおばさんが聞き耳をたてているので、押問答することはできず、とにかく急いで彼女の家へ行ってみた。

彼女は家人によって寝かされていた。ちょうど両親が留守で、姉が妹の懇願にまけて、ぼくに電話することを許したようである。

どうも様子がおかしい。目が異常にうるんでいる。彼女は、ぼくを間近に呼びよせると、声をひ

そめ、

「うちのな、お父さんもお母さんも、どうしても結婚を許してくれはらんの。そやから、これから直ぐ駆け落ちしましょう。お金なら、見てえな、こんなにぎょうさんあります」

枕の下から差し出した物を見れば、それは新聞紙を紙幣の形に切って束ねたものだ。

姉が、敷居の向こうで、悲しげに首を振っている。

ぼくは何とか彼女をなだめ、眠らせた。帰りしな、玄関で姉が言った。

「妹は、関西大学のあのひどい男と、服部さんと、なにやら区別がつかなくなったのとちがいますやろか。昨日から急にわけのわからんことを言い出して、泣いたり、わめいたり。それとも、あんさんは妹と結婚とか駆け落ちの話をしはったんでしょうか」

ぼくは黙って首を振るほかはなかった。

精神を病んでいることは明らかだった。ぼくは、いい先生のいる病院へ移すことをすすめた。早いほど回復が望める。

翌日、彼女は大学病院に入院した。

ぼくは、彼女の心情をいとおしく思い、仕事が退けると見舞って帰るようにしていた。

家では、ぼくの帰宅が毎夜あまりにも遅くなったので心配しはじめたが、事実を打ち明けるわけにはいかず、バンドの練習ということにしていた。彼女の症状は悪化するばかりで、とうとう、精神病院に隔離されてしまった。

数ヵ月後、退院したということで、彼女が姉と一緒にぼくの家へお礼にやってきた。

久し振りに見る彼女の顔色はよく、元気そうだったが、彼女のぼくに対するひとりよがりの気持は一層強まっているようで、その点、すっかり正気にもどったとは思えなかった。

しかし、完治したというからには、いきがかり上、結婚しなければ悪いような気がする。

客が帰ると、両親は早速、彼女との関係を問い正した。親は敏感である。

ぼくは仕方なく、一部始終を話した。

母は太い嘆息をついた。父が、母の気持をも代弁するように言った。

「お前は、服部家の長男じゃ。一人息子や。結婚は一生のことやさかいな、よう考えて、人を選ばにゃあかん。いっときの同情で嫁にもろうたかて、あの娘はんも幸せになるとはかぎらん。それとも、どうでも責任取らねばならんようなことを仕出かしたのか」

ぼくはあわてて答えた。

「妹のような気持やったさかい、そこまでいっていませんよ」

「それなら、忘れろ。あの娘はんかて、もうしばらく養生せなあかんやろ」

彼女は、ぼくの助言もあって、家人から働きに出ることをとめられて家で静養をつづけることになった。が、いずれダンスホールに復職してくるだろう。

そんなこともあって、ぼくは急速に大阪にいるのがいやになり、上京したい思いがさらに高まった。

メッテル先生は昭和六年の正月以来、喘息《ぜんそく》をわずらっていた。定期演奏会もBKでの放送も休みがちであり、個人レッスンも遠慮しなくてはならなくなっていた。その先生の持病が重くなり、この年の春（昭和八年）に、治療のため上海へ行かれたことが大阪に未練をなくす一つの要因にもなっていた。

上海からの先生の便りには、

「クウキ、トテモ、アタタカイデス。セキニモ、アタマニモ、タイヘンヨロシオマス……」

とあった。

国際都市上海には、共同租界に『フィルハーモニック・オーケストラ・オブ・シャンハイ』（上海交響楽団）という一流の交響楽団があって、メッテル先生がハルピンで育てた白系ロシア人の楽員も多くいる。それで歓迎され、指揮も頼まれて、なかなか住み心地がよい様子であった。

（メッテル先生も、当分、日本へ戻ってこられない）

そう思うと、ますます大阪が味気なくなった。

アメリカに留学していた紙恭輔氏が、シンフォニック・ジャズの譜面をたくさん持って帰国し、六月二十九日に東京・日比谷公会堂で『シンフォニック・ジャズ発表会』を開いたというニュースも、ぼくを著しく刺激した。

曲目の中に、ジョージ・ガーシュインの『ラプソディー・イン・ブルー』がふくまれている。ガーシュインは、ぼくがひそかに目標とするアメリカの作曲家の一人であった。

一八九八年（明治三十一年）ニューヨークのブルックリンで生まれた。父親はロンドンからの、無学な移民である。少年時代に音楽に魅せられて、熱狂的にピアノを勉強し、幾多の辛苦の後、一九一九年、二十一歳のとき『スワニー』で世に出る。キング・オブ・ジャズを名乗るポール・ホワイトマンがガーシュインの天才に目をつけ、ジャズの交響楽的作品を書くことをすすめ、彼の鞭撻《べんたつ》によって一九二四年に完成したのが、不朽の名作『ラプソディー・イン・ブルー』である。

初演は、一九二四年（大正十三年）二月十二日、ニューヨークのエオリアン・ホールで、ポール・ホワイトマン指揮の彼のジャズ・オーケストラ。ピアノ独奏は作曲者のガーシュイン自身が受け持ったという。

大正十三年二月といえば、ぼくが十七歳のとき、出雲屋少年音楽隊で、無我夢中で諸楽器にとりくんでいた修業中である。

ぼくは、かねがね、ジャズを大交響楽団で演奏することを夢みていた。メッテル先生の厳しい指導にたえて、懸命に和声学や管弦楽法を勉強したのも、いずれはジャズといわゆるクラシックを融合させるシンフォニック・ジャズを作曲したいという野心があったからだ。もちろん、リムスキー・コルサコフやベートーベンのような交響曲とかオペラをものにしたい、とする最終目標は抱いていた。だが、毎夜の職場でジャズを演奏し、マイナーながらレコード会社で作曲や編曲をしている身である。音楽に大衆音楽も高級音楽もないと考えるぼくは、当面、学びつつある音楽理論や技法を、ジャズや歌謡曲の世界で生かしたいと苦心していた。この理想に早くから挑み、成功しつつあるのが、アメリカのジョージ・ガーシュインだったのである。

六月二十九日に日比谷公会堂で発表された『ラプソディー・イン・ブルー』は大変な喝采を浴びたようである。演奏は、新交響楽団（NHK交響楽団の前身）から分かれたコロナ・オーケストラが主体で、これに東京のちゃきちゃきのジャズメンが客演した。ぼくのよく知っている橋本淳、佐野鋤、新野輝雄（以上、サックス）、谷口又士（トロンボーン）、角田孝（バンジョー）、田中和男（ドラムス）といった連中である。

ぼくのあせりは頂点に達した。

思えば、精神に異常をきたした少女との恋愛をふくめ、この時期のぼくも「ラプソディー・イン・ブルー」だったといえる。

＊

盛夏の七月二十五日に行なわれる天満宮の天神祭りは、京都の祇園祭、東京の山王祭とともに、日本三大祭りの一つにあげられている。

大阪市街の中心を流れる淀川が、堂島川と土佐堀川の二つにわかれる中之島の、その先端部の鉾《ほこ》流《なが》し橋で二十四日に鉾流しの前儀が行なわれ、翌二十五日はその鉾流橋一帯に渡御《とぎょ》船を迎える、飾り人形船、ドンドン船、篝《かがり》船、囃《はや》し船が無数に出て川面を埋める。浪花っ子が誇る、炎天下の夏祭りにふさわしい、涼気のある豪勢な年中行事である。

一緒に祭りを楽しむ恋人のいなくなったぼくは、末の妹の富子を連れて、中之島へ出かけた。

富子は、ぼくの友人の白井鉄造や酒井協に頼んで宝塚少女歌劇団に入れ、声学専科から星組に編入されて、あこがれのスター葦原邦子、小夜福子を目ざしていた。初舞台は白井鉄造、岸田辰弥作の『パリゼット』で、その主題歌が有名な『すみれの花咲くころ』（デレー曲・白井鉄造詞）である。

この初舞台には照れくさい思い出がある。

妹の晴れの初舞台というので、ぼくはガールフレンドを誘って宝塚大劇場へ出かけた。プログラムを買い、その他大勢のなかに、水間《みずま》扶美子《ふみこ》という妹の芸名を見い出して、

「この次に妹が出るよ」

と、ガールフレンドにささやき、目を皿のようにして絢爛《けんらん》たるステージを注視した。

シーンは、徳利の踊りである。徳利の形をかぶってダンスするだけなのだ。

「どれ？　どの人よ、妹さんは」

と、身をのり出しているガールフレンドに問われたが、まさか、

「あの三番目の徳利だよ」

とも言えず、ぼくは大変間の悪い思いをした。いわば大恥をかかされたわけだが、しかしぼくは、この末の妹を幼いころから大変かわいがった。姉たちが嫁《とつ》いだあと、五つちがいの妹の玉子のほうも叔父の家に引きとられた一時期があり、家には十歳下の富子しかいなかったからだ。

両親が家業にいそがしかったため、ぼくが一種の親がわりをつとめた。小学校の面接や父兄会、学芸会にも出席した。

小学校は、きょうだいが皆同じ東区の東平野尋常高等小学校で、妹の担任だった張間ハル、長田シカの両先生はぼくの在校中にもおられたので、妹は格別かわいがっていただいた。家は貧しかったが、ぼくの給料で、大阪府立阿倍野高女に進学させ、その後、妹の切なる願いがあって宝塚へ入れたのである。

従って、並みの肉親とはちがう気持の交流があり、富子は、ぼくを頼りきっていた。

上京したい、と切り出せば、両親が真っ先に反対することは目に見えている。ぼくは服部家の長男であり、四人の女のきょうだいの中でただ一人の男である。結婚問題よりもっと、両親を悲嘆させるだろう。

同時に、ぼくを頼りきっている妹の富子のショックを心配せずにはおれなかった。

そこで、それとなく上京の決意をもらして、反応をみるつもりで、富子の舞台の空き時間に合わせて天満宮に誘ったのである。

もしかしたら、毎年見なれてきた天神祭りも、見おさめになるかもしれない、という感傷もあった。笑うなかれ。今は大阪・東京間は新幹線で三時間、万事手軽だが、そのころは昭和五年に登場した新特急『燕』ですら約九時間の距離であり、諸事不便で、一旦郷関を出れば再び帰れず、の心境を深くしたものである。

ごったがえす天満宮の社殿でお賽銭をあげて祈り、中之島へ引きかえした。ここにもさまざまな屋台が並び、ちょうちんが揺れ、祭囃しが威勢よく流れている。

いよいよ神輿と鳳輦《ほうれん》の渡御だ。歓声が一段と高くなる。御神体と稚児、八乙女、武者行列の面々が御船に移され、百余のお附き船に護られて笛太鼓の音もにぎやかに川をまわりはじめた。

ぼくは、その昂奮にあおりたてられたように、

「富子、ぼくは近々、東京へ行くかも知れんよ」

と言った。

意外にも妹は動ぜず、微笑さえうかべて、

「うち、賛成や」

打てば響くように答えた。

「え?」

と、ぼくが怪訝《けげん》顔をつくると、

「うち、兄ちゃんの気持、誰よりも一番よくわかるつもりや。兄ちゃんが東京へ出たくて苦しんでいること、うち、早くから知っていました。お父さんやお母さんのことは、うちが引き受けるさかい、思い通りに東京へ行って、偉い音楽家になって欲しいねん」

富子の両眼に涙がにじんでいる。

ぼくも、不覚にも、熱いものをあふれさせ、汗をふくふりをしてハンカチで濡れた頰をごしごし拭った。

じっとしていると泣けてきそうなので、人の流れに逆らうように歩き出した。群衆は、川面を巡

行する祭舟の行列に随って動いている。

笛や太鼓の音が遠のき、閑散となった鉾橋の欄干にもたれると、富子は激した声で言った。

「うち、口惜《くや》しかったんや。井田一郎先生や、菊地さん、平さん、佐野さんなんか、みんな東京でいい仕事してる。井田先生はちがうけど、菊地さんかて、佐野さんかて、兄ちゃんにいろいろ音楽のこと教わりにきていた人たちでしょう。兄ちゃん、大阪にいると、どんどん取り残されてしまう。うち、内心、いらいらしてたんや」

「そやかてな……」

「わかってます。家のことでしょう。お父さんかて、もう年やさかいねえ。お母さん、このことを聞いたら、気絶してしまうかも知れへんね」

富子は、ちょっと上目使いで、ぼくをにらんだ。

「女ばかりのきょうだいの中の、一人息子って、特別かわいいらしいわね。姉ちゃんたちがみんな嫁に行っても平気なのに、兄ちゃんだけは手離したくないみたい。とくに、お母さん、兄ちゃんが自慢で……老後の頼りにしてはるし……。でも、男は仕事が第一や。兄ちゃんは、中山晋平よりも佐々紅華よりも、井田先生よりも才能があると、うち、思うてます。家のことは姉ちゃんたちと一緒に面倒見るさかい、安心して東京へ行ってください」

「ありがとう。富子のおかげで、兄ちゃん、気が強うなったぞ」

富子は無邪気に笑い返したが、すぐに、さびしさを隠しきれぬ真顔になった。

「それで、いつ発《た》つつもり？」

「まだ決めていない。早速、菊地さんあたりに手紙を出して、受け入れのほうの世話をしてもらおう」

「そやったら、ぎりぎりまで、お母さんたちに内証にしておいたほうがええ。お母さん、きっと泣き出しはるし、親戚中が大騒ぎして、この話、駄目《わや》になってしまいます」

まだ子供と思っていた富子が、ぼくの唯一の味方になって、知恵さえつけてくれる。

「そうしよう。当分、このこと、二人だけの秘密や」

その夜、東京の菊地博へ手紙を書いた。

菊地氏は、前にも書いたように、キング・ダンスホールで同じ釜の飯を食った先任のリーダーだったし、逆の言い方をすれば、ぼくの和声学講座の最初の弟子にあたる。東京の人形町にある『ユニオン・ダンスホール』のバンド・リーダーとしていい羽振りだと聞く。

数日後。ぼくは、仕事帰りに途中下車して、夜のミナミを歩いた。いよいよ大阪を去る決意を固めると、故郷の街並みがむしょうに名残りおしい。やや下火とはいえ、道頓堀界隈のカフェーではジャズが演奏され、夜の町にジャズ・ソングが流れている。

なつかしい松竹座。赤い風車のカフェー赤玉。今はもうステージのない、うなぎの出雲屋。恋の思い出の角屋食堂。今井楽器店。横丁にひっそりと建つ法善寺と水かけ不動。

しばし、そぞろ歩いて、家へ帰ろうと千日前にさしかかったとき、舗道の暗がりから街頭易者に呼びとめられた。運命鑑定などあまり信じないぼくが、ふらふらと易者の前に立ったのは、やはり両親をおいて上京することの気迷いが残っていたからであろう。

易者は、人相を観、手相を調べ、子細ありげに筮竹《ぜいちく》を使っていたが、

「あんたはん、親ごはんと一緒に暮らしていると、あんたか御両親か、どちらかが早死にしまっせ」

と言った。

東京の菊地博から返事がきたのは、八月中旬であった。

「ユニオンの経営者とも話がついたので、われわれのバンドに喜んで迎えたい。しばらくダンスホールで働きながら様子をみて、レコード会社に入るなり、将来の方策を立てるがいいと思う。ねぐらは、自分の家の二階があいているから自由に使ってくれたまえ」

このような意味の好意あふれる文面だった。

そこで、はじめて両親に上京の決意を打ちあけたのである。予想した通り、父は怒り、母は泣き出し、愁嘆場がくりひろげられた。ぼくは、千日前の街頭易者の言葉を伝え、

「易者の卦《け》も、まんざらでたらめとは思えません。このままだと、ぼくは腐って、気が変になって、本当に早死にするかも知れません」

と、おどしたり、賺《す》かしたりして懸命に説得した。妹の富子が始終、言葉をつくして応援してくれた。とうとう両親は折れ、涙ながらに許してくれた。

⇧昭和8年、上京の前に家族と記念写真。

出発の前日には、ひとり息子の門出だというので、嫁いだ姉たちも集めて、記念写真を撮った。その夜は、一家で宴をはり、水杯《みずさかずき》を交わした。両親は無理笑いを通し、こまごまと異郷での生活に心を配った。きょうだいたちは、長姉の久枝も、キク姉も、妹の玉子も、末妹の富子はもちろん、みんなしてぼくの成功を祈り、心から励ましてくれた。

翌日は朝早く、トランク一個にサキソホンとフルートのケースを抱えて、大阪駅へ向かった。再び起きる愁嘆場を恐れて、両親と他のきょうだいとは家の前で別れを告げ、富子だけが代表で駅まで見送ることになっている。

隣のラジオ屋のおばさんや町内の人々も大勢出てきて、ぼくの門出を祝してくれた。

大阪駅のプラットホームで、車窓をはさんで、富子はこの数日来、何度も口にした彼女自身の夢をくりかえした。

「兄ちゃん、ねえ、きっとよ。うちも一生懸命、歌の勉強するさかい、兄ちゃんが東京で有名な作曲家になったら、うちを歌手にして。宝塚もいいけど、うち、やっぱり歌で勝負したい」

「約束するよ、ぼくの曲で富子が歌えたら最高やな」

発車のベルが鳴った。

列車が動き出した。ぼくたちは互いに姿が見えなくなるまで手を振りあった。

昭和八年八月二十六日。妹は十七歳、ぼくは数えで二十七歳のときである。

東京のジャズ界

新宿の、菊地博の家の二階に居を定め、菊地博がリーダーをつとめる人形町のダンスホール『ユニオン』のバンドにサックス吹きとして加わった。

人形町ユニオンは、大阪のカフェー『ユニオン』の東京店で、昭和二年十二月のクリスマスの日にオープンしている。

震災後、大阪カフェー商法の東京進出はすさまじく、多くの店がおめみえした。『赤玉』が銀座二丁目に店開きしようとしたときは、地元の猛反対にあい、社会問題になったほどである。

ぼくが上京したころの東京は『ダンスホール・ジャズ』の全盛期で、各ホールにはそれぞれ優秀なバンドが入り、それが呼びものになっていた。

なかでも、人形町のユニオンは実力を高く評価されていた。

メンバーは、リーダーの菊地博がピアノ、サックスが佐野鋤と橋本淳、それにぼく。トランペットは伊藤恒久、トロンボーンが鶴田富士夫、ベースが小島正雄、ドラムスが織田修二から属澄夫に変わった。多くは、コロムビア・ジャズ・バンドやビクター・オーケストラに出入りしたり、日比谷公会堂でのシンフォニック・ジャズの発表会に客演した一騎当千のつわものどもである。

ぼくの月給は百二十円。当時としては独身者には十分余裕のある金額であり、大阪へ送金もできた。

豪華なホールと招聘する外人バンドをふくめた出演バンドの華麗さで日本一の評判をとっていたのは、溜池の『フロリダ』であった。場所は現在の東芝EMIの位置、昭和四年八月のオープンで、オーナーが花月園舞踊場のママ・河野静子。総支配人が津田又太郎。

昭和七年の夏に、一度、火事で焼けたが、すぐに再建され、ぼくが人形町ユニオンで働いていたころのレギュラー・バンドは『菊地滋弥とフロリダ・オーケストラ』であった。

リーダー兼ピアノの菊地滋弥（明治三十六年・東京生まれ）は貴族院議員の御曹子で慶応ボーイ。学生時代からバンドを組んで、フロリダで演奏してきたホール生えぬきである。

メンバーは、のちにコロムビアでぼくと編曲の腕を競うことになるアメリカ人のトーマス・ミスマン、松本伸、芦田満（以上サックス）、南里文雄、橘川正（以上トランペット）、谷口又士（トロンボーン）、角田孝（ギター）、渡辺良（ベース）、田中和男（ドラムス）といったところであった。工藤進（トランペット）も入ったり出たりして、編曲面ですぐれた腕を発揮していた。ハル・ケンプのスタイルのアレンジを得意とし、昭和十年に菊地のオーケストラがフロリダを去った後に入った東松二郎（サックス）のバンドとも多くの編曲を発表していた。ぼくも工藤進氏とは音楽上のいろいろな話を交わしたが、彼は体が弱く、肺病で若くして惜しまれながら他界した。

和泉橋ホール（神田岩本町）には、ギターの後藤純氏の下に磯部桂之助（サックス）、布施正男（ピアノ）、大内将詩（トランペット）などがおり、磯部桂之助はのち、自分のバンドを編成して、日米ダンスホールなどで活躍する。

その日米ダンスホール（京橋）には、当時、ドラマーのアルカンタラの率いるフィリピン人のジャズバンドが入っていた。

日響にいたセロの松原与輔氏が、岡崎、安藤、石見氏らと『モンパルナス・タンゴ・アンサンブル』を作って登場したのもこのころであったが、これが日本で最初のタンゴ・バンドであることを後年、高橋忠雄氏から教えられた。

一九三〇年前後（昭和初期）は、ヨーロッパでタンゴが大流行している。そのこともあって、以後、どこのホールでもジャズ・バンドと交互にタンゴ・バンドが演奏されることになった。

面白いことに、当時は、ステージの横に標示板があって、曲が変わるごとにタンゴ、ブルース、トロット、ワルツといった電光文字が浮き上がる仕組みになっていた。

タンゴ・バンドの最も大きい編成は、帝都座ホール（新宿三丁目）の浅野太郎氏の楽団である。ディック・ミネ君も加わって大阪にやってきたあのバンドである。ここには、アコーディオンの平茂夫、バイオリンの吉野章、桜井潔らが十数人の編成でコンチネンタル・タンゴを演奏していた。

しかし、タンゴ・バンドとして最大の人気を集めたのは、フロリダが昭和七年の春に呼んだ『ムーランルージュ・タンゴ・バンド』であった。現在ではタンゴといえばアルゼンチンと思うが、当時はタンゴはフランスが本場とされて、タンゴ・バンドには必ずフランス風の名称がつけられていた。

バンド・ネオンのモーリス・デュフール、コルネット・バイオリンのシャルル・パクナデルを中心に、ドラム、ピアノ、セロ、アコーディオンといろいろな楽器を五人で演奏することが驚異であった。それまではタンゴ・バンドのときは踊る人が少なかったが、このバンドはジャズ同様、熱狂的に踊らせた。

この楽団で吹き込んだレコードはたちまち全国で売れて、アコーディオンとコルネット・バイオリンは軽音楽盤の吹き込みにはなくてはならない重要な楽器となった。

この楽団のバイオリニスト、通称「パクさん」のシャルル・パクナデルはフロリダの美しいダンサーとロマンスの花を咲かせ、帰国するとき、結婚してフランスへ連れて帰った。パリで幸福な家庭を築いたが、彼女は何十年たってもフランス語を覚えようとしないので、彼氏のほうの日本語がますます上手になり、戦前戦後を通じて日仏親善に寄与したということである。

さて、ぼくはバンマスの家に下宿したわけであるが、菊地博氏がどうしても下宿代を受け取ろうとしない。

「そのかわり、和声学などを教えてほしいんだ」

と言った。

前にも書いたように、菊地氏は、ぼくがメッテル先生についてリムスキーの和声学を学んでいることを知っていて、大阪時代からぼくにいわば師事することを望んでいた。

もっとも、最初は意地悪もされた。

ぼくが神戸の先生宅で時間をくい、ダンスホールの演奏開始時間に遅れると、メンバー全員に五十銭ずつ罰金を払う規則を作ってくれたのだ。くやしかったが、レッスンは貴重だったので我慢していた。リーダーや仲間に意地悪されればされるほどレジスタンスを感じて、夢中で勉強したものだ。

この思い出も今は昔、上京してみると東京のバンドメンの中で編曲だのハーモニーだのが一種の流行のようになっていて、それをわきまえていない者は脱落の危機を感じるというふうであった。

ぼくは、下宿代がわりに、二階のぼくの部屋で菊地博に個人レッスンを始めたわけだが、これを知って次第に学習仲間が増え、ついに三十数名にもなった。

東京中の志あるバンドマンが集まってきたのだ。その中から、有名な作曲家や編曲者が幾人も育っていったが、『響友会』と名づけたこの愉快な勉強会については次章でくわしく述べたい。

＊

ダンスホール『ユニオン』でサックスを吹きながら、ぼくは上京の真の目的であるメジャーのレコード会社入りを狙っていた。

ポリドールに紹介してくれたのは、タイヘイ・レコード時代のアルバイト組の一方の雄であった月村光子嬢である。

月村光子、つまりポリドールでは渡辺光子の彼女は、ちょうどそのころ『街の流れ鳥』（藤田まさと詞・山田栄一曲）でヒットをとばし、社内の信任が厚かった。姉御《あねご》肌のところもあった。

「鈴木専務や辻音楽監督にも話をしておいたから、一緒に行きましょう」

と、ぼくを青山の、神宮表参道にあるポリドール吹込所へ連れて行ってくれた。

ところが、その日は新橋喜代三の『鹿児島おはら節』（民謡・山田栄一編曲）の吹き込み当日であった。民謡人気と芸者歌手が結びついた新民謡ブームの中で、美貌美声の新橋芸者である喜代三のレコーディングは世間の話題を集め、ポリドールの制作陣は意気軒昂し、会社をあげて、「オハラハー」になっていた。

しばらく待たされて、ピアノが置いてある試聴室に、ポリドールの実力者、文芸部長を兼ねる専務の鈴木幾三郎氏が太鼓腹をゆすりながら入ってきた。後から、辻順二音楽監督、山田栄一、サトウハチロー、篠原正雄、といった作曲家や作詞家がつづく。

「じゃ、何か二、三曲、聞かせてもらおうか」

辻氏が言い、ぼくは持参の譜面をひろげてピアノをひいた。ワンコーラスで、

「次を……」

である。結局、二曲、わずか二分くらいで、

「ごくろうさん」

ときた。

「君、もう少し流行歌の勉強をしたまえ」

これが、鈴木専務の総評である。

帰路、推薦者の渡辺光子嬢は会社のお座なりで冷たい態度に憤慨し、しきりに慰めの言葉をかけてくれた。

「いや、先方の言うのも一理あるんだよ。流行歌の勉強か……」

ぼくは溜息をついたものの、負けん気もわいた。

「しかし、山田栄一や古賀メロディーや、おはら節みたいなものだけが大衆性じゃないと、ぼくは思うんだがなぁ」

「そうよ、私もそう思う。服部さんの曲は新しすぎるのよ、ハイカラすぎるのよ。でも、いつかは、あなたの時代がくるわよ。悲観することはないわよ」

渡辺光子嬢には感謝の念が今でも残っている。しかし、数年後にコンビを組むことになったサトウハチローには、親しくなってからこの日の恨みを言い、大いに恐縮させたものだ。

なお、『鹿児島おはら節』の大ヒットでポリドールのドル箱になった新橋喜代三は、昭和十二年に人気作曲家中山晋平と結婚し、引退する。

上京半年後の昭和九年早春にくりひろげられた『さくら音頭』合戦は、レコード史上に残る壮絶な競作であった。
昭和八年、ビクターが発売した『東京音頭』（西条八十詞・中山晋平曲・小唄勝太郎、三島一声歌）が大ヒットして、盆踊りは、
ハアー　踊り踊るなら
チョイト　東京音頭
ヨイヨイ
一色であった。
このブームを下地に、翌年の桜見をあてこんで、ビクターが『さくら音頭』の制作を発表すると、コロムビアも同じく『さくら音頭』の発売を公表したのである。この成り行きに、ポリドールもキングレコードも、競作に参加、マイナーのニットー、タイヘイといったレコード会社までが便乗するといった騒ぎに発展した。
ビクターは、作詞に新進気鋭の佐伯孝夫を起用、作曲はエースであり『東京音頭』の余勢を駆《か》る中山晋平。歌手陣がにぎやかで、勝太郎、三島一声、藤山一郎、徳山璉《たまき》、市丸。東宝と組んで、東宝劇場の春の公演のバライティーショーの主題歌を兼ねる作戦だ。
コロムビアは、作詞が伊庭孝、作曲は佐々紅華。歌手陣が赤坂小梅に新人の柳橋富勇と歌丸。松竹と連携して、松竹少女歌劇の春の踊りや映画に使って大いに売りまくろうという仕掛けである。
ポリドールは、サトウハチロー作詞、山田栄一作曲。歌手は喜代三、東海林太郎、浅草〆香、小

花。日活映画『日本さくら音頭』の主題歌として制作した。

結局、世紀の競作はビクター盤の『さくら音頭』が圧勝の形で、現在に至るまで、

シャン　シャン　シャン　シャンときて
シャンとおどれ
ソレ　シャンシャンと踊れ

と歌い踊られている。

ところで秘話がある。じつは、この大ヒットのビクター盤の伴奏の中に、ぼくがいるのだ。アルト・サックスを吹いているのがぼくで、神田今川橋の大洋ビル六階にあったビクター吹込所でアルバイトをやったというわけである。

ビクター・オーケストラには、そのころ、後年、有名な作曲家や編曲者になる面々が楽員として働いていた。例えば、佐々木俊一、平茂夫、佐野鋤、飯田信夫（年代不順）らである。音楽監督は村越国保。村越氏は、奇しくも、出雲屋少年音楽隊時代のぼくの先生であった。

そういったわけで、今でもこのレコードを聴くと、「ああ、このサキソホンはおれだ」と、くすぐったい気持になる。

それというのも、秘話がもう一つあって、ビクター盤で内職をしながら、同じ時期、ニットー・レコード盤の『さくらおけさ』の作曲を担当

⇧昭和10年、ニットー・スタジオにて（右より、時雨音羽、福田蘭堂、川崎弘子、大村能章、筆者）。

していたからだ。

空前の『さくら音頭』合戦に、マイナーのニットーも名乗りを上げたことは前に記した通りである。急遽、競作に参加することにしたニットーでは、作曲者に、人形町ユニオンのバンドにいた、服部良一、つまりぼくを指名したのだ。

ニットーは、日東蓄音器株式会社といい、大正九年の設立で、大阪の住吉に本社とスタジオがあった。東京進出をはかり、この年（昭和九年）に東京九段下にアメリカ・ウエスターシステムによる新鋭の吹込所を完成させたばかりであった。このデモンストレーションのためにも『さくら合戦』に参加したかったのであろう。

ぼくに白羽の矢を立てたのは、同じ大阪のタイヘイ・レコードでの実績とバンド仲間にハーモニーや作曲法を教えていることが耳に入ったためではなかろうか。

ニットー東京吹込所の責任者は文芸部長を兼ねた木村精氏で、大変新しい感覚をもち、意欲的に仕事に取り組む人柄であった。スタジオまで入ってきて、自ら録音まで手伝うのである。

ぼくは、木村文芸部長に進言した。

「今さら、大手の音頭に似たものを吹き込んでも勝ち目は薄いと思います。いっそ裏をかいて、おけさでいきたいんですが」

ぼくは、おけさのリズムを手でたたき、頭に浮かんだメロディーを口ずさんでみせた。

「うむ、面白いね。それでいこう」

木村氏は即決し、歌手は浅草で評判の、十七歳の可憐なうぐいす芸者・美ち奴と決まった。

美ち奴は、ぼくの作曲の『さくらおけさ』でデビューし、その関係で、ぼくはニットー時代、彼女を人気歌手に育てあげた。のち、テイチクへ移り、『うちの女房にゃ髭《ひげ》がある』や『ああそれなのに』でさらに有名になる。

それはともかく、『さくらおけさ』は狙い通り大手の裏をかいて予想以上に売れた。特に関西で流行り、両親や姉妹を喜ばせた。大阪の高島屋などで大々的に発表会があったとかで、その大看板で、ぼくが東京で作曲家として健在であることを知ったようだ。

末妹の富子から早速、手紙がきた。隣のラジオ屋のおばさんがポスターを取り寄せて、ラジオ屋にも、ぼくの実家の『魚久』にも貼り、レコードをじゃんじゃんかけている、といった意味の便りであった。

この『さくらおけさ』の作曲が機縁になり、木村氏とも意気投合して、ぼくは間もなくニットー・レコードに音楽監督として、破格の待遇で迎えられた。

また、美ち奴は、ぼくの結婚に縁結びの女神の役割をつとめる。

これらのことは次章でふれることにしたい。

響友会と音楽結婚式

　東京へ進出した最初は、ハーモニーのレッスンを懇望していた菊地博宅の二階で勉強会をはじめた。やがて次第に生徒が増えて大人数になった。そこでぼくは、職場の『人形町ユニオン』に近い新富町にアパートを借りて移り、ピアノも購入した。昭和八年の暮れである。

　新富町の花柳街の中にあった『相馬ビルディングアパート』はエレベーターもなく、一号館、二号館の鉄筋四階建であった。

　この四階の一室を新しいレッスン場にして、勉強会をつづけた。

　はじめは、ぼくのほうで熱心に学習者を誘った。それがメッテル先生の教えだったからだ。先生はつねにこう言われていた。

「習ったことは全部、人に教えなさい。教えることは、あなたの勉強になります。お金を払ってもいいから弟子をとりなさい」

学習者はほとんど全部、バンドマンである。夜の仕事をおえた十二時ごろから朝の四時近くまでリムスキー・コルサコフのハーモニーとソコロフのプレリュードのレッスンを行なった。

ぼくは、教える立場でありながら、夜食の用意をしたり、コーヒーを出したり、酒を飲ませたりして、生徒諸氏を歓待する有様である。むろん、月謝はとらない。これもメッテル式である。

のちに、世帯をもってからは、皆の申し出に従って五円の月謝を受け取るようになったが、それでも稼ぎの少ない者は無料で、そういう連中にかぎって、飯を食い酒を飲んで帰る。

毎週一回、日をきめて、東京とその近郊のダンスホールのプレーヤーの志ある連中がほとんど全部やってきた。

この勉強会を『響友会』と名づけ、以後、五年近くつづいた。

時期は前後するが、この響友会のメンバーだったミュージシャンの名を思い出すままに楽器別にあげてみよう。
〔ピアノ〕菊地博、平茂夫、平川英夫、白井大賀、片岡（旧姓山根）徹夫、駒形政二、藤田富雄、芝辻賢三、大野寿一、増尾博。
〔サックス〕佐野鋤（雅美）、磯部桂之助、古谷（旧姓松野）国照、杉田良造、宇田義雄、安保貞。
〔ブラス〕中沢寿士、大森盛太郎、伊藤恒久。
〔バイオリン〕石見泰。

⇧昭和11年、響友会メンバーとともに（前列右より四人目が筆者）。

〔ギター〕月村嘉孝、宇川隆三、清田平八郎。

〔ドラムス〕田中和男、鰐淵武寿。

〔ベース〕伊藤吉郎。

〔そのほか〕島田逸平、飯田三郎、レイモンド服部、原六朗、灰田晴彦、長谷川堅二、横大路宗吉、関口典之、古城潤一郎、井染四郎。

毎週の宿題に加えて、毎月一回は作曲課題を出したり、ソナタを弦楽四重奏にしたり、編曲を交互でするなどの勉強を行なった。

宿題は、例えば、

「荒城の月に、あなた、好きなハーモニーをつけていらっしゃい」

別の人に、

「あなたは、ハトポッポをジャズ編曲してきなさい」

と、皆が知っている曲を題材に、独自のハーモニーを、転調を入れてやらせる。

すると、それぞれ苦心惨憺して翌週、提出する。ぼくも、ちゃんと自分で書いておく。各人はぼくのをみて、

「はあ……」

と一様に驚く。

誰でもそうだが、はじめはどうしてハーモニーをつけていいのかわからないものだ。当時、どこ

のダンスホールでも、休憩時間には響友会のメンバーが宿題で頭を痛めている風景が見られたそうである。ぼくは、メッテル先生にならって妥協や怠惰を許さなかった。

人を教えてみると、なるほど自分の勉強になる。ときには、ぼくが書いたこともない練習問題を書いてくる生徒があり、ときには、どうしても説明できない質問を受けて困ることもあった。

そんなときは、自分のためにもなると思って、東京駅へ走り急行へ飛び乗る。メッテル先生が上海から帰られ、大阪放送交響楽団に復帰しておられたからである。住まいは、神戸よりも大阪に近い芦屋に変わっていた。突然、教えをこいにはるばる東京から現われたぼくをみて、メッテル先生とオソフスカヤ夫人は、大変喜ばれた。

「イイ加減ナレッスンハ、ダメ。解ラナイコトハ、スグイラッシャイ」

と先生は言われた。数時間後、特別講義を受けたぼくは、文字通りトンボ返りで東京へ戻り、それをぼくの生徒に教える。ぼくも復習できるということも何度かあった。

音楽評論家の瀬川昌久氏は『響友会』のことに触れて、「戦前多少ともジャズのアレンジメントに従事したミュージシャンはほとんど全ての人が一度はこの服部塾の生徒だったといっても過言ではない」「戦前戦後の日本の作曲家、編曲者は響友会から育ったといえる。渡辺貞夫がアメリカ留学から帰ってきてから、自宅に後輩や同輩を呼び集めて、バークリー音楽院で学んだことをみんなに教えて今の若いジャズメンが育った。服部良一が昭和十年前後にやったことを、渡辺貞夫が昭和四十年代にやっている。この共通した二つは、それぞれ、戦前戦後の一大業績といえるのではなかろうか」と同氏監修の『日本ジャズ・ソング（戦前篇）』（コロムビア）の解説書などに書いている。

それはともかく、若い者同士で切磋《せっさ》琢磨《たくま》し、みなが血まなこになって夢中で勉強したあのころは、じつになつかしい時代だ。

ぼくの家に朱塗りの豪華な大机がある。「服部先生へ　門下生一同」と刻まれている。当時、独身のぼくは小さな机しか持たなかった。それで、学習者たちが金を集めて、ぼくに贈ってくれたのである。わが家の宝の一つだ。

皆のために新式の鉛筆けずりを持ってきてレッスン場に備えつけたのは大森盛太郎君である。戦後、石原裕次郎の『嵐を呼ぶ男』や『明日は明日の風が吹く』などの作曲家として有名になるが、そのころは川崎の上丸子にあった『東横会館』でトロンボーンを吹いていたと思う。響友会の熱心なメンバーであった。

ぼくと同い年の巨漢、レイモンド服部君はすでにミュージシャンとしては、ぼくより名が知られていたが、人より早く和声学を修得したいため週二回の受講を申し出て、二倍の月謝を持ってきたたりした。作曲家としても成功し、昭和十三年に東海林太郎が歌った『忠治子守唄』がヒットしたため股旅物を多く書いていたが、やがてジャズに戻った。アメリカでヒット・チャートを七週間もつづけた『ゴメンナサイ』（昭和二十八年）や小坂一也の『ワゴンマスター』は傑作である。『ヤットン節』『トコトン節』もレイモンド君の作曲である。

平茂夫氏も先輩であるが熱心にぼくから和声学や作曲法を吸収した。当時プレーヤーとしてもアレンジャーとしても売れっ子で、門下生の中では一番の金持であった。芸能人では藤山一郎くらいしか持たなかったスポーツカーを颯爽と運転してやってくる、という豪勢さであった。

ぼくは早速、渾名《あだな》を進呈した。

「平八万《たいらはちまん》」

八万は八幡《はちまん》に掛けて敬意を表したわけだ。つまり、八万円くらい持っているだろうという意味である。当時の八万円は現在の数千万円に相当する。

ぼくの上京の機縁となったユニオンのバンマス菊地博氏も昭和十四年に『名月赤城山』をヒットさせたが、本来は菊地滋弥氏と共にジャズピアニストの名手である。

灰田晴彦氏は、御存知、灰田勝彦君の実兄で『森の小径』や『鈴懸の径』の作曲家。モアナ・グリークラブの主宰者でもある。

平川英夫君は真面目で行儀正しい人で、戦後『嘆きのブルービギン』や『小島通いの郵便船』『愛のスイング』でヒットをとばした。

佐野鋤君の代表作は、昭和十七年の『ジャワのマンゴ売り』、昭和二十六年に暁テル子の歌で一世を風靡《ふうび》した。『東京シューシャンボーイ』で、シンフォニック・ジャズも手がける幅広い人である。

大正元年生まれの若手、飯田三郎君は戦後『啼くな小鳩よ』や大津美子の『ここに幸あり』などで有名で、ことにNHKの『世界の音楽』で書いたピアノ・コンチェルトは圧巻だった。

島田逸平君には、松山恵子が歌った『だから言ったじゃないの』などの大ヒットがある。

原六朗君には『巴里《パリ》の夜』、美空ひばりの『お祭りマンボ』、コロムビアローズの『プリンセス・ワルツ』など、ジャズ・ポップス系の作曲が多い。ことに『巴里の夜』は名曲で、日本のシャンソンと言えよう。

その他、杉田良造氏、菊地博氏、平茂夫氏、それに松野国照君、中沢寿士君、伊藤恒久君、宇川隆三君らが名アレンジャーとしてレコード界に名を残していることはよく知られている。

磯部桂之助君、田中和男君、芝辻賢造君、その他の人々もそれぞれ自分のバンドで編曲指揮の才を発揮してジャズ界で活躍したことは喜ばしい限りである。

世界に知られているギタリスト増尾好秋を息子にもつ増尾博君は息子に負けないジャズ・ピアニストで、編曲・指揮者としても実績があり、現在も『ジミー原田とオールドボーイズ』で矍鑠《かくしゃく》とピアノを弾いている。

響友会のメンバーは、四季を通じて、よくピクニックを楽しんだ。そういうときの世話役は、雄弁で万事気のつく磯部桂之助君であった。当時は、京橋の日米ダンスホールのバンドマスターだったと思う。後年、バンドマンの親睦団体である楽友会の会長をつとめる。

＊

若いミュージシャンが集まって、哀歓を共にしながら励み合った『相馬アパート』には、新進作家の丹羽文雄や新進作曲家の飯田信夫も住んでいた。

丹羽文雄は早大出身。昭和七年、『鮎《あゆ》』で文壇にデビューしたが、相馬ビルアパートのころは、ぼくも彼も駆け出し時代で、私生活はともに苦闘の時期だった。

一階の事務所から、

「丹羽さん、電話」

と、よく大声で呼ばれていた。すると、カラコロと下駄ばきで白かすり姿の青年文士が下りてくる。事務所で顔を合わせるので自然になじみになった。しかし、数年後に、氏の原作『東京の女性』（東宝映画・伏見修監督・原節子主演）の音楽を担当することになろうとは夢にも思わなかった。

また、美しい丹羽夫人とぼくの妻が最近、すっかり親友になったのも不思議なめぐり合わせである。

飯田信夫氏は明治三十六年生まれ、東大工学部出身というやや変わり種の、ハンサムな青年で、クラシック畑で注目されていた。のち、昭和十五年に漫画家岡本一平の歌詞に作曲した「とんとんとんからりと隣組……」の『隣組』や高村光太郎作詞の「歩け歩け……」の『歩くうた』（昭和十六年）などの作曲家として有名になる。彼のオペラ『カチューシャ』は力作だが、再演をのぞみたい。

当時は、『涙の渡り鳥』（西条八十詞・佐々木俊一曲）でヒットをとばしたビクターの美人歌手・小林千代子に夢中になっていた。ぼくのレッスンと対抗するように、よく夜の三時ごろまでピアノを弾いていた。その後、映画『百万人の合唱』の音楽を担当したのが縁で、主演女優の夏川静枝と結婚にゴールインした。

ある日、アパートに東海林太郎が、ぼくの楽譜をもらうために現われた。東海林太郎氏は、ポリドールから発売された『赤城の子守唄』（佐藤惣之助詞・竹岡信幸曲）で日本中を感泣させていたところであった。

「天下の人気歌手が訪ねてくるのだから、服部さんもまんざらではないのネ」

と若干認められ、夜中の、いささかガラの悪いバンドマンのレッスンと夜明けまでの音楽の練習に幾分白い眼でみられていたぼくも、アパート中で急に人気上昇株となり、丹羽文雄や飯田信夫と同列に扱われだした。

ぼくは、もうそのころ、ユニオン・ダンスホールをやめてニットー・レコードの専属になっていた。作曲家契約をし、すぐに音楽監督の地位が与えられた。

音楽監督というのは、レコード会社のスタジオの元締めみたいなもので、どんな曲もその人が目を通して指揮し、レコードにまとめる、という重要な職務をもつ。従って、待遇はよい。月給は二百円であった。大学出の初任給が八十円くらいのときの二百円である。これは音楽監督としての固定給で、収入はそれにとどまらない。印税制度はなかったが、編曲や作曲をするごとに五円、十円と別に出るのである。作曲、編曲の仕事は多かった。

ニットー・レコードもマイナーで、専属歌手が少なかったので、有名無名の歌手たちが匿名でアルバイトをしていた。東海林太郎がぼくの楽譜を受け取りにきたのは、そうした仕事の一つであったにちがいない。

そういったわけで、結局、月に六百円くらいの実入りになった。待合でも行かなければ使いきれない。それで、だんだん遊びを覚えるようになったわけだ。

ニットー時代の仕事の内容は次の章で述べるとして、一時期、金にあかして遊蕩した。

ニットーには、嘱託で文芸部長格の服部竜太郎氏がいた。ぼくが少年音楽隊に入ったころ、むさぼるように読んだ音楽家の伝記の著者の一人である。子供のころは雲の上の人のように感じていたその人と一緒に働けることが、最初は不思議な気がした。ところが、すぐに百年の知己のようになってしまったのだ。年は十歳近くちがうが、竜太郎氏は気さくなノンベで、ぼくも酒が強くなっており、おみきどっくりで紅燈の巷《ちまた》をさまよった。

いわば「悪友」である。同じ服部同士で、失敗やいたずらごとは服部ちがいと互いに逃げあう茶目っ気も発揮した。

ぼくの『さくらおけさ』でデビューした美ち奴は浅草芸者である。その後も、ぼくの作品を何曲も吹き込んでいる。浅草方面はその美ち奴が同僚のきれいどころと共にぼくを大事にしてくれるので、よく通った。

そんなある日、浅草の一軒の待合で、その店の女将の娘として紹介されたのが万里子である。彼女はその日、義母の経営する待合へ偶然、遊びに寄っていたのだ。美ち奴と並べると、いかにも素人の娘らしい清純な女性に見えた。

雑談のうちにわかったことは、彼女は神田鍛治町一番地に伊勢屋『丸文』という唐物屋を開いていた富沢文蔵の娘である。

そのころ隣り合わせにあった浅田飴本舗は、音楽評論家で初期のジャズソングの訳詞・作詞家だった堀内敬三氏の生家で、富沢家では堀内さんの若いころをよく知っている……という話も興味をひいた。彼女の父は、早くから日本に西洋ろうそくを輸入するほど大変ハイカラな人で、堀内さんの父君と一緒に中国へ旅行したこともあったそうだ。それだけに道楽者でもあったらしく、すっかり遊び尽くして『丸文』の店を傾けたので、少女時代の万里子は一時期、銀行の支店長をしていた叔父の源蔵の家に預けられ、任地の金沢、函館、前橋などを転々としながら育った。しかし叔父が病死したので、再び実家へ戻ったのだが、もうそのころは唐物屋は商売替えをして『五条堂』という京焼き専門の陶器店になっていた。

そんな話を聞きながら、ぼくは、待合にいる自分が万里子の目にいかにも道楽者のように見えやしないかと気遣ったものだ。どうやら、一目惚れに近いインスピレーションを万里子に感じたようである。

そのころ、ぼくはじつのところ、待合遊びに飽きがきていた。こんなに遊び呆けていいのかという反省がわいていた。それに、メジャーの雄、コロムビア・レコードから誘いの手が伸びており、仕事の転機でもあったのである。

メッテル先生の、結婚をすすめる助言も耳によみがえっていた。

昭和九年の正月、鏡開き（十一日）も終ったころであった。メッテル先生が突然、引っ越しして間もない相馬アパートに訪ねてこられた。新響の第三十五回定期演奏会が一月十五日に日比谷公会堂で開催されるが、その指揮者として招かれ、上京してきたのである。

曲目は、グラズノフ作曲『組曲・バレーの情景』、チェレプニン作曲『遠き王女への前奏曲』、グリーグ作曲『交響舞曲・十字軍の兵士シグール』であった。

メッテル先生は、ドアを開けると、いつもと変らぬ調子で、

「ハットリサン、勉強シテイマスカ」

と言いながら、靴のままどんどん入ってこられる。

「先生、ちょっとちょっと……」

ぼくはあわてて新聞紙を畳の上に奥のほうまで敷きつめながら、招じ入れた。

小さな机に座蒲団を置いて即席の椅子をつくり、コーヒーをわかすやら、てんてこまいをした。

先生は、例によって矢継ぎ早に、ぼくの近況について質問をあびせる。

ぼくは意を決して、自分の進む道を初めて告白した。

「先生、じつは、ぼくは今、ジャズをやっています。ジャズが好きでやめられないのです。将来は、生活のためにポピュラー・ソングの作曲家として生きていきたいのです」

日ごろから「ジャズは邪道で足を踏みつける音楽です」と口にしておられたクラシック至上主義者のメッテル先生である。雷が落ちるものと覚悟した。ところが、先生は謹厳な顔で大きくうなずき、

「ジャズモ、立派ナ音楽デス。ヤルカラニハ、日本デ一番ヨイポピュラー・ソングノ作曲家ニナリ

ナサイ。リムスキーモ、ダンス曲タクサン書イテマス」

腕をぐっと出し、握手を求めてくださった。先生は、ぼくが大阪でもジャズに熱中していたことを、先刻御承知だったのである。

それから、世帯道具のほとんどない、乱雑な部屋を見渡しながら言われた。

「アパートノ、一人グラシ、カラダニヨクオマヘン。イイ仕事スルタメニモ、ソロソロ結婚シナクテハイケマセン。アナタ、コイビト、イマスカ」

ぼくは、ややしょげて、首を振った。

「アナタ、モテナイノデスカ。ソレナラ、日本式ノ、オ見合イデモ、ヨロシイ。早ク身、カタメナサイ」

このようなメッテル先生のすすめを、万里子と会ったときに思い起こしていたのである。

結婚するなら、家庭をきちんと守ってくれそうな、真面目な素人娘がいい。そこで、早速、この気持を音楽界の先輩であり、ニットーの重役待遇である服部竜太郎氏に打ち明けた。悪友はたちまち善友に変わって、万事のみこみ、話をまとめてくれた。仲人も服部竜太郎夫妻が引き受けてくださった。

かねがねぼくは「結婚式と葬式は、人間にとって最も厳粛な儀式だ」という考えだったので、ニットーからは作曲編曲料のアドバンスをしてもらい、誘われたコロムビアからも来年二月のニットーとの契約切れ後に入社する条件で、またアドバンス、二重のアドバンスを結婚費用にあて、昭和十年十二月八日、帝国ホテルで盛大な披露宴を催した。

詩人の西岡水朗氏、作曲家の大村能章氏の両先輩が作詞・作曲してくれた献歌『寿歌《ことほぎうた》』。篠原正雄氏の編曲と指揮による『鶴亀』の曲の演奏。松山芳野里氏によるバレー『コッペリア』の踊り。

など豪華なプログラムをくりひろげ、当時としてはめずらしい音楽結婚式となった。

忘れられないのは、響友会の面々がそれぞれの楽器を持ち込みで大勢、演奏に参加し祝ってくれたことだ。これは壮観であった。

ギターやバイオリンは何丁もあり、トロンボーンは二人も三人もおり、トランペットとサキソホンはずらり並び、アコーディオンやホルンやファゴットもおり、ドラムとピアノには何人もの手が伸びるといった騒ぎで、ホテルの支配人も、
「帝国ホテル始まって以来の大オーケストラの持ち込みでございます。全く驚きました」
と、感嘆していた。
こうした多くの音楽界の先輩や、仲間の暖かい歓呼に送られて新婚旅行へ出発したわけだが、熱海で一泊の翌朝、ぼくは媒酌人の服部竜太郎夫妻に、

⇧昭和10年、帝国ホテルにて結婚式。披露宴のときの記念写真。

「スグ　コラレタシ」

という電報を打ったのである。

「いったいどうしたんだ」

と、びっくりして夫妻が東京から飛んできた。

「いや、どうもね、二人だけでは話がなくて困るんだ。仲人の責任上、付き合っておくれよ」

と言ったら、竜太郎夫人はあきれるやら、竜太郎氏は怒るやら、新妻の万里子は真赤になってうつむくやらで、珍妙なことになってしまった。

実際のところ、二人きりになった後、汽車の中でも旅館に入ってからも、ほとんど話らしい話をしていない。話題といえば、ぼくの収入のことか音楽のことだが、収入の話は二、三分ですんでしまい、妻は音楽の話はさっぱり。素人女性はまことに扱いにくく、間がもてなかったのだ。

とにかく、新婚旅行先に媒酌人を呼びよせ、初めて十国峠や箱根をドライブした。

しかし、それから半世紀以上、夫婦の間はとりたてて波風も立たず、二男三女もそれぞれ成人し、今では孫が十人になっている。

ニットーからコロムビアへ

話は少しもどるが、ニットー・レコードではぼくの才能をいささか高く買ってくれ、かなり自由に斬新な試みも行なうことができた。

むろん主力は歌謡曲で、美ち奴、日本橋きみ栄、松島詩子、楠木繁夫、林伊佐緒（マイフレンド）、二村定一、三上静雄、唄川幸子といったニットーの専属、またはアルバイト組の歌手たちの曲を作って吹き込んだ。

ニットーには、別にクリスタル・レコードというレーベルがあった。いわゆる洋盤である。このレーベルで、ぼくは自分のやりたいことを相当、成就することができた。木村文芸部長の理解と服部竜太郎氏の後援のたまものと感謝している。

クリスタル・レーベルでは、ジャズ系の曲を多く吹き込んだ。『道頓堀行進曲』はニットーが権利をもつ作品なので、これを完全にジャズ編曲して発売した。

オリジナルの作曲では、『ジャズかっぽれ』が、ジャズ・コーラスの第一号で、林伊佐緒をふくめた四人コーラスで吹き込んだ。そのほか『流線型ジャズ』『カスタネット・タンゴ』『夜の浜辺』などがヒットした。

『カスタネット・タンゴ』は昭和十年四月の吹き込みだが、藤川光男（林伊佐緒）の甘い歌声と河上鈴子のカスタネットが終始リズムを刻むところがエキゾチックだと、好評であった。

『夜の浜辺』は、少年音楽隊の章で書いたが、ぼくの当時の恋の思い出がモチーフになっているタンゴの曲である。

昭和十年六月に『一九三六年』と題する管弦楽曲がクリスタル盤で発売された。これは、ぼくの交響楽的作品の第一号である。

『一九三六年』は翌昭和十一年で、来年の日本と世界の姿を交響曲にまとめてレコードの表裏に吹き込んだ大作であった。演奏は、日本クリスタル交響楽団、となっているが、これは、当時最高の水準をもっていた新響に、トロンボーンの谷口又士やトランペットの斉藤広義などのトップ・ジャズメンが加わった野心的な編成であった。

このように、作曲、編曲、指揮と、ニットー・レコードを背負う気概でいそがしく働き、夜は紅燈の巷で散財し、深夜は響友会のメンバーを指導する、という八面六臂《はちめんろっぴ》の活躍をしていたが、心の底ではマイナー・レコードでの限界をひしひしと感じていた。

ときには、『一九三六年』のような冒険もさせてくれるが、発売しても宣伝力、販売力、ともに弱い。ニットーでヒットしたといっても、大手のヒットとは桁がちがう。仲間の作曲家、作詞家、歌手も二流たるを否めない。

（これでは、お山の大将で終ってしまう）

再び、ぼくにあせりが出た。刺激が欲しい。一流の作詞家と組みたい。実力ある様々なトップ歌手と真剣勝負の仕事がしたい。臨時編成のアルバイト楽団ではなく、個性をもった専属バンドを指揮したい。このような欲求をおさえることはできなかった。

昭和十年の夏であった。業界第一と目されているコロムビア・レコードから、大村能章、中野忠晴両氏を通じて移籍の打診があった。ぼくにとっては渡りに舟である。

数日後、銀座の小料理屋の一室で、美しい日本人の秘書を伴ったコロムビアの文芸部長エドワード氏と会った。若いスマートな英国人だった。

コロムビアは、前にも書いた通り、外資系である。日本帝国は昭和十年前後、急速に軍事色を強めていた。昭和六年九月に満州事変が起こり、昭和七年一月には上海事変、昭和八年三月に国際連盟脱退、昭和九年には日英通商会談が決裂。米国とも険悪になり、『日米もし戦はば』などという本が書店に積まれる時勢になっていた。そこで、外人資本家たちは前途に危惧を感じて持ち株を整理し、続々と帰国を急いでいた。

が、コロムビア・レコードは依然、幹部は米英人で占められていた。社長が米国人のホワイト氏。その秘書出身のエドワード氏が文芸部長として制作の責任者のようであった。

「ミスター・ハットリ、アナタノ、『カスタネット・タンゴ』、アンド、『ジャズカッポレ』、ベリーグッドデス。コロムビア、ジャズ・シンガーオオイデス。アナタ、ゼヒ、キテホシイデス」

エドワード氏は、どうやらニットーでこの夏に発売された『カスタネット・タンゴ』と『ジャズかっぽれ』を聴き、招聘を決意したようである。

美人秘書が、コロムビアの機構や現況、待遇などのアウトラインを通訳した。

社内事情は、コロムビアのドル箱作曲家だった古賀政男が、新興レコード会社テイチクに重役作曲家として引きぬかれ（昭和九年五月）、作曲家陣が手薄になっていること。加えて、コロムビアのジャズ系歌手たちを生かしてくれる新鋭作曲家として、ぼくに白羽の矢を立てたこと……などであった。

金銭的には、音楽監督を兼務するニットーのほうが良い。だが、ぼくの気持は決まっている。エドワード氏が自負するように制作スタッフが最高なのだ。コロムビア・ジャズ・バンドはもとより、この一、二年の間に本場のフィーリングをもつアメリカの二世、三世の歌手が相次いで来日、入社していた。

川畑文子、リキー宮川、リキーの妹の宮川はるみ、タフト別府、ベティ稲田、森山久。

それに純日本人だがジャズの心をもつ淡谷のり子、中野忠晴、コロムビア・リズム・ボーイズ。

すでにぼくは、ダンスホールやステージなどの現場仕事では、前記の二世、三世の歌手やその楽団からジャズ編曲を頼まれていた。彼や彼女たちもぼくのコロムビア入社を歓迎してくれるだろう。

ぼくは、ニットーとの契約が来年二月まであることを告げ、円満退社した上で入社したい旨を申し入れた。

「オーケイ、オーケイ。アナタ、大変ゼントルマンノ人デス」

エドワード氏は満足そうであった。

「ナニカ、希望ガアッタラ、エンリョナク、言ッテクダサイ」

そのときは、何も希望しなかった。が、言葉に甘えて、十二月の結婚式のための費用を前借りしたことは前に述べた。じつは、コロムビアとの契約は、その前借りと引きかえの形で結婚式の前日に行なわれたのである。

＊

入社までの間に、ぼくは一枚のレコードをエドワード文芸部長の許に届けた。『朝の紅茶を召し上がれ』というタイトルの日東紅茶のＰＲレコードである。ニットー・レコードが制作を引き受け、ぼくの作曲指揮で吹き込みしたものである。

当時アメリカで人気の『ボスウェル・シスターズ』にならって、女性のリズム・コーラスをバックにした、ある意味ではぼくの野心作であった。

エドワード氏に送ったのは、二つの狙いがあったからだ。一つはコロムビア入社後、このようなしゃれたジャズ・コーラスものを制作したいこと。淡谷のり子をメインに想定した曲の構想はできていた。今一つは、妹・富子のレコード界への進出であった。『朝の紅茶を召し上がれ』は、富子をリードボーカルに起用していたのである。

末妹の服部富子は、宝塚少女歌劇団で水間扶美子の芸名で星組に在籍していた。年に三回、東京公演のため上京してくる。

宝塚歌劇団は、大正七年に帝国劇場で最初の東京進出を果した後、不定期に東京公演を重ねていた。そのうち、常打ち劇場の必要を感じ、昭和九年一月に落成したのが日比谷の東京宝塚劇場である。こけらおとしは、小夜福子の月組で、名作『花詩集』であった。

妹が属する星組がはじめて上京したのは昭和九年の五月公演。レビュー『太平洋行進曲』『アルルの女』『奴道成寺』『ウィナーメーデル』が出し物であった。

ぼくは、むろん、日比谷に足を運んだ。東京宝塚は、ロビーに美しいじゅうたんを敷きつめた、女の城にふさわしい華麗な劇場であった。

海軍の生活を明るいミュージカルにした『太平洋行進曲』では、富子は舞台の後方で大勢の水兵姿の一人として歌いながら手旗を振っていた。主役は、春日野八千代、難波章子、桜緋紗子といったスターたちである。

東京公演中、宝塚の生徒は芝の増上寺の御成門の近くに新築された寄宿舎で起居する。白いコンクリート塀に囲まれた、しょうしゃな三階建ての女の園だった。

土曜、日曜、祭日は昼間公演《マチネー》があったが、普段は夕方五時半の開幕で、かなり自由時間が認められていた。外泊は厳しかった。親許や親戚の家に泊りに行くときでも、しかるべき人物が迎えに行き、生徒監に挨拶をし、住所や連絡場所などの記入をすませて連れて行く。表玄関を入ってすぐが応接室で、隣に事務室があり、それより奥は父兄といえども入れない。一階には大食堂と娯楽室があり、二階三階が生徒の部屋である。各部屋、二段ベッットの造りと聞いた。

この寄宿舎の表門や裏門には、花束を抱えた少女や年増のファンが大勢おしかけており、独特の雰囲気をかもしていた。

ぼくは、そのファンの人垣をかきわけて入り、所定の手続きを行なって富子を連れ出した。およそ一年ぶりに見る妹はいちだんと大人っぽくなっており、兄の目にもまぶしかった。

銀座で食事をして、新富町の相馬アパートに伴った。妹の歌唱力をテストするためである。水杯をかわして上京するとき、大阪駅のプラットホームで妹と約束したことを、ぼくは忘れていない。その声はいつもぼくの耳に残っていた。

「兄ちゃん、ねえ、きっとよ。うちも一生懸命、歌の勉強するさかい、兄ちゃんが東京で有名な作曲家になったら、うちを歌手にして。宝塚もいいけど、うち、やっぱり歌で勝負したい」

まだ有名な作曲家というわけではなく、所属もマイナーのニットーであったが、チャンスに対する用意だけはしておきたかった。

ところが、妹は、ピアノの前でもじもじする。

「うち、まだ早いと思うなァ。宝塚でも、まだ独唱《ソロ》を歌わせてもらへんし」

「自信がないのかい」

ぼくは、からかってみた。

「うん」

妹は、ちょっと顔を赤らめて肯定する。

「レコード歌手になるの、宝塚でひと花咲かせてからでもええと思うねん。宝塚の舞台、おもしろくなりはじめたところやし、今やめたら惜しい」

ぼくは笑い出した。

「兄ちゃんも、富子に今、宝塚をやめられちゃ困るよ。そやけど、天津乙女や葦原邦子のようになるには何年もかかるんじゃないのかい」

宝塚は生徒制で、年次の序列がきびしい。下級生の大抜擢はありえない。当時の主役クラスであるスターたちは、少くなくとも五年以上の先輩である。天津乙女、小夜福子、葦原邦子、春日野八千代、汐見洋子、難波章子などが花形であり、のちにシャンソン歌手として成功する橘薫や映画女優に転じる轟夕起子がようやく新人として脚光を浴びつつある時代であった。

「とにかく歌ってごらん。最近の富子の声をぼくは聞いたことがないからね。ステージでは誰が誰の声だかわからないし」

ぼくは、妹に何曲か歌わせた。音質はいいが、本人がしりごみしていたように、基礎、表現力ともに、いまだし、の感であった。

ぼくの裁量で何とでもなる日東紅茶のレコード『朝の紅茶を召し上がれ』に妹を起用したのは、

最初のテストの日から一年後である。その後、妹が上京してくるごとに、ぼくなりのレッスンをつけてやっていた。吹き込みは、昭和十年九月の、星組東京公演期間中であった。

以上のように二つの狙いをこめたレコードを、コロムビア入社に先だって、参考用としてエドワード氏の許に届けたのである。

藤浦洸氏の著書『なつめろの人々』の中に、このことに触れた個所があるので、引用させていただこう。

ある日「二時に会議室へ行ってください」というエドワードの伝言が来た。五、六人のディレクターが一枚のレコードを聞いていた。タイヘイのレコードで「朝の紅茶を召し上がれ」というタイトルのもので、これは紅茶の宣伝レコードだった。が、非常に面白い。当時アメリカで流行っていた〝何々シスターズ〟という女性リズム・コーラスの日本版で、メロディーも編曲も、たいへんしゃれていた。

「これがこんど入社する服部良一ですよ」

私はその名を初めて聞いた。こうして彼はコロムビアに丁重に迎えいれられたのである。

藤浦洸氏がニットー・レコードとタイヘイ・レコードを混

⇧昭和13年、帝劇にて。

同しているのにはわけがある。昭和十年十一月一日にニットーとタイヘイが合併して、しばらく呼称がごっちゃになっていたからである。

こうして昭和十一年二月に、日本コロムビア株式会社に入社したぼくの第一作は、希望通り、淡谷のり子とコロムビア・リズム・シスターズを組ませたスイング調の『おしゃれ娘』（久保田宵二詞）で、五月に発売された。

妹の富子も『朝の紅茶を召し上がれ』が縁になってコロムビアのテストを受け、西条八十先生に詩をお願いして『小鳥娘』というぼくの曲を吹き込んだ。

芸名は、柳原みち子。しかし、コロムビア入社には至らなかった。富子は宝塚に未練があったし、ぼくもまだ未熟なところのある妹を強引に押し込むのはためらわれた。

「以前は、兄ちゃんと同じレコード会社で働けたらええなあ、と思っていたけど、きょうだい一緒というの、何やらけったいな感じやねえ。やめたほうがええかも知れへんね」

富子は笑いながら言った。

ぼくは、遠く離れて暮らしている富子に大人を感じ、自分の落胆よりも兄の立場を考慮する妹の心情を涙ぐましく思った。

ジャズ・コーラスとブルース

ぼくがコロムビアに入社したころのレコード界は、テイチクの古賀政男全盛期で、同じコロムビアには、大村能章、江口夜詩、竹岡信幸といった錚錚《そうそう》たる顔ぶれが華やかな作曲活動を行なっていた。主流は、いわゆる歌謡曲で、艶歌調や音頭もの、股旅道中もの、それに非常時態勢を反映した軍国歌謡が増えはじめていた。

ぼくは、淡谷のり子の『おしゃれ娘』に引きつづき、『東京見物』（西条八十詞・中野忠晴とコロムビア・リズム・ボーイズ）、『月に踊る』（藤浦洸詞・二葉あき子とコロムビア・リズム・シスターズ）と連続してジャズ・コーラスものを世に問うた。しかし、一部で熱狂的に迎えられたものの、三曲ともヒットというわけにはいかなかった。

といって、ニットー時代のように何でも手あたり次第に作曲する気にはなれない。それでは、ジャズに強いコロムビアに入った意味が薄れる。そこで、ぼくは当面、ジャズ編曲の仕事に全力をつくすことにした。

コロムビア盤のジャズ編曲は、上京した翌年の昭和九年一月に、トップ・ジャズ・シンガーの川畑文子に個人的に依頼されて、ゼローム・カーンの名作『フー』などを手がけている。

その川畑文子はテイチクに移籍してしまったので、同じ二世、三世歌手と組むことにした。リキー宮川のために『ボンヂュリ』と『あゝ馬鹿をみた』。ベティ稲田の『心で泣いて』『夕日に赤い帆』など。森山久が歌う『青空』。岡本ルビー八重子の、唄とタップのレコードは全部ぼくのアレンジだ。『アリババ』『淋しき路』『スピナチはおいしい』などである。

コロムビア・ジャズ・バンドが演奏するダンス用の中の一連の日本曲ジャズも入社の年に五曲吹き込んだ。『草津ジャズ』『下田夜曲』『追分』『花言葉の唄』『天竜ながし』である。

以上は編曲だが、ジャズ系歌手の作曲も行なっている。

昭和十一年六月吹き込みの『恋の街』（藤浦洸詞）は宮川はるみのために書いたジャズ・ソング。同じ六月に、ベティ稲田で『あなたのまゝよ』（久保田宵二詞）。十月吹き込みの『夢見る心』はリキー宮川のための、それぞれぼくのオリジナル曲である。

入社早々、映画のための主題歌も頼まれた。加賀四郎という人の独立プロダクションが製作した音楽映画『舗道の囁き』で、主演は鈴木伝明、河津清三郎、それに人気絶頂のジャズ・シンガーベティ稲田とタップダンサーの中川三郎。ベティ稲田の関係からコロムビア・ジャズ・バンドも出演し、主題歌の作曲家としてぼくが指名されたわけだ。

ぼくは張り切って『舗道のバラ』（藤浦洸詞）を書き上げ、画面でベティ稲田が歌い、レコードにもなったが、この映画、独立プロの悲哀でオクラ同然になってしまった（戦後、新東宝があらため。配給し、日の目をみる）。

このように、表面的には華やかに、いそがしい日を送りながら、ぼくの心は弾んでいなかった。レコード会社の作曲家は、それが何であれ、ヒットをとばさなくては羽振りがきかない。会社の廊下をうつむき加減に歩くようになる。焦燥と不安にかられる毎日が続いた。結婚をし、新家庭を築いたその責任もある。作曲家として失敗すれば、新妻の万里子を不仕合わせにしてしまうのだ。

ぼくは編曲者として吹き込みに立ち合い、調整室のガラスごしにコロムビア・ジャズ・バンドの華麗なサウンドを聴きながら、心の中で激しく作曲意欲をたぎらせていた。

（ぼくにはぼく自身の独自の個性がある。カラーがあるはずだ。それを確立することだ。服部メロディーを創造しなければ、この世界で抜きん出ることはできない）

このことを絶えず自分に言いきかせ、自分の進むべき道を真剣に模索していた。そうした苦しみの中から生まれ出たのが、ぼくの一連のブルース作品である。

入社の翌年、昭和十二年二月八日に吹き込んだ『霧の十字路』（高橋掬太郎詞）が、ぼくが初めて〝日本のブルース〟に挑戦した曲であった。歌手に、コロムビア・ジャズ・バンドの第二トランペッターの森山久を選んだのが成功したと思う。

森山君は、明治四十三年にサンフランシスコで生まれた、二世である。昭和九年に来日して、フロリダ・オーケストラにトランペッターとして迎えられた。南里文雄と入れ変わりの形だったと記憶している。その後、コロムビアの専属になったわけだが、英語はお手のものだ。ステージでは、英語もののボーカルを担当して、人気を博していた。

『霧の十字路』は日本語の歌だが、森山久のバタ臭い低音がブルースの雰囲気を出し、評判はよかった。

なお、異色歌手・森山久君の愛嬢が、歌手の森山良子である。

大ヒットとは言えなかったが、技術面から見た『霧の十字路』の成功は、川崎のコロムビア本社の若い社員に注目され、ぼくに自信をもたらした。

「ブルースは、なにも、ウィリアム・ハンディの『セントルイス・ブルース』のように黒人の専売ではないと思うんだ。日本には日本のブルース、東洋的なブルースが大いにありうると思わないかい」

ぼくは、入社後すぐに妙に気が合い、相棒となった詩人の藤浦洸に言った。

「そうだよ、君、ブルースは魂のすすり泣きなんだ。黒人も白人も、アメリカ人も日本人も区別はないよ。むしろ、悲しい歌が好きな日本人はブルース的なんじゃないかな。君はジャズの出身だし、ここでもう一歩つっこんだ日本人のブルースを完成したまえ」

と、煽ってきた。

藤浦洸氏は、明治三十一年生まれで、ぼくより年上だが、そのころは不遇時代だった。定職を求めて、エドワード文芸部長の個人秘書、というかなりあいまいな形でコロムビアでうろうろしていた。とはいえ、慶応ボーイである。ひどく、痩せて、しわの多い青白い面立ちだったが、どこか垢ぬけしており、作る詩もハイカラだった。そこがジャズ志向のぼくの気に入るところで、許される限り、ぼくは相棒に藤浦洸を指名して詩を書いてもらっていた。

彼とそんな話を交わした数日後、ぼくは〝日本のブルース〟のモチーフを求めて、横浜の本牧《ほんもく》界隈をさまよった。晩春の夜であった。

今は埋立てが進んで昔の面影は全くないが、当時の本牧は港を見下す小高い丘にチャブ屋やバーが密集した一種の私娼窟である。明治から大正にかけては外人相手の和風バー地帯だった。昭和に入ると、異国情緒にひかれて日本人の粋客が訪れるようになり、遊所の穴場として有名になっていた。

チャブ屋の女は、ピンクのガウンをしどけなく羽織っていたり、肩をあらわにした薄いドレスを着てその下には何もつけていなかったり、とかく異国風であり、酒も洋酒が主で、寝床はベッド、赤や青の電燈が点される仕掛けの部屋もある……といった評判で男心を誘っていた。

蓄音器からはジャズが鳴り、色町特有の喧噪はあったが、植民地風な頽廃がたちこめ、妙に悲しい一区でもあった。

ぼくは、一軒のバーで洋酒を傾けていたが、ある衝撃を感じてグラスを宙に浮かせた。蓄音器からシャンソンの『暗い日曜日』が流れ出したのだ。淡谷のり子の声だ。

パリの下町の女王・ダミアが、しわがれ声で切々と歌ったセレスの曲を、脇野元春の訳で淡谷のり子が吹き込んでいた。レコードは前年の秋に発売されており、ぼくの好きな曲だったが、今、この本牧のチャブ屋で聴くと、一層の哀愁が強まり心がふるえるのを覚える。

（淡谷のり子だ。本牧を舞台にしたブルースを彼女に歌わせよう。もっともっと低い、ダミアばりの声で……）

ぼくはバーを出ると、嬌声がとびかう夜のチャブ屋街を夢遊病者のように歩いた。ブルーな旋律の断片が、見下す港の、沖からよせる黒い波のように暗く悲しく浮かび消えていった。

＊

翌朝、ぼくは会社へ行くと、藤浦洸をつかまえた。

「ぼくは本牧でブルースの曲想を得た。それで、あなたも本牧へ行って、詩をつかんできて欲しいんだ。二人で本牧ブルースを作ろう。これ、取材費」

ぼくは、軍資金として、チャブ屋の生態を探索するのに充分ではないが、ギザ銭四、五枚（当時二円五十銭）を進呈した。

翌日、コロムビアの廊下で顔を合わせたとき、藤浦洸は、

「雰囲気はつかめたんだが……」

と、まだ構想がかたまっていない様子である。ぼくは、参考のためと、愛読書の一つ、ウィリアム・C・ハンディのことを書いた『ブルース』という本を渡した。

W・C・ハンディは、一八七三年（明治六年）にアラバマ州・フローレンスの教会牧師の子として誕生した。黒人である。教会音楽から音楽の世界に深入りし、地元のブラスバンドに入った。学校の成績は常に一番で、教師の免状を得て教職につくが、やがて労働者の群れに身を投じる。極貧の南部を流れ歩きながら、ジャズの源泉の大きな一つであるニグロ・スピリチュアルス（黒人霊歌）を採譜しはじめるのである。ハンディは、これを音楽的に整理し、さらにオリジナリティーを加えて、ブルースを完成した。「ブルースの父」と呼ばれている。不朽の名曲『セント・ルイス・ブルース』が出版されたのが、ぼくの小学校一年生の年であることは前に書いたと思う。

ぼくは、ハンディの人生と音楽に強い共感を覚えていたので、ブルースをかなり以前から研究していた。『ブルース』という本には、ハンディが南部を歩いてブルースの原形であるニグロ・スピリチュアルスを採譜し、それをブルースという音楽形式（普通、三行詩型の十二小節）に変遷昇華させたその過程が楽譜入りでわかりやすく記述されてあった。

藤浦洸は、大いに得るところがあったようだ。数日後、

「できたよ、本牧ブルースが」

彼は、会社に出てきたぼくを見るなり、大声をかけ、会議室に引っぱり込んだ。

「ブルースの小節の数や長さを、ちゃんと勘定して、作ったからね」

藤浦洸は、小鼻をうごめかせて、原稿用紙をぼくの目の前に置いた。

だが、文字は一行、

窓を開ければ　港が見える
とだけしか書いていない。
ぼくが、けげんな顔を向けると、
「君なら、次をどうする」
藤浦洸は、時折、こうした一種の茶目っ気をみせる。自信がある証拠だ。ぼくもふざけて、
「犬が西向きゃ、尾は東」
と言ってやった。
痩身の憂愁詩人は、もったいぶった表情で首をふり、ペンを走らせた。
　メリケン波止場の　灯が見える
「うん、いいねえ。君の得意のカタカナが出たね」
藤浦洸の作詞にはカタカナ、つまり英語やフランス語、または和製英語が必ず書き込まれてあり、それが独特のエキゾチシズムをかもすという仕掛けだ。
藤浦洸は、長髪をかき上げて、ペンを進める。
　夜風　潮風　恋風のせて
　今日の出船は　どこへ行く
　むせぶ心よ　はかない恋よ
　踊るブルースの　切なさよ

ぼくの眼裏に、本牧港の、沖からよせる黒潮の波が浮かび、胸の中に色電燈が輝くバーの騒々しいがどこか悲しいエキゾチシズムがよみがえった。

曲はすぐに完成した。

『本牧ブルース』は、ディレクターの山内義富君がとびついてくれた。

「誰に歌わせますか」

「淡谷のり子。彼女以外にないよ」

即座にぼくは言った。

ところが、吹き込みの日、淡谷嬢と少しもめた。

「私はソプラノよ。こんな低い音、アルトでも無理じゃない。歌のはじめが下のGなんて無理よ」

と、おかんむりである。

確かにそうだ。彼女はソプラノ歌手で、『ポエマ』『ヴェニヴェン』『マディアナ』などジャズ・ソングの中でもタンゴやシャンソンを主に歌っていたが、高いきれいな歌唱である。何しろ、東洋音楽学校の卒業公演のオペラで、「十年に一度のソプラノ」と新聞でほめられた経歴をもっている。

しかし、この『本牧ブルース』は彼女にあてて書いたのだ。彼女の可能性に賭けた歌である。

⇧昭和13年ごろ、ステージ上の淡谷のり子。

ぼくは語気を強めて言った。

「ブルースはソプラノもアルトもないんだ。魂の声なんだ。マイクにぐっと近づいて、無理でもこの音域で歌ってもらいたい」

結果的には、これが成功したわけだが、一難去ってまた一難であった。制作陣は仕上がりに自信満々であったが、社内試聴会で営業サイドが難色を示したのである。

「何だか詩も曲も頽廃的ですな。時局に対していかがなものでしょう」

「第一、このブルースってのはなんです」

「今まで売れたレコードの傾向と全くちがうところが心配だ」

「本牧というタイトルも問題じゃないかな。横浜の人は知っていても、全国的な知名度はない。それに、チャブ屋だろう。イメージもよろしくない」

このような意見であった。

山内ディレクターが矢面に立って、懸命の防戦をつとめる。やっと『本牧ブルース』を『別れのブルース』と題名をあらためて売り出すことで妥協をみた。

これで一件落着と思いきや、

「やっぱり、そのブルースというのが気に入らんな」

と、営業のおえら方が、むしかえしてきた。

「別れの曲、とか、別れの哀歌、別れ小唄、そんなふうにすべきじゃないのかい」

ここで、ぼくは憤然と立ち上がり、試聴盤を高くかかげて一世一代の弁論を試みた。

「それでは、このレコードが死んでしまいます。ブルースが、ぼくたちの目的なんです」

ぼくは、ブルースの成り立ちから説きおこし、ブルースの真髄、アメリカやヨーロッパで大いに流行っている現状などをまくしたてた。

「今に、日本中のレコード会社が、どこも争ってブルースを作りはじめますよ。日本一のジャズ・オーケストラとジャズ・シンガーをもっているコロムビアが、よその後塵《こうじん》を拝していいものでしょうか。ブルースは、これから先、何年も何年も、いろんなブルースが出てきます。ブルースは人間の心の奥底の歌声です。時局とは関係ありません」

拍手をしたのは文芸部の面々で、営業関係者は依然、憮然たる表情だ。

「ま、会社が辞をひくくしてお迎えした服部先生がそれほどおっしゃるのでしたら、これでいきましょう」

営業のおえら方が折れて、『別れのブルース』は七月に発売された。

エドワード文芸部長は、発売に合わせて、ジャパン・タイムス紙に「日本にも、ついにブルースの作曲家が現われた」と、でかでかと書きたててくれたが、会社としての宣伝は、ほとんどなしであった。

売れゆきも、はかばかしくない。

藤浦洸などは、銀座の喫茶店やバーへ行くごとに『別れのブルース』を宣伝して、流しのアコーディオン弾きにも歌わせていたようだが、効果はあまりない様子であった。

「やっぱりだめか」

ぼくたち――ぼくと、藤浦洸、淡谷のり子、山内ディレクターは、意気消沈した。とりわけ、大弁舌をふるったぼくと、担当の山内ディレクターは社内でつらい思いをしなければならなかった。

が一方で、ぼくのジャズ・コーラスものは好調で、中でも五月発売の『山寺の和尚さん』（久保田宵二詞、コロムビア・ナカノ・リズム・ボーイズ歌）はヒットしていた。ダンス曲としても喜ばれたが、お年寄りから子供まで盛んに歌ってくれた。

山寺の和尚さんは
まりはけりたし　まりはなし
猫を紙袋に押し込んで
ポンとけりゃ　ニャンと鳴く
ニャンがニャンと鳴くヨーイヨイ

という歌声が、町角や下町の路地や庭先で聞かれた。

ぼくは、むしろ、次のアップテンポの

ダガジグ〱〱エーホホー
ダガジグ〱〱エーホホー

の反復部分にジャズ・コースの真髄を見出していて、このへんの作詞?は、ぼくが自由にやったところである。こうしたスキャット用法は、リズムメーカーとしてのぼくの武器であった。古賀メロディーや佐々紅華、江口夜詩、大村能章、古関裕而などの先輩諸氏に追いつき追いこすには、ぼく自身の個性が必要である。

先に出したジャズ・コーラスもの――『おしゃれ娘』『東京見物』『月に踊る』がヒットに至らなかったのは、中途半端なところがあり、メロディー優先の歌謡曲調を残していたからだという反省があった。『山寺の和尚さん』では、思いきってリズム本位にし、ジャズ調に徹した。しかし、それだけではヒットしなかっただろう。題材に誰でも知っている日本民謡の手まりうたを取り上げたことがよかったのだと考える。つまりジャズはジャズでも日本のジャズを目ざしたことが成功につながったのだろう。

同じことが、ぼくのブルースにも言える。『別れのブルース』は、日本人の心情を素材にした日本のブルースのつもりだったのだが……これは成功しそうにない。

こいつはどうしたことだろう、と悩みながら二、三ヵ月がすぎた。

晩秋のある日、自らのバンド『ホット・ペッパーズ』を率いて大連(満州・現中国)のダンスホール『ペロケ』を仕事場としていた南里文雄から手紙がきた。同じ大阪出身の南里君とは、いろいろな面で仕事を共にした親しい仲間である。その夏も、彼の日本一のトランペットをフィーチュアした『私のトランペット』(村雨まさを詞・淡谷のり子歌)をレコーディングしている。

手紙には、『私のトランペット』も受けているが、それより『別れのブルース』のリクエストが多い。それでバンドショーには必ず『別れのブールス』を組み入れている、と書いてある。

「不思議なこともあるもんだねえ」

と、藤浦洸と話をしていると、その彼のところにも、満州を旅行中の作家・浜本浩から絵はがきがきた。その中に、「お前、へんなもの作ったね。『別れのブルース』、満州で大流行だよ。作詞の藤浦洸をつれてくればよかったと、みんな言ってるぞ」とある。

その数日後、漫画集団の面々が、どやどやとコロムビアにやってきて、宣伝部の玉川一郎の席で騒ぎはじめた。漫画集団の横山隆一、近藤日出造、清水崑といった諸氏は、満州に出征している日本将兵の慰問へ行っていたのである。

「おい、玉川。『別れのブルース』ってのは、君んところのレコードだろう。あれ、満州で大流行りだぜ。兵隊も歌っているし、病院の掃除のオバさんも歌っていた」

陽気な彼らは、
窓を開ければァ　港がァ見える
と変声で合唱しはじめる。

驚いたのは玉川一郎である。営業の方へ飛んで行くと、これが何と十七万枚を突破しているというのだ。

「畜生め、売れているなら売れていると、営業さんもそう言ってくれればいいじゃねえか」

のちのユーモア作家・玉川一郎は、顔を真赤にして、機を逸すべからずと追いうちの大宣伝にかかった。『別れのブルース』は、発売三ヵ月後に、まず外地で火がつき、長崎、神戸、大阪、横浜と港づたいに東上してきて、東京で爆発したのである。プレス工場は連日徹夜作業でも注文に応じきれなかったということだ。

港々からひろがって、全国をおおっていったわけだが、どこでも自分の港の歌と思って愛唱しているところが面白い。また、メリケン波止場というのはどこにでもあるようだ。

おそまきながら、ヒット祝賀会が行なわれた。この模様は、漫画集団の杉浦幸雄氏が、著書『まんが交遊録』に活写されているので、そのまま拝借させていただこう。


そのヒット祝いの会は、コロムビアのある東拓ビルの地階のレストランでありました。現代のような華々しいパーティーじゃなくて、集まる人も少なく、男ばかりで、素朴な同志的結合の集まりといった会でしたが、それだけに心のこもった会でした。

その後、何百回かわからないほど、いろんなパーティーに出席しましたが、この会だけは自分の会でもないのになぜか忘れられません。その日、歌手の淡谷のり子さんが、都合で来られなくなり、肝心の『別れのブルース』が聞けないので、われら漫画集団は、例によって集団の偉力を発揮して、

「おーい、藤浦っ。歌え！ッ」

と騒ぎたてたら、そのころまだ、コロムビアの宣伝部にいて、後に小説家になった高見順氏が、

「漫画集団、うるさいぞッ」

と怒鳴り返してきました。

そこで、藤浦氏が決然と立ち上がって、

「よし。おれが歌う」

といって、服部良一氏のピアノ伴奏で、
窓を開ければ
とやりました。

藤浦洸氏一世一代の大演奏で、氏の感動はそのまま直接にわれわれの心に響いてきました。そんなことで、あの会だけは忘れ得ぬものとなったのでしょう。

『別れのブルース』の大ヒットで、あいまいな待遇であった藤浦洸の地位が確定した。コロムビアは正式に専属作詞家としての契約を行ない、さらにスペシャル・ボーナス金二百円也を、いつも財布の軽い、将来のドル箱詩人に贈ったのである。

全日本選抜スイングバンド

ここで昭和十三年前後の、ジャズ・ポピュラー界を展望してみよう。

昭和十一年の二月、僕がコロムビアに入社したころに起きたのが二・二六事件だ。雪の帝都で勃発した青年将校たちの反乱事件は世の中を震撼《しんかん》させたが、これによって軍部の鼻息はますます荒くなったように感じられた。

翌昭和十二年七月七日、北京郊外・蘆溝橋での一発が引き金になって、ついに中国大陸で戦端がひらかれ、以後日本はずるずると八年間、本格的な戦争時代へ突入して行くことになる。

国家総動員法が発動されたのが昭和十三年三月。

音楽の世界でも統制がきびしくなり、軟弱なもの、男女の愛欲を歌ったもの、ふざけすぎるもの、戦意昂揚に害があると見なされるもの……等のレコードや歌唱が禁止されるようになった。

それでも、まだ、レコード界は盛況であった。自由の気も失われていなかった。

このころになると『ジャズ・ソング』という呼称はあまり使われなくなっていたが、ジャズ・ポップス系のヒット曲を思い出すままにあげてみよう。

テイチクでは、ディック・ミネが気を吐いていた。ジャズ・ソングは一手販売という形だった。彼自身（三根耕一）の訳詞で吹き込んだアクスト作曲の『ダイナ』とG・ストーン作曲の『黒い瞳』のカップリング（昭和九年十二月）は百万枚を突破したといわれた。

同じテイチクでは大御所・古賀政男氏が、古賀メロディーの枠をこえたジャズ・ソング風の『東京ラプソディー』（門田ゆたか詞・藤山一郎歌・昭和十一年六月発売）をヒットさせている。この曲想は、新しく買ったフォードに乗って都会美の景観に囲まれた神宮外苑をドライブ中、浮かんだと話しておられた。

ビクターでは、ハワイ生まれの二世歌手・灰田勝彦が洋物の代表選手であった。ユニホームがよく似合う野球狂でもある。昭和十二年一月新譜の『アロハホノルル』は作詞が佐伯孝夫、作曲が実兄の灰田晴彦。このトリオはのちに『森の小径』（昭和十五年）、『鈴懸の径』（昭和十七年）というベストセラーを生む。

キングでは、昭和十二年三月発売の『マロニエの木蔭』（坂口淳詞・細川潤一曲・松島詩子歌）が評判になり、この曲はアメリカに渡ってかの地でも大いに流行ったという。

コロムビアでのぼく自身の主な作品は、『別れのブルース』につづいて、同じ昭和十二年の七月に『泪のタンゴ』（奥山靉詞・松平晃歌）、十二月発売の『私のトランペット』、十三年五月『バンジヨーで唄えば』（藤浦洸詞・中野忠晴歌）、六月の『雨のブルース』である。

『雨のブルース』を吹き込んだのは三月だった。もちろん歌手は淡谷のり子。これは、ぼくの曲が先にできて、野川香文氏があとから巧みに歌詞をつけてくれた。

野川氏は明治三十三年島根県生まれ、早大理工科在学当時から塩入亀輔氏の下で、大井蛇津郎《ジャズロー》のペンネームで『音楽世界』の編集を手伝っていた。ジャズにくわしく、著書も多く、日本のジャズ評論の草分けといえる人である。訳詞、作詞、編曲も行ない、作曲に詞をつけるのもじょうずで、曲のアクセントやムードをとらえることに鋭敏だった。

『雨のブルース』は彼といっしょに書いた最初の流行歌で、ぼくのメロディーを何度もピアノで熱心に聞いてくれた。やがて彼は、

「わかりました」

と、微笑し、楽譜を持って帰って行った。数日後、彼から渡された歌詞は、

雨よ　降れ　降れ

と書いてある。

一瞬、ぼくは、おやっ、と思った。アメアメ、フレフレの童謡に似ていると思ったからだ。ところが、ピアノに向かって彼といっしょに歌ってみると、不自然ではない。とくに、二番の出だしの、

暗いさだめに、うらぶれ果てし　身は

が、グッときたし、

ああ　かえり来ぬ　心の青空

が、ぴったりとブルースのムードをつかまえている。彼はこの曲を聴いて雨だれを感じると洩らしていた。

この曲は、『別れのブルース』に劣らずヒットしたが、時期が悪かった。ちょうど梅雨どきにさしかかり、兵庫県下の大被害をはじめ各地で風水害の事故がおきた。そんな状況下で「雨よ降れ降れ」とは何事であるか、と演奏禁止を食ったり、あまりの流行にブルース調は亡国調だと酷評されたりもした。

しかし、以後、『想い出のブルース』『広東ブルース』『東京ブルース』など、ブルース物だけでも十曲くらいは作っただろう。他社でも、ぼくに続いて『上海ブルース』（テイチク）、『熱海ブルース』（ビクター）などが出て、いずれもヒットした。

ジャズ・コーラスものは、『山寺の和尚さん』のあと、中野忠晴とコロムビア・リズム・ボーイズで『何をくよくよ』（西岡水朗詞・昭和十二年六月）、『日本大好き』（野村俊夫詞・昭和十三年一月）、『ジャズ浪曲』（服部良一詞・昭和十三年六月）、コロムビア・リズム・シスターズで『もしもし亀よ』（久保田宵二詞・昭和十三年一月）を、それぞれ吹き込んでいる。

以上のぼくの曲は、編曲も全部、自分でやっているが、前年にひきつづいて二世、三世歌手の編曲も多く担当している。

このころ、コロムビアでは、ジャズ系の編曲者としては、奥山貞吉、仁木他喜雄の両先輩がおられ、幅広く活躍していた。

レコード界から目を、現場のジャズに転じてみよう。

ダンスホールは依然、主要都市で繁盛していたが、戦時色を強めた当局の監視もきびしさを増した。昭和十二年のクリスマスのころ、内務省の保安課長が「社会風致上ダンスホールがなくなることを望んでいる」という意見を発表し、ミュージシャンやダンサーたちにショックを与えていた。

一方で、ミュージシャンの働き場が多様化したため、ダンスホールの音楽の質が低下した事実も見のがせまい。

ラジオやレコード産業が未成熟のころは、ダンスホールがジャズメンの最高の仕事場であった。従って最高のジャズがダンスホールにあった。だが、昭和十年代に入ると、実力者の多くはレコード会社の専属楽団や、映画会社の音付けオーケストラに引っぱられ、スタジオ仕事に専念するようになる。ジャズは、ある意味では、衰弱したといえる。

この趨勢に反発し、大会社の拘束をきらう個性派や一匹狼は、むしろ、スタジオ仕事の誘惑のない外地や地方都市へ転進して、思う存分に腕をふるうようになる。このころ、東京よりは、京都・大阪・神戸で、生きのいい演奏が聴かれたのは、こうした事情が一因と思われる。日本のライブ・ジャズは、再び、関西へ移って行ったと言えようか。

『響友会』は、ぼくの結婚後も新居の二階で、一層にぎやかに勉強会をつづけていた。一層にぎやかになったのは、ぼくがコロムビアで次々にレコードを吹き込み、ヒット曲も多くなったので、そうしたことで会員が増えたこともあっただろう。しかし、初期のメンバーの中には、刺激的な仕事を求めて関西方面へ移転して行く人も少くなかった。芝辻賢三君、森川久吉さんは神戸の花隈《はなくま》ホールに移った。

そうした人脈もあって、ぼくはそのころ、関西方面のバンドやジャズ・オーケストラからよく編曲を頼まれたものである。

ライブ・ジャズは関西の方が勢いがあったと書いたが、その中でもユニークだったのは、現在『オールドボーイズ』の二代目リーダーとして人気者の、ジミー・原田とそのオーケストラである。売りものは、長身美男のジミー・原田の指揮とドラムスと歌で、とりわけエンターテーナーとしての歌が京都の『東山会館ホール』に熱狂的なファンを集めていた、

今一つ関西を本拠に、東京公演でもユニークさを発揮したのは、『ハット・ボンボンズ』である。これは、昭和七年に解散した豊島園少年音楽隊出身の有志が結成した、本邦最初のコミカルなショー・バンドだ。クレイジィー・キャッツやドリフターズの大先輩にあたる。

リーダーの福井幸吉（現・関沢幸吉）は、奇しくも前記したジミー・原田とオールドボーイズの名トランペッターである。

『ハット・ボンボンズ』は、メンバーの芸名からして笑わせるので、紹介しておこう。リーダーの福井幸吉（トランペット）は豊島園公《えんこう》。サックスの小峰淳一が日比谷公《やーこう》。ピアノの砂山美光が丸の内街男《まちお》。ベースの志津恒応は浜美奈登《みなと》。バイオリンの渡辺章は銀武羅夫《ぶらお》。ドラムスの中村佐平次が

御里霧中《ごりむちゅう》。

東京では、ぼくの古巣の人形町『ユニオン』は、佐野鋤がリーダーの『佐野鋤とスイング・メーカー』の時代になっており、東京で一、二の安定した実力をもつジャズ・オーケストラという評判を得ていた。

これと対抗するのは、同じ『響友会』のメンバーの中沢寿士がリーダーの『中沢寿士ジャズ・オーケストラ』である。新宿の帝都座が本拠で、アンサンブルは一流と言われていた。

この二つのジャズ・オーケストラや松本伸のフロリダ・オーケストラなどにも、ぼくは編曲を提供していた。

＊

ぼくが保存している古いスクラップ・ブックの中に、昭和十三年十一月号の『ヴァラエティ』の切り抜きがある。「全日本選抜スイングバンド」と題する、ジャズ評論家・榛名静男氏の筆になる一種のお遊び記事だ。しかし、当時のジャズ界の実情を知る資料にもなるので、原文のまま転記しておこう。

「第一サックス芦田満、第二サックス松本伸、第三サックス佐野鋤、第四サックス田沼恒男、第一トランペット南里文雄（植民地）・伊藤恒久、第二トランペット七条好、第三トランペット小畑益男、第一トロンボーン谷口又士、第二トロンボーン中沢寿士、ピアノ杉原泰蔵、ギター角田孝、バス新谷伊三郎、ドラム山口豊三郎、歌森山久、編曲服部良一、指揮渡辺良。

日本のジャズ・オーケストラからベスト・メンバーをピック・アップし、代表チームを編成して、まず指揮者であるが、これはぜひ必要であろう。と同時に編曲者である。筆者はコンサート・マスターとして渡辺良と服部良一をあげる。服部良一は人間、技能からみて渡辺と差はない。しかし問題は編曲者の重任に当たれる者は、服部良一を除いてほかに絶対ないといってよいであろう。この点から、指揮棒は渡辺に与える事にしたい。渡辺は指揮者として風貌もまさに適役であり、ステージにおける彼の華麗な容姿は、お世辞抜きにショー・スタイルにできている。渡辺をバック・アップするに服部の編曲者としての位置をもってするならば、適材適所というべきではあるまいか。」

ぼくの名が編曲の部門にあげられているのは、前に記したように、コロムビア・ジャズ・バンドだけではなく、東京はもちろん関西方面のジャズ・オーケストラまで編曲を引き受けて、それが好評だったからであろう。今日の数多いジャズ編曲家に比較すれば、当時はプロのアレンジャーは少なく、希少価値を買われたと考える。

榛名氏が選んだ「全日本選抜スイングバンド」の主要パートは、じつはコロムビア・ジャズ・バンドの面々である。参考のために、昭和十三年ごろのコロムビア・ジャズ・バンドのメンバーを列記しておこう。

第一サックス芦田満、第二サックス松本伸、第三サックス大久保徳二郎、第四サックス橋本淳、第一トランペット小畑益男、第二トランペット森山久（歌も）、トロンボーン鶴田富士夫、ギター角田孝、ピアノフランシスコ・キーコ、加藤辰男、ドラム田中和男、指揮・ベース渡辺良。

当時のコロムビア・ジャズ・バンドは全く完璧なレコーディング・オーケストラで、吹き込みは実に早く、演奏は正確に作曲、編曲の意図をつかんでくれた。

渡辺良さんの指揮は、ちょっと日本人ばなれがしていて、外で演奏するときは、流行歌手よりも彼のスマートなステージ姿に拍手が集まったものだ。

新劇の名女優・東山千栄子さんの実弟で、

「ウチの良さんはいますか」

と、ときどき、やさしい瞳を輝かせてスタジオに弟の良さんをたずねてこられたことを思い出す。

選抜メンバーの、第一トランペット南里文雄がカッコ付きで、植民地とあるのは、そのころ大連の『ペロケ舞踊場』に出向いていたからだ。

南里ヤンも、どちらかといえば一匹狼型で、狭い日本には住みあきて大陸へ雄飛した組である。一種の国際都市の大連が肌に合ったのか、結局『ペロケ』に昭和十六年ごろまで約六年間、居ついてしまう。相当の高給をとり、名士の仲間入りをして愉快だったそうだ。

「何よりもね、ジャズが自由にやれることが楽しい。大連は関東軍の本拠みたいなところだが、外地の軍人さんはうるさいことは言わないぜ」

そんなことを言っていた。

その南里文雄を一時、東京へ呼び帰したのは昭和十二年の夏であった。彼の見事なトランペットを歌同様にフィーチュアしたい野心があった。そこで『私のトランペット』は、おこがましくも、作詞もぼくが行なった。

おお　トランペット　私の恋人
スウィングを出して　私を悩ます

という書き出しのブルースである。

歌は、淡谷のり子君。歌の前に、南里君のトランペット・ソロが華麗に一コーラス入るのをはじめ、全曲が淡谷のり子の歌と南里トランペットの共演である。レコードのレーベルにも、淡谷のり子と並んで「トランペット・南里文雄」と入れてもらった。

「流行歌盤に演奏者の個人名が入るのは、はじめての例じゃないかなァ」

会社の担当者は言っていた。

吹き込み当日の雰囲気も最高で、コロムビア・ジャズ・バンドも乗りまくって伴奏した。南里君が吹き込み料を投げ出して、ラッキーストライクを一個ずつ楽員に配っていた風景がほほえましく思い出される。

南里ヤンは、大連へ戻ると、『私のトランペット』をミュージカル・ショーに仕立てて劇場公演し、その中で『別れのブルース』を挿入して、流行の起爆に一役買ってくれたわけである。

昭和十二年といえば、忘れられない今一つの思い出がある。

そのころ、ぼくはＮＨＫでも仕事をしていた。日本の有名な民謡をテーマにしたラジオ・オペラの企画があって、日本の代表的作曲家が一話ずつ担当したのだが、コロムビアで民謡ジャズ・シリーズを手がけている実績を買われてか、ぼくに『草津節』が割り当てられた。

ぼくは早速、ぼくの特徴であるジャズ仕立てで構成し、その作品は『ラプソディー草津節』のタイトルで放送された。

これによってNHKの信任を得たわけだが、十一月二十九日にBK（大阪放送局）から放送された歌謡ドラマ『静御前』で一緒に仕事をしたのが、岡田嘉子である。

台本が詩人の深尾須磨子。歌が二葉あき子。作曲がぼくで、ナレーターとして井上正夫劇団所属の岡田嘉子が加わったのである。

岡田嘉子さんは、前に触れたように、日活映画のトップスターであり、共演の竹内良一と失踪後、大阪松竹座で『道頓堀行進曲』を大ヒットさせ、道頓堀ジャズ時代を生きたぼくには、間接的だが、関わりあいの深い人であった。

ところが、驚いたことに、放送の一ヵ月後の、昭和十三年一月三日に、夢多き彼女は、再び、駈け落ちを決行したのである。それも、国境線を越えてソビエトへ。相手は左翼演出家・杉本良吉であった。

おそらく、『静御前』が日本での最後の放送の仕事であっただろうと、しばらくは感慨にたえなかった。

岡田嘉子さんは、モスクワで三十数年もの長い間暮らされ、その後、帰国された。杉本良吉氏は、この間、病死されたということである。

松竹楽劇団

昭和十二年七月に始まった日華事変は、十二月中旬、蔣介石政府の首都・南京を占領することで一段落していた。

翌昭和十三年の三月、中支へ芸術慰問団が派遣される話が東京日日新聞社（昭和十八年より毎日新聞社）の吉田信氏からあった。ぼくは、どうしても中国大陸の風物に接したく、また軍籍がないのでせめて慰問団に加わって奉仕したいと殊勝な考えを申し出て、志願した。

「作曲家は予定していないんですがね、伴奏者としてなら同行できなくはないんですが」

吉田氏は言った。

「それなら、サキソホンくらいなら、音はまだ充分出ます。ぜひ加えてください」

といった話し合いで、三月十五日に東京駅を出発した。

慰問団の一行は、歌手が松原操、松平晃、伊藤久男、赤坂小梅、川畑文子、渡辺はま子、そのほかに、柳家権太楼、リーガル千太・万吉のコンビ、末広友若、上山草人、小倉繁、という豪華メンバーで、伴奏陣はアコーディオン増田寿次、岡本豊久、バイオリン野中正春、前田和男、それにぼくのサキソホンを加えて五人。

東海道本線、山陽本線、鹿児島本線、長崎本線と乗り継いで、長崎港から上海へ船で渡った。

黄浦江を慰問団を乗せた船が入って行くと、両岸から兵隊が盛んに手をふり、帽子をふって歓迎してくれる。

まず、戦跡見学が行なわれた。上海クリーク地帯の生々しい決戦のあと、大場鎮の加納部隊長戦死の場、坐北の激戦の廃墟は目を覆うものがあった。

勝ち戦のころだったので将兵の士気は高く、その上、久しぶりに内地の空気に接したというので、いたるところ大歓迎だった。

われわれが兵隊が待つ会場へ急ぐと、

「すまんですが、女性のかたは向こうを歩いていただきたい」

出迎えの、ひげの士官が頭をかきながら言う。

「なんで⁉」

女性芸能人が黄色い声をあげると、

「はっ。じつは、風上を歩いていただき、兵隊たちに日本女性の香りを満喫させてやりたいのであります」

という返事だ。

この申し出に、女性軍は目に涙をにじませ、兵隊たちの熱い視線と大拍手をうけながら、小高いクリークの堤道をしゃなりしゃなり歩いて行った次第である。

上海では陸軍武官室官邸で、東久邇航空本部長宮殿下をはじめ、畑俊六最高指揮官、谷公使などの前で演奏をした。

軍国歌謡『露営の歌』や各人得意の芸能を視聴されたあと、宮殿下からお言葉をいただいた。

「死を鴻毛《こうもう》の軽さに比して働く皇軍将兵の士気を鼓舞すること少なからず、何しろ戦場のことゆえ、十分に健康に留意し、使命を全うするよう希望してやまない。諸君の労苦を思うと衷心から感謝にたえない」

さらに、御煙草そのほかの御下賜品があった。


上海の街の、ぼくたちの行動には、いちいち自動車にアゴヒモをかけた将校が同乗し護衛してくれた。どこから抗日テロが出るかもわからないという。そういう現地のレジスタンスの情勢はあった。

ぼくは、本業の伴奏仕事のかたわら、作曲もおろそかにしたくないと思った。そこで、駐屯地の将兵へ、部隊長を通じて作詞を募り、それを宿舎の暗いろうそ

⇧昭和13年、中支皇軍慰問団（上海戦跡にて）。

くの灯を頼りに即席で作曲して、翌日、歌手に歌わせて発表するということをやり、大変喜ばれた。

上海をはじめ中支各地の前線でも『別れのブルース』が大流行しており、その作曲家ということで、作詞の応募は多く、処理に困るほどであった。兵隊が祖国の妻を想う気持や故郷からの手紙などを題材にした詩が目立った。

とくに南京では、細見戦車隊西住小嗣郎中尉の作詞になる『戦車隊の歌』を松平晃と松原操が歌い、林獣医作詞の『われらの軍用犬』を伊藤久男と渡辺はま子が歌い、最後に六千人の会場の勇士がいっせいに『露営の歌』を歌った。指揮しているぼくの目にも、歌手たちのまぶたにも涙があふれた。

南京国民大会場の正面に飾られた孫文の肖像も思いなしか色彩が輝いてみえた。

蘇州では『武人の妻』という詞に作曲した。故郷に残した妻から贈られた詞で、これを渡辺はま子が歌ったときはシーンと静まりかえって全軍が傾聴し、それぞれ故郷に残した妻の身に思いをはせる涙ぐましいシーンが展開された。

この『武人の妻』は帰国後、コロムビアでレコードに吹き込まれた。歌はもちろん渡辺はま子である。

杭州、松江、鎮江、嘉興は二組に別れて慰問した。

次のようなエピソードもある。

同行の俳優・上山草人が宿舎で按摩《あんま》をよんでくれと頼んだら、一人の兵隊がやってきて直立不動

の姿勢で、

「自分がもませていただきます」

という。あわてたのは草人である。

「われわれは兵隊さんを慰問に来たんです。これでは、あべこべだ」

大いに恐縮して固辞したのだが、

「いえ、自分は特殊技能をもっております。隊長の命令ですから」

と、がんばるので弱りましたよ、と話していた。

各地の部隊を慰問するかたわら、名所見物も行った。収穫は大きかった。この慰問旅行中に接した中国の印象や風景が心に強くやきつき、その後、ぼくは中国風のメロディーを多く書くようになるのである。

帰国後、交響組曲『中支の印象』を一気に書き上げ、ＮＨＫ（ＢＫ）から放送したのもその一つである。

蘇州では春うらら、縦横に流れるクリークに舟を浮かべて、虎邱山や石の太鼓橋として有名な楓橋などを眺めた。

杭州も水の都である。二千余年の古い歴史をもつ古都で、史蹟が多い。詩聖・白楽天が愛した広大な西湖では、歌手の松平晃を誘ってボートを漕ぎ出し、その上でぼくは感興のわき出るままにソプラノ・サックスを吹いた。その調べが、たそがれの静かな湖面を流れてこだまし、岸のほうからヤンヤの拍手をうけた。ぼくの『蘇州夜曲』のメロディーは、このときのイメージをもとにしたものので、蘇州ではなかった。

＊

中支慰慰問のあわただしい旅をおえて、東京駅に帰り着いたとき、プラットホームでぼくを待ちかまえていた人がいた。原善一郎氏である。

原善一郎氏は、山田耕筰氏や近衛秀麿氏の交響楽運動を事務面で助け、近衛氏が山田氏と袂を分かって新交響楽団（N響の前身）を結成したときは陰の創設者といわれた。音楽界に顔がひろく、新響の名マネージャーを自他共に許している。「原ゼン」と通称されていた。

原ゼンさんは、

「松竹がね、今度、組織がえになって、東京と大阪の少女歌劇を一元化して、常務の大谷博さんの直属になったんですよ。そこで大谷常務は、この際、大人のためのオペレッタ・レビューを開拓したいというのでね、歌劇部の蒲生重左衛門さんに指示して、それを帝劇ではじめることになったんです。指揮者は紙恭輔先生が引き受けてくださった。ところが条件があって、紙先生、服部良一さんをぜひ片腕として欲しい、とおっしゃるんだ……」

プラットホームを歩きながら話を聞くと、事情はこうである。

新しく発足する『松竹楽劇団』は、従来の女生徒だけの少女歌劇ではなく男性のダンサーや歌手たちも共演する画期的なミュージカル・ショーを目ざしており、従って激しい動きの踊りとジャズソングが中心となる。紙恭輔は日本のジャズのパイオニアの一人だが、新響のコントラバス奏者の経歴からもわかる通り、クラシック色が強く、ジャズもスイート・ジャズを得意とする。そこで、松竹楽劇団の性質上、派手なホット・ジャズが書けて指揮のできる人を片腕に欲しい、それには、服部良一をおいて他にない……と、こういうわけであった。

「こけらおとしは四月二十八日に決まっている。そこで、あんたの帰国をじりじりしながら待っていたんですよ。どうです、引き受けてくれませんか」

この誘いは、新しいもの好きのぼくにとっても得がたい話である。勉強にもなる。ぼくは即答した。

⇧松竹楽劇団の指揮者として（帝国劇場にて）。

「ありがとう。じゃ早速、お疲れのところ恐縮だが、この足で帝劇へ行ってもらえませんか。紙先生が待っている」

名マネージャーといわれるだけあって、見事な手際だ。そのまま、お堀端の帝国劇場へ連れて行かれた。

紙恭輔氏とは初対面であった。が、日比谷公会堂でガーシュインの『ラプソディー・イン・ブルー』を本邦初演した人である。この大先輩の言動には、ぼくはたえず注目していた。ところが、紙氏も、ぼくの仕事にはたえず注意をはらっていたそうで、互いに初対面の感じはしないと言いあったものである。

こうして昭和十三年の四月、ぼくは松竹楽劇団（SGD）の副指揮者として帝劇に関係し、間もなく紙恭輔氏が退いたあと、正指揮者として、構成・作曲・指揮に大車輪の働きをすることになる。

四月二十八日の、オープン第一回の出し物は『スイング・アルバム』十二景であった。

出演は、東京のSKDから幹部クラスの春野八重子、石上都、長門美千代、天草美登里ら。大阪のOSSKからは、これも幹部技芸員の笠置シヅ子、秋月恵美子、芦原千津子、小倉みね子。それに三十人のロケットガールと四人の女性コーラス、ヤンチャガールズ。

男性陣は、タップの中川三郎、洋舞の荒木陽、青山圭男、山口国敏ら。

加えるに、純白の燕尾《えんび》服をおそろいで着たダンシング・ボーイズが広い舞台にずらーっと並んでタップを踏むといった趣向もあり、美人ジャズ・シンガーの宮川はるみもソロの一景を受けもつというケンラン豪華さであった。

この混成チーム一座の花形は、大阪の歌姫・笠置シヅ子ということであった。大変な前宣伝である。

彼女に関する知識は、たちまち得ることができた。OSSKのトップスターで、本名は亀井静子。大正三年、香川県生まれの大阪育ち。昭和二年に三笠静子の芸名でデビューした。笠置シヅ子に改名したのは、三笠宮殿下と同じ名では恐れ多い、という意見が某所から出たせいだったという。

いずれにしても、笠置シヅ子は話題の中心だった。ぼくは、どんなすばらしいプリマドンナかと期待に胸をふくらませた。

「あ、笠置クンが来ました。音楽の打ち合わせをしましょう」

担当者の声に、ぼくは、ごった返す稽古場のほうを見た。

薬びんをぶらさげ、トラホーム病みのように目をショボショボさせた小柄の女性がやってくる。裏町の子守女か出前持ちの女の子のようだ。まさか、これが大スターとは思えないので、ぼくはあらぬ方向へ期待の視線を泳がせていた。ところが、

「笠置シヅ子です。よろしゅう頼んまっせ」

と、目の前にきた、鉢巻で髪を引き詰めた下りまゆのショボショボ目が挨拶する。

ぼくは驚き、すっかりまごついてしまった。

ところが、彼女には再び驚かされることになる。その夜おそく始まった舞台稽古では、思わず目を見張った。

『クイン・イザベラ』のジャズ・リズムにのって、タラッタ、と舞台の袖から飛び出してきた女の子は、昼間のトラホーム病みの子とは全く別人だった。三センチほどもある長い付けまつ毛の下の目はパッチリ輝き、ぼくが棒をふるオーケストラにぴたりと乗って、

「オドッレ、踊ッれ」

と掛け声を入れながら、激しく歌い踊る。その動きの派手さとスイン

⇧昭和13年、松竹楽劇団（右より、春野八重子、笠置シヅ子、石上都）。

グ感は、他の少女歌劇出身の女の子たちとは別格の感で、なるほど、これが世間で騒いでいた歌手かと、納得した。

その日から、紙恭輔は秋月恵美子のタップのファン、ぼくは笠置シヅ子の付けまつ毛のファン、とはっきり分かれた。

ファンのぼくは、その後、『ラッパと娘』（村雨まさを詞）『センチメンタル・ダイナ』（野川香文詞）『ホット・チャイナ』（服部竜太郎詞）など、彼女のためのオリジナル曲を次々に書いた。

松竹楽劇団の公演は、回を重ねるごとにジャーナリスト仲間でも評判になった。南部圭之助、双葉十三郎、野口久光といったうるさ方が笠置シヅ子にぞっこん参ってしまい、ＳＫＤの女王・水の江瀧子の外遊中は笠置シヅ子が帝都の人気を一人でさらった感があった。

コーラスつきの『セントルイス・ブルース』や『ラッパと娘』での名トランペッター斎藤べんちゃん（斎藤広義）とのかけあいは、笠置シヅ子のパーソナリティーを生かすに十分なできだった、とひそかに自負している。

笠置シヅ子は、こうしてＳＧＤでも看板スターの地位を獲得したが、ジャズ・シンガー宮川はるみも、ややハスキーがかった甘いバラードで観衆を魅了していた。

ソフィスティケイティッドなタップを売り物にしていた中川三郎も人気者だった。スマートなからだを純白の燕尾服で包み、シルクハットとステッキを使って激しく踊る日本人ばなれのした熱演に感嘆と拍手が集中した。

蒲生重左衛門氏は、中川タップを評して、ハエたたきみたいな踊りだといっていたが、ぼくは感心してそのリズムに陶然としていた。今までのタップよりは、伴奏に工夫が必要で、ぼくも音楽的に刺激されたところが少なくない。

帝劇では、昭和十三年十一月に「服部良一名曲ミュージカル・ショー」と銘打ち『踊るブルース』を上演している。

淡谷のり子の『別れのブルース』と『雨のブルース』が大ヒットしたので、ブルースを中心に、ぼくの作品だけでショーを構成する趣向である。特別出演として、淡谷のり子のほかに、ベティ稲田、松平晃、志村道夫、森山久、コロムビア・リズム・ボーイズ、コロムビア・リズム・シスターズが出演した。

リズム・シスターズは、とくにぼくが特訓を行なっていたが、このころのメンバーは奥山彩子、高杉妙子、鈴木芳枝、豊島珠江であった。

この『踊るブルース』では、かんじんの淡谷のり子が地方巡業中で、急遽、二葉あき子に交代してもらい、舞台にのせたことを覚えている。淡谷のり子が出ない『踊るブルース』は「ショーがない」というわけで無理をして九州から呼び帰したことと、演出を作詞家の藤浦洸に担当させたのも話題になった。

打ち上げパーティーは、友人や関係者が大勢集まってにぎやかだった。

会場に、リュシエンヌ・ボワイエが『別れのブルース』をパリで吹き込むという話や、南米のフ

ランシス・カナロがぼくの作品をタンゴ風に編曲して四十日間の演奏旅行へおもむくなど、うれしいニュースが入ったりして、

「ついに、流行歌界にブルースのブームがきた」

と、いやが上にも気勢があがった。

このステージで、淡谷のり子は「ブルースの女王」の称号をたてまつられたのである。

ただし、地方公演などでは、ブルースという意味がよくわからず、駅前や劇場の立看板にデカデカと、

『ズロースの女王、淡谷のり子来る！』

と書かれることが再三で、

「全く、スッレイしちゃうわ」

と、その土産話をするたびに微苦笑していた。

このように当時、ミュージカルの最高水準をいくと評された松竹楽劇団だったが、意外に短命に終った。毎回、ぜいたくな出し物と豪華な出演者では、第一、採算がとれなかったにちがいない。時局の影響もあっただろう。

結局は、団員を少なくして、帝劇から邦楽座へ移った。昭和十五年二月である。帝劇は東宝の経営に変わったが、その数ヵ月後の九月、この由緒ある劇場が何と、内閣情報局の庁舎として接収されてしまった。時勢を象徴する出来事といえよう。

邦楽座へ本拠を移した松竹楽劇団は、松竹新楽団と改め、コンサート・ショーの仕事となる。このとき、笠置シヅ子を独立させた。中沢寿士と組ませ、『笠置シヅ子とその楽団』という名で新しいスタートをきったのである。ぼくは、新出発の笠置君のためにスイングの曲を書いたり、淡谷のり子と笠置シヅ子の『タンゴ・ジャズ合戦』を邦楽座で上演したりした。

華々しかった松竹楽劇団の末路は、残念ながら、さびしかった。が、短期間に多くの人材を生み育てたことは特記さるべきであろう。とくに振付・演出の面で俊英が輩出している。飛鳥亮、懸洋二、佐伯譲……。そして、ボードビリアンのキドシン、女性トリオのヤンチャガールズなどが巣立っていった。

松竹楽劇団の最盛期、『踊るブルース』が上演されているころ、ぼくにとって今一つ喜ばしいことがあった。妹の服部富子が、テイチクからデビューすることになったのである。

コロムビアの先輩で、テイチクの重役作曲家として制作面を掌握していた古賀政男氏が富子を預かってくれ、早速、第一回の吹き込みが行なわれたのである。石松秋二作詞、鈴木哲夫作曲の『満州娘』である。発売は昭和十三年十二月。これが空前のヒット曲になった。

うれしくも、くやしいことに、出入りの御用聞きまでが、きのうまで歌っていたぼくの『別れのブルース』や『雨のブルース』から、

わたし十六　満州むすめ
……王《ワン》さん　待ってて頂だいネ

とブルースをワンさんに乗りかえるくらいの受けかたである。

富子は宝塚少女歌劇団をやめて、テイチクの専属になり、かつての妹の願い通り歌一本で勝負することになった。

東宝系映画音楽

レコードはコロムビア、ステージは松竹、と一つのからだを二つに分けて忙しい日日を送っていたぼくだが、レコード・ステージ・ショーに並行して、東宝映画の音楽監督も引き受けることになった。

渡辺邦男演出の『鉄腕都市』が第一回の映画で、岡譲二、霧島のぼるの主演。昭和十三年二月の封切りであった。

このとき、映画音楽に初めてジャズの手法を用いることができたのが嬉しくて、スタッフや関係者を銀座のレストラン『富士の里』に招待して完成記念会を催した。おかげで作曲料がふっ飛んだばかりか足まで出てしまった。

昭和十二年八月に設立された東宝映画株式会社は、前身がＰＣＬ映画製作所で、当時植村泰二社長が紙恭輔氏を招いてＰＣＬオーケストラを組織し、音楽を重視したことでミュージシャンにとって好感のもてる映画会社だった。

ぼくが映画音楽に興味をもったのは、親友の山下良三君がＰＣＬへ入社し、『釣りところどころ』など数本の文化映画の音楽を担当させてくれたのがきっかけである。それから音楽部の掛下慶吉氏やプロデューサーの滝村和男氏などと親しくなり、渡辺監督のジャズ的なバック・ミュージックという希望で『鉄腕都市』で初めて劇映画にタッチしたのであった。

その後、昭和十三年春から十四年秋にかけては、松竹楽劇団の仕事に忙殺され、レコードも次々に吹き込まれて映画音楽まではとても手がまわらなかった。が、主題歌だけは不思議にヒットした。

この間に発売され、ヒットしたレコードは、『懐かしのボレロ』（藤浦洸詞・藤山一郎歌）『バンジョーで唄えば』『雨のブルース』『一杯のコーヒーから』（藤浦洸詞・霧島昇、ミスコロムビア歌）『チャイナ・タンゴ』（藤浦洸詞・中野忠晴歌）『広東ブルース』（藤浦洸詞・渡辺はま子歌）『東京ブルース』（西条八十詞・淡谷のり子歌）。ジャズ・コーラスものは『山寺の和尚さん』はじめ『お江戸日本橋』『かっぽれ』『通りゃんせ』などがある。

それに、舞台で成功した笠置シヅ子がコロムビアに迎えられ、早速、『ラッパ娘』と『センチメンタル・ダイナ』がレコーディングされた。つづいて出た『日本娘のハリウッド見物』は紺屋高尾を素材にした浪曲調ジャズとして好評だった。

昭和十四年の秋になると、松竹楽劇団が尻すぼまりになり、時間の余裕が見出せるようになった。そこでまた、東宝の撮影所へ出向くことになる。

十月十日に封切りされた『ロッパ歌の都へ行く』は、インテリ喜劇俳優古川緑波と清川虹子が主演したミュージカル・コメディーで、監督は脚本家の小国英雄であった。引きつづいて音楽を担当したのが、丹羽文雄原作、原節子主演の『東京の女性』である。

この映画で伏水修《ふじみずしゅう》監督とはじめて組んだ。伏水氏は自分でもピアノをひいて小品を作曲するほど音楽好きで、東宝で最も音楽を効果的に活用する演出家だといわれていた。ぼくのレコードも沢山持っていて、すっかり意気投合してしまった。

『東京の女性』のダビングのころ、ちょうど『夜のプラットホーム』の作曲を仕上げていた。それで、試みに、その旋律を劇中で自動車を見送る原節子のアップに流してみた。なかなか効果的だった。

これはうまくいったが、かんじんのレコードのほうの『夜のプラットホーム』（奥野椰子夫詞・淡谷のり子歌）は発売禁止処分を受けてしまった。

この曲は、誰もが戦後の作品だと思っている。昭和二十二年に発売された二葉あき子のレコードがヒットしたからだ。しかし、本当は戦時中の昭和十四年に淡谷のり子の歌として書いたものだ。

発禁理由は、軟弱で、厭戦思想があるというものであった。もっとも、作詞家の奥野君は、新橋駅で出征兵士を見送る勇ましい歓呼の中で、プラットホームの柱の陰で泣いている新妻らしい女性の姿に心打たれて詩を作ったという。検閲官にもそれが感じられるのか、「出征兵士を見送る風景が連想され、めめしい」と、発売を許さなかったのである。

この曲には、もう一つ話がある。惜しい曲なので、こちらも一案を浮かべ、コロムビアの洋楽部で英語のタイトルと歌詞をつけて洋盤で売り出したのである。日米開戦前だったので英語はまだ許されており、これはそのまま店頭に出て、かなりのヒットを記録した。

洋盤好みの年輩の方は記憶に残っているかも知れない。『アイル・ビー・ウエイテング』（待ちわびて）の曲名で、歌は洋楽部に籍を置く日独混血児のファクトマンという声学を勉強していた青年が、ビック・マックスウェルの芸名で吹き込んだのである。甘いバリトンだった。作曲者はR・ハッター。つまり服部良一の隠し名である。

R・ハッターとビック・マックスウェルのコンビは、その前にも洋盤を出している。これも、なつかしんでくださる方があると思うが、昭和十四年に発売されて爆発的な売れ行きを記録した『ラブズ・ゴーン』（夢去りぬ）と『ザ・ワルツ・アイラブ』（私の好きなワルツ）である。『夢去りぬ』も、戦後、日本語（奥山靉詞）で霧島昇が吹き込みなおし、昭和二十三年三月に発売されてヒットした。

このときに、盗作問題が起きたのである。

「服部良一は、戦時中の名曲、R・ハッターの『ラブズ・ゴーン』をそっくりそのまま盗用している」

という非難である。

それほどまでに、『ラブズ・ゴーン』はヨーロッパ人による原盤だと信じられていたわけである。

レーベルに、ビック・マックスウェルと彼のダンス・オーケストラと記されてある。タンゴ伴奏も垢ぬけしてすばらしい、と評され、相当の音楽評論家までが、ヨーロッパの一流バンドと考えていたようだ。種あかしするまでもなく、演奏は、タンゴのバイオリンの名手・高珠恵女史やバンドネオンの第一人者・高橋幸太郎氏らが加わったコロムビア・ジャズ・バンド。編曲・指揮はR・ハッタリ、つまり、ぼくであった。

英語版の『夢去りぬ』（ラブズ・ゴーン）と『夜のプラットホーム』（アィル・ビー・ウエイテング）は、最近（昭和五十七年二月）コロムビアから出た『オリジナルSP盤による日本のジャズ・ソング』（監修・瀬川昌久）の中に、ジャズ・コーラスものや笠置シヅ子の『ラッパと娘』などとともに収録されてある。

＊

横道にそれた。映画音楽に話を戻そう。

『東京の女性』のあとの印象的な仕事は『支那の夜』（脚本・小国英雄）であった。主演は長谷川一夫と李香蘭。監督は伏水修。

『支那の夜』は、竹岡信幸のヒット曲『支那の夜』（西条八十詞・渡辺はま子歌）の映画化だった。このときに監督の伏水氏は音楽担当と同時に副主題歌もぼくに頼んだのである。それというのも、同じ長谷川一夫と李香蘭のコンビによる『白蘭の歌』（久米正雄原作・渡辺邦夫監督）にぼくが書いた主題歌『いとしあの星』（サトウハチロー詞・渡辺はま子歌）が六十万枚を越えるヒット中で、映画の主題歌なら服部良一という定形ができつつあったからであろう。伏水氏の特別の思い入れもある。ぼくも知友「水《みず》さん」のために力になりたかった。

とっておきの曲想を五線紙に定着させた。中支旅行中に抗州の西湖で浮かんだメロディーである『蘇州夜曲』という題で西条八十先生が書いてくださった。

君がみ胸に　抱かれて聞くは
夢の船唄　鳥の歌
水の蘇州の　花散る春を
惜しむか　柳がすすり泣く

という甘美な叙情詩に、現地で味わった曲想をうまくのせることができたと思う。

西条先生の原詩の第二行「鳥の歌」が、戦後いつしか一部で「恋の歌」と歌われるようになった。しかし、それでは美しい情景の広がりがそこなわれる。

伏水監督は、すっかりこの曲にほれ込んで、主演者二人のラストのラブシーンに延々十数分にわたっていろいろな形で流すなど、『支那の夜』のメロディーとともに、映画の中にふんだんに散りばめてくれた。『蘇州夜曲』は、レコードは渡辺はま子と霧島昇が歌って大ヒットしたが、この曲にはいろんな後日談がある。

昭和十九年に陸軍の報道班員として中国へ行き、上海で終戦を迎えたぼくが帰国してみると、NHKのラジオ番組『真相はこうだ』のテーマ曲に『蘇州夜曲』が使われている。

「ぼくの大事な楽曲をイメージチェンジされるのは人格権の侵害だ」

と抗議したら、文化指導の進駐軍の放送担当責任者は、さすがに直ぐ話を了解して、曲目を変更してくれた。

また、進駐軍にいたある音楽好きのアメリカ人に、

「君は自分の作品で、どれがいちばん好きか」

と、きかれたことがある。

「蘇州夜曲だ」

と答えたら、

「おれもあの曲は大好きだ。アメリカ人は戦時中、日本語の発音を『支那の夜』の映画から学んだ。あれは東洋人でなければ書けない曲だよ」

と言われた。

やはり、そのころNHKがやっていた『とんち教室』という人気番組で、こんな一口ばなしがあった。

「馬鹿につける薬はあるか」という出題に、「ある」という答え。「その薬の名は?」「利口らん」。「売っている所は?」「蘇州薬局」。

東宝映画では、つづいて『親子鯨』（斎藤寅次郎監督）、『上海の月』

⇧昭和16年、『牡丹の曲』吹き込みのとき（李香蘭、山田五十鈴とともに）。

（成瀬巳喜男監督）、『武蔵坊弁慶』（渡辺邦男監督）、『青春の気流』（伏水修監督）などの音楽を担当した。

昭和十六年七月封切りの『上海の月』は、山田五十鈴、大日方伝主演だったが、山田五十鈴が主題歌『牡丹の曲』（西条八十詞）を歌い、レコードにもなってヒットした。

レコーディングの日、邦楽が得意の彼女もオーケストラ伴奏は初めてで、スタジオの中に屏風を立ててオーケストラが見えないようにして吹き込んだものだ。この曲も、ぼくの中国物の一つである。

上海のロケーションでは、山田五十鈴の中国服姿の美しさに、蝟集した中国人や外国人が感嘆の声をあげ、ダンスホールでぼくと踊っていると人だかりになって、みんな溜息をついていたものである。

翌十七年二月に上映された『青春の気流』は脚本が黒沢明で、伏水監督最後の作品となった。ナイーブで神経質な彼は病弱でもあり、肺結核のため七月九日に他界してしまった。

告別式が砧《きぬた》の撮影所の録音スタジオで行なわれた。ぼくはすすんで当日の告別音楽の指揮を受け持った。

音楽を愛した名監督の最後の祭典にふさわしく、式場もいっしょに仕事をした思い出のスタジオである。

「天のいずこに在《おわ》す水さんの霊魂よ、いま一度、『蘇州夜曲』を聴いてください」

と写真に向かって呼んだ。弱音器をつけた弦楽合奏がぼくのバトンで切なく哀しげに響く。

前方に並んだ女優や監督のすすり泣きが、静かだった式場のあちこちから聞こえる。ショパンの『葬送行進曲』を奏するよりも、はるかに深い哀悼を誘う告別音楽の役割を映画音楽が果したのだ。

式がすんだあと、山本嘉次郎葬儀委員長が、

「これから映画監督の葬式には、ぜひ代表作品の主題歌を演奏してほしいね。でも、ぼくの場合『馬』の主題歌のめんこい仔馬では、ちょっとしんみりしませんがね」

と、微苦笑をもらした。

昭和十七年二月封切りの『翼の凱歌』も、ぼくが音楽を担当しているが、この映画も伏水修が監督で、入江たか子、岡譲二が主演であった、

同じ年の暮れに音入れをした『阿片戦争』（マキノ正博監督、市川猿之助原節子、高峰秀子主演）は、翌昭和十八年の正月映画だった。主題歌の『風は海から』（西条八十詞）は渡辺はま子が吹き込んだ。

当時、学徒出陣の学生が練兵場のある代々木駅で下車していた。その場に行き合うと、よくこの歌を口ずさんでいる光景に接した。軍歌へのささやかな抵抗なのだろう。

その年の三月封切りの『音楽大進軍』（渡辺邦男監督・古川ロッパ、岸井明、高峰秀子、中村メイコ出演）では、酷寒の中、有楽座を使ってロケーションを敢行した。

⇧昭和16年、東宝映画『音楽大進軍』有楽座ロケ（指揮者が筆者）。

李香蘭の主演映画では、東宝・満映共作の『誓いの合唱』（島津保次郎監督・灰田勝彦、黒川弥太郎共演）のあと、満映の『私の鶯』がある。このときは、島津保次郎監督とハルピンへ渡って仕事をした。ハルピン交響楽団の指揮者シュワイコフスキー（名刺には酒愛好スキーとしゃれていた）をはじめ、全楽員の協力で楽しく現地録音することができた。

ハルピン交響楽団は、メッテル先生が育てた東洋有数のオーケストラである。メッテル先生の思い出も楽しい話題であった。

これが戦争中の最後の映画音楽の仕事で、戦後の『青い山脈』や『銀座カンカン娘』などについては稿を改めることにする。

昭和十五年に作曲した『湖畔の宿』は歌ったのが女優の高峰三枝子なので、映画主題歌のように思われているようだが、これはレコード作品である。

松竹のニュースターだった彼女が『宵待草』（竹久夢二詩・多忠亮曲）を歌ってレコードでもコロムビアからデビューし、その第二作として作ったものだ。

山の寂しい　湖に

で始まる佐藤惣之助氏の流れるように美しい叙情詩にそって、無理なく曲はでき上がった。歌がヒットしたので松竹で映画化の話が出たが、ぼくが東宝専属だったので実現しなかった。

この曲ができたとき、妹の富子に、

「この歌どうや、どこがええメロディーやと思う」

と聞いたら、

「覚えやすくてええやないの。まん中の、胸の痛みに耐えかねてのメロディーが、なんや、兄ちゃんくさくて癖があるわ」

と言った。

この批評にぼくは自信をもった。「兄ちゃんくさい」とか「癖がある」とか、歌に必要なオリジナリティーとは、恐らくそういうことを言うのだろう。この個性がヒットの要素でもある。

富子は『満州娘』以来、テイチクの新人歌手として第一線で活躍していた。

「そうか、なるほどね。富子もどうやら歌どころがわかるようになったな」

今度はぼくのほうで彼女を少しほめてやった。

『紀元二千六百年』の歌や軍国歌謡が、しきりにちまたに流されていた時局下に、『湖畔の宿』は、前線の将兵の間にも郷愁を誘う曲として静かに浸透していった。

一時、時局柄好ましくないと、発売中止の命令が出たようだが、大衆はそれを無視した形で、歌は大いにはやり、発禁は骨抜きになったと聞いた。

わが家でも、子供たちが父親の作品とも知らず、隣近所の友だちと一緒に、
　ゆうべ生まれた　豚の子が
　ハチに刺されて　名誉の戦死……

などと『湖畔の宿』の替え歌を歌っていた。

さきほど、メッテル先生の話が出たが、ハルピンで、シュワイコフスキー氏らと互いの恩師について思い出話を交わしたときには、じつはメッテル先生は日本を去っておられたのである。

これは、日本人の一人として胸が痛む事件に起因する。

すでに日中戦争はたけなわで、日米間にも暗雲が漂いだした昭和十四年の夏、大阪放送局での練習中に楽団の一人に演奏上の注意をされた。

「アナタ、ドウシテ、マチガイバカリスルノカ。アタマ、スコシ、バカネ」

例によってたどたどしい日本語だった。もともと練習にはきびしく、ときとして毒舌家であったが、時局が悪かった。その奏者は、やにわに立ち上がって、

「よくも日本男児を侮辱したな、覚えてろ」

と、いきり立ったそうだが、メッテル先生には何のことだかわからない。

しかし、そのことがあって間もなく、先生は不良外人という烙印を押され、ご夫婦とも国外へ退去、ということになった。

「覚えてろ」と、やくざまがいの捨てセリフを吐いた楽員は、身内に軍部の高官をもっているとも噂された。

放送局側や楽壇の有力者も八方手をつくしたが、どうにもならない。

ついに、九月三十日に、関西では京大楽友会館でメッテル先生の送別会が行なわれ、東京でも十月四日に新響の関係者やぼくたち門下生でささやかな別れの宴を張った。

翌十月五日、ご夫妻は横浜港から貨客船『小牧丸』で、失意の身を自由の国・アメリカへ移すため旅立たれた。その日、出航間近の小牧丸のデッキには、ご夫妻を囲んでぼくをふくめて十人ばかりの日本人が集まった。

「ロシアデハ、オ別レノトキハ、ミンナ、シズカニ、イスニ坐ッテ、ダマッテ、オ別レヲ惜シムノデス」

こうおっしゃって、先生は周りにぼくたちを坐らせ、一分間ばかり沈黙をつづけた。

やがて、出港の時刻がせまり、一人一人がご夫妻と最後の固い握手をして、タラップをおりた。

「ハットリサン、イツデモ、アタマアタマ、ナマケモノダメ。ベンキョウシテクダサイ」

手をにぎりあって、先生もぼくも、泣き笑いの表情を隠せなかった。

美しいオソフスカヤ夫人もハンカチを目にあてたままであった。

ドラがなった。

突然、デッキから先生の声が飛んだ。

「ハットリサン、テンポ、テンポ」

そう叫んで、ハンカチを持った手で三拍手をとり始める。日ごろ、リズムのあまりよくなかったぼくたち日本人のオーケストラに、指を鳴らしながら激しく言われた言葉だ。

⇧昭和14年、メッテル先生別れの日。

次第に岸を離れていく船の上で、先生は静かにハンカチで三拍子を振りつづける。

「先生、お元気で」

あとは涙に涙。

「先生、永い間のレッスン、忘れません」

ぼくたちも口々に叫びながら、先生に合わせて、ハンカチや帽子で三拍子を振った。

やがて速力を増して港の外へ遠ざかって行く船の上で、三拍子のハンカチはいつまでも揺れつづけながら、だんだん小さくなっていき、とうとう消えてしまった。

これが先生との永遠の別れとなり、その後アメリカ西海岸ビバリーヒルズの近郊で亡くなられたと噂に聞いた。

戦時中のジャズ

昭和の時代は、六年九月の満州事変から戦時体制に入り、十二年七月の日華事変勃発で本格的な戦争状態となっていた。しかし、日本国民が心の底から戦争を意識したのは、昭和十六年十二月八日の日米開戦であろう。国運を賭けた大戦争であることが実感され、ひとしく国民は戦慄を覚えたものである。

ところが、ぼくは、誰もが粛然とした十二月八日の朝は前夜から徹夜で、臨時ニュースを知らなかった。

NHKから委嘱されたラジオ・オペラ『桃太郎』の放送日時が十二月八日の夜八時半からで（当時はすべて生放送）、弟子の原六朗らに徹夜で写譜をさせて、その朝、総稽古のため内幸町のNHKへ急いだのである。

ラジオ・オペラ『桃太郎』（サトウハチロー原作、服部良一作曲）は新聞の番組表には、民俗オペラと書かれてあるが、NHKも力を入れた番組で三十分ながら大作であった。

オーケストラは東京放送管弦楽団に加えて十五人のジャズ・バンド、五十人の合唱団という大編成で、配役は桃太郎＝酒井弘、おジジ＝村尾護郎、おババ＝佐々木成子、キジ＝鷲崎良三、サル＝高木清、という上野出の新進気鋭のオペラ歌手たちであった。それだけに、ぼくが書いた作曲の量も、われわれ音楽スタッフが用意する譜面も膨大だった。

「お早ようさん」

原六朗君らと、やっと間にあった楽譜の束を抱えて局へ飛び込むと、出迎えた音楽部の「水野のトノサマ」が、ぼくたちの陽気な様子をみて、

「服部さん、今日は何の日だと思っていますか」

と、厳粛な顔だ。

音楽部の、長身端正な水野忠恂氏は江戸時代の大名・水野家の末裔の子爵であるところから、みんな「水野のトノサマ」と愛称していた。

「何の日って、桃太郎の放送日でしょう」

トノサマは、なぜか、悲しげな表情だ。

「あ、そうそう、今日、十二月八日は、ぼくたち夫婦の結婚記念日でありました」

ぼくは、ふざけ気味に言った。

トノサマは、ますます沈箱の色を深めて、首を振る。

「服部さん、あなた、今朝のニュースを聞かなかったんですか」

「ニュースって?」

「ああ」

トノサマは天を仰いで慨嘆した。

「帝国陸海軍は本八日未明、西太平洋において米英軍と戦闘状態に入れり。これが今朝からくりかえし放送されている臨時ニュースです」

ぼくは、全身から血の気が引くのを覚えた。

「アメリカ、イギリスと、日本はついに戦争を始めたのですか⁉」

「さよう。従って、今日の娯楽放送は、一切、取り止めになりました。まことに申し訳ないことです」

「取り止め⁉」

原六朗が、頓狂な声をあげた。無理もない。数日、徹夜つづきの労苦が水泡に帰すのだ。

「本当に取り止めなんですか。それでは、いつ放送になるんです」

ぼくは問うた。

「私も、上のほうに掛け合ったんですが、めどは立っておりません。今日からは番組が全面的に変更されて、ラジオも完全に戦時体制になるそうです」

トノサマの御威光も軍の監督官の前には無力のようで、水野忠恂音楽部員自身がしょげている。

こうして『桃太郎』のスタッフや関係者は放送中止により自宅へ帰され解散した。

その日、ラジオ・オペラ『桃太郎』が放送されるはずだった八時三十分からの時間枠は『全国民に告ぐ』という防衛総参謀長・小林浅三郎陸軍中将の演説にとってかわられ、八時四十分からは海軍軍楽隊による軍歌演奏であった。

それより約一年前の昭和十五年十月には、その三十一日を限りとして、全国のダンスホールが閉鎖された。

多くのジャズメンを育てたダンスホール、多くのハイカラ好みの男女の哀歓を乗せ、ぼくの青春の一頁でもあったダンスホールは、ここに終焉をむかえ、以後、華やかなものが弾圧される灰色の時代へ移って行くのである。

太平洋戦争と称された対米英戦争がはじまってすぐの十二月三十日、当局は米英音楽の追放を発表した。敵国の作品は、どのような名曲であろうと一切、演奏しても聴いてもいけないという命令だ。特にジャズは、敵性音楽の最たるものとして、目のかたきにされた。

翌十七年になると、「文化浄化」の名の取締りが強化され、横文字の使用が一切禁止された。

レコードは「音盤」に変えられ、音階も「ドレミファソラシド」が「ハニホヘトイロハ」になった。ピアノは洋琴、バイオリンは提琴、サキソホンは金属製品曲り尺八、トロンボーンは抜きさし曲り金長喇叭《らっぱ》、コントラバスは妖怪的三弦……。ふざけて書いているのではない。本当の話である。

レコード会社も社名変更を強制され、二月から十月にかけて、コロムビアは『日蓄《ニッチク》』、ビクターは『日本音響』、キングは『富士音盤』、ポリドールは『大東亜』に、それぞれ改称した。テイチクはもともと『帝蓄』だったので、おとがめなし。

ディック・ミネは、すでに三根耕一となっており、バッキー白片は白片力、ミスコロムビアは松原操、レイモンド服部も服部逸郎の本名にもどった。

灰田勝彦や笠置シヅ子は、派手に動きすぎると叱られ、ステージに白墨で一定の線を引かれて、その範囲であまり動かずに歌わなければならなかった。

ある日、

「先生、わて、警察へ引っぱられましたんや」

笠置シヅ子が、しょぼしょぼ顔で訴えてきた。

「どうしたんだ?」

事情を聞くと、

「付けまつ毛が長いゆうて、それ取らな、以後歌っちゃあかんと言いよりますのや」

と、泣き出しそうになっていた。

淡谷のり子がマニキュアをぬり、濃い口紅で銀座を歩いていると、愛国婦人会の白タスキをかけたオバサンに呼びとめられ、

「この非常時に、ゼイタクは敵です」

と、文句をつけられた。

彼女は、ひるまず、化粧顔をぐっと突き出して、

「これは私の戦闘準備なのよ。ボサボサ髪の素顔で舞台に立てますか。兵隊さんが鉄カブトをかぶると同じように、歌手のステージでの化粧はゼイタクでありません」

と、啖呵《たんか》を切ったのも、このころのことだ。

楽壇は『演奏家協会』という団体に統制され、音楽挺身《ていしん》隊が組織された。隊長山田耕筰、副隊長杉山長谷夫の指揮下に都内を十数地区に分け、ぼくも地区長に選ばれた。こうして歌手、演奏家、作曲家はすべて地区別に編成された。

ユニホームにゲートルをまいて巡回演奏や工場慰問が行なわれ、演奏家はオーディションによって一等遊芸稼ぎ人から四等ぐらいまでランキングされ、鑑札をもたされ、それによって楽団や歌手の待遇がちがった。

非常時態勢の当時は、日ごろ反目している純音楽家も軽音楽家も差別なく協力し合って、挺身隊の仕事をした。

このように統制される少し前、昭和十五年から十六年にかけて、ぼくは、映画音楽、その主題歌の作曲や、初めて宝塚以外で歌う小夜福子の『小雨の丘』（サトウハチロー詞）などの吹き込みとともに、依然、ジャズ・コーラスに力を入れていた。

オリジナル作曲作品として発売されたものは、コロムビア・リズム・ボーイズによる『愉快な鼻唄』『つもりだつもりだ』『僕にゃ2本の足がある』『荒鷲さんだよ』などであり、リズム・シスタ

ーズで『スパイは踊る』と、次第に軍国色を帯びていった。

その中で、リズム・ボーイズによって昭和十五年七月に吹き込まれた『タリナイ・ソング』は発売中止の憂き目をみた。

足りない　足りない　お米が足りない
なんて言う奴　元気が足りない

といった調子で、戦時下の物資不足のあれこれをユーモアたっぷりに歌ったもので、こちらとしては、タリナイだらけの時勢の中で人々に元気を出させるべく当局に協力したつもりだった。が、足らないのではない、何でもあるのだが勝ち抜くまでは我慢して欲しいのだと言って誠意は通せず、検閲官の逆鱗《げきりん》にふれて、破棄処分にされてしまった。

こんなこともあり、敵性音楽のジャズ系作曲家であるぼくは、昭和十七年以降は、レコードの仕事は極端に減った。十七年七月発売の、農山漁村文化協会企画・作詞の『みたから音頭』（霧島昇、菊地章子歌）が当局のおぼえめでたかったくらいである。

仕方なく、NHKで、当時たった一つ残っていた週一回の『軽音楽の時間』のスタッフに指揮と編曲で参加し、ひそかにうっぷんを晴らすことにした。楽団は、気心がわかっているコロムビア・ジャズ・バンドを中心とした六ブラス、四サックス、四リズムのフル編成で、監督官をいろいろごまかしてジャズ的演奏を放送した。

たとえば、禁止曲目の筆頭格のデキシー・ジャズの名曲『タイガー・ラッグ』を演奏するとき、

係員が、

「きみ、これはアメリカのジャズじゃないかね」

と目を光らせる。

われわれは恐れず騒がず、

「いいえ、これは勇壮なマライのトラ狩りの音楽です。聞けばわかりますが、トラのほえ声のような音がたくさん出てきます。時局にぴったりと思いますが」

といって説得につとめた。

そのころ、枢軸国としてドイツとイタリアは同盟国だったので、その音楽関係はパスした。そこで、クラッシックの原曲やジャズのスタンダード・ナンバーに『ある日のモーツァルト』とか『影絵のベートーベン』『シューベルト・アラモード』などと、怪しげな曲名をつけて、アドリブいっぱいに演奏し、ジャズ気分を満喫するという手も用いた。

編曲者は、ぼくに高木東六、佐野鋤、仁木他喜雄、谷口又士、菊地滋弥の諸氏が主なメンバーだった。

ある日、NHKのスタジオで『愛国行進曲』をジャズふうに編曲して練習していた。ふとみると、第一スタジオの入口に海軍軍楽隊の内藤清五楽長が腕組みをして見ておられる。

(しまった)

この『愛国行進曲』の作曲者は、内藤楽長の大先輩にあたる元海軍軍楽隊長・瀬戸口藤吉氏である。しかも、神聖なる国民歌であった。

（こいつは叱られるな、まずい人に見つかった）

首をすぼめて、音をとめると、

「いやぁ、そのまま、そのまま。君の十五人編成の『愛国行進曲』のほうが、ワシのやっちょる四十人の軍楽隊よりええ音がしちょるぞ。ワッハハハ」

とお叱りの言葉を覚悟していた一同は、反対におほめの言葉をちょうだいした。

腹の太い楽長なればこそで、これが一つまちがえば憲兵隊へ連れて行かれるところであった。

NHKでは、対敵謀略のためのジャズ放送をしているジャズメンもいた。おおっぴらに本格的なジャズ演奏ができるのは、ここしかないわけで、実力派のジャズメンは大抵はこの放送にたずさわっている。渡辺良、橋本淳、松本伸、小畑益男、谷口又士、角田孝、田中和男、森山久らのコロムビアのジャズの猛者連中ばかりだ。もちろん、前記したぼくをふくめた編曲者グループも張り切って協力した。

＊

ところで、話は別だが、大屋政子さんは、戦前の代議士・森田政義氏の娘さんであり、戦後は帝人の大屋晋三社長夫人であったことはよく知られている。

父親を亡くされたあと、自立する気持もあって大阪音楽学校（現大阪音大）に入り、声学を勉強し、ＢＫの大阪放送合唱団の一員となった。

太平洋戦争がはじまったばかりのころだったと思うが、ＢＫ委嘱の音楽劇の放送のため西下し、スタジオで指揮をしたとき、政子嬢と出会った。エクボがくっきりと印象的なハキハキとしたお嬢さんだった。よくお母さんとも逢ったことがあったので、将来のことについて相談を受けたとき、

「声学の道をすすむのなら、ＢＫに埋もれていてはいけない。東京へ出て本格的にオペラの勉強をしなさい」

とアドバイスをした。

八卦《はっけ》を信じる彼女は、易者にみてもらうと「東京行きは吉」と出たそうだ。そこで、彼女はやがて上京してきて、麻布の今で言うマンションに居を定めた。この住いの方角も八卦によるもののようだ。

ぼくは、早速、オペラ界の大御所・原信子先生に御紹介し、大屋政子の新たな勉強がはじまった。しかしすでに、西洋音楽の研鑽に没頭できる時勢ではなかった。総力戦が叫ばれ、遊んでいる（と見なされる）者は、男性はもちろん女性も徴用に合った。挺身隊と称して、軍需工場へかり出されたり、悪くすると戦地へ送られてしまう。

そこで、われわれ音楽家は、敢えて『音楽挺身隊』を組織し、音楽でお国に奉仕するということで徴用をのがれたわけである。

このへんの事情の一端が、大屋政子の『帝人の大屋政子社長夫人はダンプ型外交官といわれるものすごい肝っ玉トップレディ』という、おそろしく長い題名の本に描かれてあるので引用させても

らおう。

そこで、服部先生が、挺身隊逃れにコロムビアに入ってやればいい、ということで「軍属」というカードをもらって、写真をはって軍隊に慰問に行くわけや。それで挺身隊に行かんでええわけよ。

おまけに、流行歌手というと大変な出演料が入るねんよ。軍隊の慰問というのは当時ずいぶんとお金をくれたンよ。どのくらいやったか覚えてないけどねえ、とにかく親から一銭ももらわんと東京でけっこうええ生活ができたわけや。それと同時に、歌手の「軍属」には肉とか卵とかたくさんくれるねンよ。だから、あの当時の「軍属」は食べものに不自由してへンよ。出演料のほかにくれるねンもの。

そのかわり、ウチは大きな声を張りあげて、命がけで歌うてあげてンよ。軍需工場なんかずいぶん回ったねえ。柏とか、横須賀とか。近江俊郎さんとか、岡晴夫さんに奈良光枝さん、勝太郎さんいう人たちとチーム組んで回ったわけよ。

結局、空襲のひどい東京におられなくなって疎開するまで、二年間ぐらい「軍属」としてコロムビアに入り、慰問に回りながら、服部先生のお世話で原信子先生についてオペラのレッスンを受けたわけや。コロムビアでは、兵隊さんにわかる程度の歌で、ウチは流行歌でないものを歌ったンよ。「浜辺の歌」とか「うさぎ追いし……」とか「月月火水木金金」ね。

音楽家や芸能人たちは、こうして国内を巡演してまわったが、同時に戦線慰問団も絶え間なく組織されて、海外へ送られた。

中国大陸、満州はもちろん、シンガポール、ビルマ、インド、フィリピン、マレーシア、ジャワ……と、皇軍の進駐しているところはすべて慰問団も足をのばしている。

しかし、何を演奏してもいい、何を歌ってもよいというわけではない。ジャズ系は一切禁止。軽佻浮薄なもの、哀調を帯びたもの、とりわけ戦意を喪失させるようなものは厳禁である。ぼくの『別れのブルース』は、戦局が逼迫してくると、禁止曲の筆頭にあげられるようになった。

淡谷のり子が、兵隊たちの強い要望で、その「別れのブルース』を、意を決して歌ったのも前線慰問中のエピソードである。

歌いはじめると、監視についていた将校たちは、わざと居眠りをしたり、所用を思い出したふりで席を立ったりして、いつの間にか会場から消えてしまった。死を前にした何百という兵隊は、淡谷さんの魂の底から歌いあげるブルースに、涙を流しながら聞き入った。歌いおわって、淡谷さんも目を赤くして廊下へ出ると、姿を消したはずの将校たちが、やはり廊下で聞いていて泣いていたそうである。

夜来香《イエライシャン》ラプソディー

ぼくは、昭和十九年六月に、三たび中国本土へ渡った。最初が昭和十三年の中支慰問、二度目が昭和十六年の『上海の月』ロケーションである。その他、満州へは満州映画の仕事や、自作の曲を新京音楽団で指揮するため何度も出向いている。病気を押してステージに立ったため、無理をして肺炎を起こし、ひとまず飛行機で内地へ帰ったこともある。

今度は、陸軍報道班員として、いかめしく軍刀を腰につるした奏任官佐官待遇だった。作家の伊藤永之介、安田貞雄も一緒で、下関から船で釜山に上陸、あとは延々と汽車にゆられながら山海関を経て南京に着き、揚子江を輸送船でさかのぼって漢口へ向かった。

船中では、炎熱と疲労で、兵隊がバタバタと倒れる。しかし、甲板に並べて水をじゃんじゃん浴びせるだけの手当てでは毎日死人が多く、ついにチフス患者が出た。

このため、漢口に着くと直ちに乗船者は隔離されることになった。が、ぼくたち報道班員は軍命令による到着期日が決っている。やむを得ず、途中で脱走を敢行した。ちょうど軍列が曲がり角に差しかかったとき、伊藤と安田とぼくの三人は脱兎のごとく駆けて洋車《ヤンチョ》に飛び乗り、あとを振り返る暇《いとま》もなく報道部へ走らせた。冒険だったと思う。脱走は銃殺されても仕方がないのだ。幸い、三品報道部長の計らいで営倉に行くことを免れた。

落雀《らくじゃく》の候の漢口はうだるような暑さで、夜は宿舎を抜け出て明け方まで河岸の舟でごろ寝をしたが、なにしろ着いて早々のことなので金はないし勝手はわからない。とにかく腹がへる。従軍記者たちにレストランで食事をおごってもらったときは、地獄で仏に会ったうれしさだった。読売の小山さん、バロンさん（ニックネーム）たちだった。

やがて、ぼくらは海軍機に便乗して南京へ戻り、さらに上海陸軍報道部に配属された。上海地区の文化工作を音楽を通じて行なうことが、ぼくに与えられた任務である。

ここでの幸運は、担当将校が中川牧三中尉であったことだ。中川牧三氏は、昭和の初めにヨーロッパに留学した、イタリア仕込みの名テナーである。独唱会もよく催していた。時局は、この高名な声楽家まで戦地へ召集していたのである。

背の高い、ひげを生やしたいい男で、自身が芸術家であるから文化人に理解が深く、みんなから「なか中《チュウ》」と愛称されていた。昼間は軍服だったが、夜は私服で、われわれにも背広を着ることをすすめた。

「上海は特殊なところです。軍属ぶっておれば、かえって身の危険もありうる。日本のほうも不利です。佐官待遇ではなく、音楽家として、自由に外国人と付き合っていただきたい」

という指示であった。

当時、報道部には、作家の高見順、石黒敬七、画家の高野三三男、作詞家の佐伯孝夫、などが軍属として詰めていた。驚いたことに、歌手の渡辺はま子と妹の富子の顔も見える。

富子は、渡辺はま子らと北支中支の前線を巡回する芸能慰問団に加わってスケジュールをおえ、上海に戻ってきたところだという。

「こんなところで富子に会うとは思わなかったな、元気かい」

と声をかけると、妹も外地で思いがけず肉親に会ったうれしさに顔をほころばせて、

「元気、元気。でも、ちょっと危いことがあったんよ」

と、妹も冒険を体験した様子だ。聞けば、中支の奥地で乗っていたトラックが壕に落ちて、何人かが大けがをしたという話である。

「富子はどうだったんだ」

「わたしも横隔膜をひどく打って、ちょっとの間、気絶したけれど、たいしたことはなかったわ」

「手当てはしたのか」

「ええ、一応は。でも、大丈夫。まだ若いんだもん。兵隊さんのことを考えれば、名誉のかすり傷よ」

と笑っている。

歌をうたうのにも支障はないという。本人の屈託のなさに、ぼくも深く気にとめず、早速、高見順、高野三三男、佐伯孝夫の諸氏をスタッフに、渡辺はま子、服部富子出演による音楽会を大光明戯院で開催した。

大光明戯院は、共同租界の上海競馬場前にあり、グランド・シアターとも呼ばれていた。この音楽会は現地人にも大好評で、

「この調子で、文化工作を進めてください」

と、中川中尉や報道部幹部に激励された。

音楽会がおわると、佐伯孝夫、渡辺はま子、服部富子らは内地へ帰って行った。

「東京へ戻ったら、すぐ専門の病院へ行くんだよ。大丈夫と思っても、精密検査を受けたほうがいいい」

別れしな、ぼくは、前線での名誉の負傷の件が気になり、富子に念を押しておいた。しかし、帰国した日本本土は空襲下にあり、極端な非常体制のため、精密検査を受けることができなかった。妹も自分の健康を過信していた。しかし、これが数十年後に響いてくるのである。戦争は、平和な装いの中で、目に見えない後遺症を今なおあちこちに残しているように思う。

上海に話を戻そう。

われわれは、次のコンサートには北京から李香蘭《リーシャンラン》を呼んだ。

李香蘭と呼ばれた山口淑子は、当時、日本の国策上、中国の名家の出とされ、中国人はもとより

日本人もそれを信じていた。満映（満州映画協会）の大スターであり、中国最大の歌姫と抑がれていた。

「何をメインにもってきますか。服部さんと李香蘭のコンビでヒットした映画主題歌特集というのも面白いが」

企画会議で、中川中尉が発言した。

「それもいいんですが、ここには上海交響楽団というすばらしい外人オーケストラがありますから、これと李香蘭を組み合わせたいですね」

ぼくは提案した。

上海交響楽団は、ロシア人とイタリア人を主体とした六十人ほどの西洋式のオーケストラで、瑞息の保養のため上海へ渡られたメッテル先生も指揮されている。同じ門下の、朝比奈隆氏もタクトを振っていて、その譜面が残っていた。

「それは豪華な催しになる。しかし、あの気位の高いパッチのオーケストラに李香蘭の伴奏をさせるのはコトだぜ」

名テナーの中川中尉が、賛同しながらも、苦笑した。

「ええ。だから、ぼくとしても、いわゆる流行歌ではなく、といってクラシックでもない……シンフォニック・ジャズのようなものを考えているんですが」

軍を代表する中川中尉の顔色をうかがいながら言った。

ぼくは、宿願のシンフォニック・ジャズをこの一流のオーケストラで試してみたい欲求にかられていた。外地である。しかも外人オーケストラである。内地でできないことが、日本の占領下とはいいながら、この進歩的な国際都市では可能な気がする。

「いいでしょう。はっきりジャズと言ってしまうとまずいが、李香蘭を迎えてのお祭り騒ぎだ。大いに派手にやりましょう」

太っ腹の「なか中」は認可した。

「しかし、なにしろ、文化工作の一環だからね。曲目は慎重に願う。軍部や日本人はもちろんだが、租界地の各国の人たち、なかんずく、地元の中国人を刺激しないようにしなければ逆効果になる」

それまで、会議の成り行きを見守っていた野口久光君が勢いよく手をあげた。

「『夜来香《イエライシャン》』がいい。今、上海でも大変はやっているし、作曲者が地元の黎錦光さんだ。これを、服部さん、シンフォニック・ジャズに作りかえるのです。李香蘭《リーシャンラン》が『夜来香』を歌う。しかも外人オーケストラと共演して。これは受けますぜ。中日合作音楽会にもなる」

名案だった。

ぼくは猛烈な勢いで仕事にかかった。一種の編曲だが、六十人のオーケストラを活用し、しかも李香蘭の持ち味を生かす工夫をせねばならない。交響曲を書き上げる以上の創造力を要した。

李香蘭の美しいカデンツアではじまる十二分の、本格的なシンフォニック・ジャズにまとめ、『夜来香幻想曲《ラプソディー》』と名づけた。

当日、大光明戯院で、楽屋の世話からステージの幕の上げ下ろしまで手伝ってくださったのは、東和映画社長の川喜多長政、辻久一、野口久光、小出孝、バレーの小牧正英といった錚錚たる人たちと草刈主事であった。

プログラムは進み、いよいよメイン・レパートリーの『夜来香幻想曲』の幕が上がった。美しい李香蘭のはなやかなオープニングのカデンツアは早くも数千の聴集を魅了し、ぼくの指揮棒による上海交響楽団の演奏も迫力があった。

大喝采のあと、アンコール曲に『癲狂世界』と『不変的心』を演奏したが、それが終るやいなや、聴集がステージの李香蘭をめざしてなだれを打って押し寄せてきた。彼女の人気は想像を絶するすごさだった。

この『夜来香幻想曲』で、じつは、ぼくはブギのリズムを使っている。ブギウギについては次の章でくわしく述べるつもりだが、この夜来香の幻想曲の最後のところにブギウギのリズムを挿入してみた。練習のとき、李香蘭はしきりに首をかしげ、

「先生、このリズム、なんだか歌いにくいわ。お尻がむずむずしてきて、じっと立ったままでは歌えません」

と言う。

ぼくは、胸中、会心の笑みをもらした。今は戦争中で、敵国アメリカの新リズムとは言えない。しかし、いつかは日本でも使える日がくるだろう。じっと立ってではなく、思いきりステージを踊

りまわってブギが歌える日がくるだろう。そうあって欲しい、と心から念じたものである。

この八拍《エイトビート》の躍動するリズムは、ぼくは昭和十七年ごろ、『ビューグル・コール・ブギウギ』の楽譜を手に入れて知っていた。

なお、昭和二十年前後の上海には、厳工上《イエクンシャン》、陳華辛《チンワーシン》、梁楽音《リャンローイン》、黎錦光《リーチンクワン》、姚敏《ヤオミン》という第一線の作曲家がいた。陳華辛は『薔薇処々開《シャンウェイチユーチユーカイ》』、梁楽音は『売糖歌《マイタンクー》』、姚敏は『ドラムソング』、黎錦光は『夜来香』というヒット曲をもっていた。

ぼくは、この人たちを、有名なロシアの五人組やフランスの六人組の作曲家たちになぞらえて「中国の五人組」と呼んで新聞にも書き、親交を結んだ。このうちの『夜来香』の黎氏が昨年（昭和五十六年初夏）来日したので歓迎会を開いて互いに再会を喜び合った。ことに、もと李香蘭の大鷹淑子さんがぼくのピアノで『夜来香』を歌ったシーンは、NHKがテレビで放映したので、ご覧いただいた方々も多かったであろう。

黎氏の記憶にも、三十数年前、上海で開催した『夜来香ラプソディー』演奏会の情景はあざやかに残っているようで、白い夜来香の花を手かごから客席に投げて長いカデンツアを歌った李香蘭の美しいソプラノや、ぼくの編曲や指揮ぶりを、あらためて称賛してくれた。

＊

昭和二十年八月六日に行なった露天音楽会《サマー・コンサート》の思い出も記しておきたい。

われわれ文化工作班は、終戦間近も知らず、八月に入ると競馬場でのサマー・コンサートの準備に追われていた。

広大な競馬場を半分に仕切ってステージを設け、正面スタンドとその前の芝生に上海じゅうの人を集めて、音楽をたのしんでもらおうという趣向である。

レパートリーは、李香蘭の『荒城の月』や椿姫の『乾杯の歌』、そのほか中国の歌を並べたが、上海交響楽団のためにロッシーニの『ウィリアムテル序曲』の演奏を加えた。

この練習を、上海交響楽団の本拠であるライシャム劇場で行なったときトラブルが起きた。

嵐の音楽のあとイングリッシュ・ホルンが独奏の途中、スコアと違う音を出す。「ミファレド」を「ミファミド」と吹くので、ちがうと注意したところ、ロッシーニと同国人であるイタリア人奏者は立ち上がって、

「マエストロ、あなたはロッシーニの原譜をみたことがあるのですか。トスカニーニの指揮を聞きましたか」

と抗議してくる。原譜は、「ミファミド」だと頑強に主張するのだ。楽員がイタリヤ人とロシア人が半々くらいで、常任指揮者のイタリア人・パッチが振るときは彼の言いなりに演奏するが、ほかの指揮の場合はこのような揉め事がいつも起こるという。

ぼくは一大決心をして、

「皆さん、今日は私が指揮者です。私が聴いてきた演奏も、日本から持ってきた楽譜もミファレドになっている。私の欲する音を出していただきたい」

精いっぱいの英語で弁した。

やり直しのとき、ぼくは、指揮台からイングリッシュ・ホルン奏者をにらみつけるように凝視して棒を振った。音は、ぼくの指示した通りに出た。そのとたん、ロシア人から「ウラー、ウラー」の凱歌が上がり、イタリヤ人は「ビバー、ビバー」と半ばやけのように叫ぶし、稽古場は沸き立った。

アズラーというコンサート・マスターが近づいてきて、

「マエストロ、あなたは立派です。今日は私が指揮者だ、私の言う通りにやれ、という言葉は、すばらしい」

と、ほめてくれた。

本番でも、ぼくに従ってくれ、このコンサートも大成功であった。

当日は、会場へパッチ氏も現われ、特に『荒城の月』がよかったと握手された。一般的には、李香蘭のすばらしさが話題になったが、仲間うちでは練習時の小事件が語り草とされた。野口久光君などは感激して、

「いやあ、服部さん、あのときは強引にやりましたねえ。他の指揮者なら、そうかそうか、といってあの連中には妥協するそうですよ。服部さんのがんばりには、われわれもうれしかったですよ」

と言っていた。ぼくも、日本人ここにあり、といった気慨で押し通したのだが、日本の占領下の上海だったからこそやれたことだと思う。

これにも後日談がある。戦後、トスカニーニの指揮する『ウィリアムテル序曲』をレコードで

聞いてたしかめると、イタリア人が主張した通り「ミファミド」になっている。ところが日本の楽譜はみな「ミファレド」である。ミスプリントなのだろうか、どうなのだろう。

それはさておき、競馬場での大野外音楽会の好評に気をよくして、われわれはもう一度サマー・コンサートをやろうと張り切っていた。

戦局は、日本に不利に展開していた。サイパン島陥落につづいてフィリピン戦線の敗北が伝えられ、米軍は圧倒的な戦力で日本本土の一部である沖縄に上陸していた。国際都市上海には爆撃はないと信じられていたのに、米空軍は堂々と上空を偵察飛行をし、軍事施設に爆弾を投下しはじめた。制空権も制海権も敵に奪われている様子である。

ぼくたちは、ひそかに死を覚悟した。だが、音楽家としてやれるだけのことはやり通そうと、次のコンサートの準備におおわらわであった。

敗戦の日が、これほど早くこようとは思わなかった。

八月十五日、終戦の詔勅を陸軍報道部で聞いたのである。

この日を境に、日中の立場が逆転した。町のショー・ウィンドーには「蔣委員長万歳」と大書され、日の丸を除いた万国旗が飾られた。夜はちょうちん行列が町をねり歩き、敗戦のみじめさを知った。

その日くしくも内地からわざわざ飛んできたのが読売新聞の細川特派員だった。彼と二人で、日本へみやげにと残しておいたジョニー・ウォーカーをリュックの底から出して、お互いに敗戦の苦杯を重ねたものだ。あすからどこへ引かれてゆくかわからない身なのに、中国人の友だちから「オメデトウ」の電話がかかる。夜になると一升ビンを持って訪れる陳華辛など中国の作曲家もいた。ぼくには、なぜ、めでたいのかわからなかったが、

「戦争がすめば音楽家同士は国境がないのだ。さあ、仲よくやりましょう」

という温情に思わず頭が下がった。

南京路の映画館で東京爆撃のニュースが上映されているという。恐ろしいがどうしても見たいので、野口久光、辻久一、小出孝の諸氏と中国人にまじって入場した。羽田爆撃のシーンになると観衆は大拍手である。ここで拍手をしないと怪しまれるにちがいない。非道の日本軍人や軍属、それに親日中国人が次々に拘引されているときである。四人は、ひざをつつき合って涙ながらに手をたたき、敗戦国人の悲哀を痛感したものである。

その後、日本人はガーデン・ブリッジの向こうの日本租界内へ集められ、収容所に抑留された。多くの軍人・軍属が戦犯容疑で連行された。中国人の中からも漢奸として処刑される者が出た。中国人に危害を加えなかったわれわれ文化人はみな無事で、三ヶ月ほどの抑留生活ののち、十二月、第一回の引き揚げ船メイユー丸で故国へ向かうことができた。

担当将校だった中川牧三氏も、中国人や外国人に親切だったことから、むしろ現地人に惜しまれながら、その後、元気に帰国した。そして、声楽界に復帰され、芸術を通して日伊交流に力をつくし、イタリア政府からカバエリ称号を受けられた。徳島大文理学部教授でもあり、現在矍鑠と後進を指導されている。

平和の叫びブギウギ

上海地区からの最初の引き揚げ船で鹿児島の加治木港に着いたのは、昭和二十年の十二月初旬だった。そこで一人ずつ握り飯と金一千円を支給され、寒風の中を無蓋《むがい》貨車に乗せられた。ムシロを敷いた貨車のすき間から焼け跡だらけの無残な故国の姿をながめながら、東京吉祥寺のわが家もおそらく空襲で灰になっているだろうと想像した。妻や子供たちは無事であろうか、ぼくはそのことばかりを考えつづけた。

品川駅に着いたのが翌日の夕方で、上海から一緒だった篠崎氏と二人、市電で銀座の尾張町まで出て、日劇の前を通って有楽町駅へ向かった。

日劇の円形劇場は空襲をまぬがれていて、戦後初めての公演と銘打って『ハイライト・ショー』が上演されている。看板には、灰田勝彦、轟夕起子、笠置シヅ子、岸井明といった顔ぶれが並んでいた。

うれしかった。すぐにも楽屋を訪ねて、なつかしいかつての仲間たちと再会したかったが、家族の安否が何よりも気づかわれて、そのまま吉祥寺へ直行することにした。それでも、敗戦の東京に、早くも大衆娯楽の復活のきざしを目にすることができて、ぼくは心を励まされる思いであった。

吉祥寺へ向かう省線電車の中で、隣のおばあさんが、

「あんた、どこから復員したの」

と声をかけ、握り飯を一個くれた。

(ああ、日本人の人情もまだすたれてないぞ)

と、思わずうれし涙でおしいただいた。

幸運にも、松庵の近くのわが家は無事であった。明りがポツリとともっていて、中から話し声が聞こえてくる。

ドアを開けて、

「坊や、坊や」

と呼んだら、話し声がやんだ。真っ先に長男の克久が飛び出してきて、

「あ、パパだ、パパが帰ってきたよ」

と叫んだ。

その声がスーッと遠のく感じで、気を失うようにへたへたと玄関先に坐り込んでしまった。

翌日、家内に付き添われて、ステッキを頼りにあらためて街へ出て、初めて買ったものは、自転

車のチューブだった。午後、やっぱりじっとしておられず有楽町へ出て、日劇の楽屋を訪ね、仲間たちと再会を喜び合った。ぼくの心の中に猛然と仕事への意欲がわいてきた。

早速、年が明けた昭和二十一年の新春、日劇の正月公演のエノケン一座『踊る竜宮城』の音楽を担当したのを手始めに、戦後のぼくの音楽活動が始まった。

続いて、三月の有楽座で、エノケン・笠置の初顔合わせ、菊田一夫作『舞台は回る』の音楽を受け持ち、笠置君のために新曲『コペカチータ』を書いた。

一方、大阪梅田劇場で、花形歌手総出演の『御存じ恋愛詩集』の音楽を担当し、この機会に郷里の両親や姉妹とも久々に再会ができた。

レコードも、復帰したコロムビアから、二月には早くも『青春プランタン』（サトウハチロー詞・志村道夫歌）が出た。五月には、同じサトウハチロー作詞、エノケンが歌う『愉快な仲間』と池真理子の『乙女の胸に』が発売された。

六月新譜の『黒いパイプ』（サトウハチロー詞・二葉あき子・近江俊郎歌）と『銀座セレナーデ』（村雨まさを詞・藤山一郎歌）は、かなりのヒットであった。

そのほか、レコーディングは月に二、三度の割合で行なわれたが、秋に郷里の大阪で復興祭りが催され、このための作曲を依頼されている。詞は一般公募の当選作で『復興

⇧終戦後、音楽に親しむ服部家の団欒風景。

大阪ソング』と『新道頓堀行進曲』であった。歌は、妹の服部富子が起用された。

帰国してみると、富子は、劇場公演、地方巡業と、元気にいそがしく飛び回っていた。

翌二十二年二月の日劇は、ぼくの提案による『ジャズ・カルメン』であった。これは名作オペラのジャズ・ミュージカル化という日本で初めての試みだった。白井鉄造演出、益田隆の振付け。配役は次の通りである。

カルメン＝笠置シヅ子、ホセ＝石井亀次郎、エスカミリオ＝林伊佐緒、ミカエラ＝服部富子、フラスキータ＝暁テル子、メルセデス＝大国阿子、レメンダード＝高倉敏、ダンカイロ＝竹山逸郎、ツニガ＝横尾泥海男。

この公演は、敗戦で日本人が虚脱した状態に陥っていたなかで大衆音楽の音楽家たちが文化復興の気勢を示した、という新聞批評が出て、世間から注目された。

新聞といえば、この公演中に「カルメン妊娠す」という記事も出た。

そのころ、笠置君は、吉本興行の社長の子息で早稲田の学生だった吉本頴右《えいすけ》君と相思相愛の仲になっていた。先方の親の反対で正式結婚は難行していたが、情況は好転していた。

結婚を前にして、最後の舞台では、はなばなしくカルメンを演じたいという彼女の懇望に、ついにハラボテ・カルメンとなって日劇に現われたわけである。

無事、千秋楽を終えたときはスタッフ、出演者一同、ホッとしたが、それから間もなく不幸が使女を襲った。若き夫、頴右君がエイ子ちゃんの誕生をみずに病気で急死してしまったのである。

笠置シヅ子は悲嘆のどん底に突き落とされた。しかし、泣いてばかりはいられない。愛児のためにも、自分のためにも、芸能界へカムバックしなければならなかった。

「センセ、たのんまっせ」

と言われて、ぼくは彼女のために、その苦境をふっとばす華やかな再起の場を作ろうと決心した。それは、敗戦の悲嘆に沈むわれわれ日本人の明日への力強い活力につながるかも知れない。何か明るいものを、心がうきうきするものを、平和への叫び、世界へ響く歌、派手な踊り、楽しい歌……。

このような動機と発想から『東京ブギウギ』は生まれたのである。

前の章でふれたように、ぼくとブギとの出会いは昭和十七年ごろにさかのぼる。戦争中にどこかでブギウギの楽譜を手に入れ、興味をかき立てられて早速、それとなく実地応用を試みた。すでにジャズ禁止の時代に入っていた。

ブギのリズムを使ったのは、昭和十八年三月封切りの『音楽大進軍』の中で大谷洌子が歌った『荒城の月』である。これが面白かったので、やはり大谷洌子の歌で、NHKの国際放送でも流してみた。

次に活用したのは、李香蘭の『夜来香幻想曲』の終曲。そして、笠置シヅ子の日劇公演『ジャズ・カルメン』で取り入れた。『トランプのコーラス』や『闘牛士の歌』はブギのリズムで構成している。

三度、テストは行なっていた。今度は、いつ、ブギのリズムで流行歌を作るかということである。それより少し前、『雨のブルース』などの作詞をしてくれた野川香文氏が疎開先からフラリと現われたので、二人で夜の銀座をハシゴして歩いたことがある。まだあちこちに戦災のあとが残っていて、うら淋しい銀座であった。

……こんな女に誰がした

という歌（『星の流れに』）が聞こえてきたので、ぼくは野川氏に、

「焼け跡のブルース、というのはどうだろう」

と言うと、ジャズ評論の先達であり先見の明をもつ先輩は、首を振った。

「いや、今さらブルースではあるまい。それに、今はブルースを作る時機ではない。ぐっと明るいリズムで行くべきだ」

「それなら、ブギウギがいい」

ぼくは思わず叫んだ。

「それだ、そいつだ」

野川氏は直ちに反応した。二人は、うれしくなって、手でエイト・ビートを打ち、破れ靴で拍子をとりながら、まるでミュージカルの主人公のような足どりで銀座の舗道を踊り歩いた。おそらく、振りかえってみる通行人には、千鳥足の酔っ払いが二人、ふざけているとしか見えなかっただろうが――

＊

笠置シヅ子の再起の曲を引き受けて間もなく、多分、新橋駅に近いコロムビアで『胸の振子』（サトウハチロー詞・霧島昇歌）を吹き込んだ帰りだったと思うが、中央線の終電に近い満員電車に乗っていた。勤め人にまじって復員服姿や買い出し帰りの男女も多く、みな虚ろな目をして、つり革につかまっている。

ぼくもつり革を握って、疲れたからだを電車の振動にゆだねていた。そのうち、降りる駅が近くなって意識がしゃんとしたせいか、レールをきざむ電車の振動が並んだつり革の、ちょっとアフター・ビート的な揺れにかぶさるように八拍のブギのリズムとなって感じられる。ツツ・ツツ・ツツ・ツツ……ソ、ラ、ド、ミ、レドラ……

電車が西荻窪に停るやいなや、ぼくはホームへ飛び出した。浮かんだメロディーを忘れないうちにメモしておきたい。駅舎を出て、目の前の喫茶店『こけし屋』に飛び込んだ。ナフキンをもらって、夢中でオタマジャクシを書きつけた。『こけし屋』は今は大きなビルの洋菓子とフランス料理の店になっているが、ぼくには忘れられない店の名とナフキンである。

曲はできた。題名も『東京ブギウギ』とつけた。あとは歌詞である。

そのころ、コロムビアに出入りしていた若いジャーナリストがいた。外国に禅をひろめたことで名高い仏教哲学者・鈴木大拙博士の子息の鈴木勝である。

鈴木勝君とは、上海の報道部で顔見知りであった。語学が堪能だったので通訳とか通信関係の仕事をしていたように思う。文学青年でもあるようだ。

ぼくは、新しいリズムには既成観念のない新しい作詞家のほうがいいと考えていたので、鈴木君に『東京ブギウギ』の詞をはめこんでもらうことにした。曲をピアノで何度も聞かせ、

「こういう躍動するようなリズムものだから、意味をもつ詩というよりは、調子のよい韻語《いんご》がほしいんだ。言葉に困れば、東京ブギウギ、リズムうきうき、といった文句をくりかえせばよい」

と、アドバイスした。

数日後、喜び勇んで書いてきた鈴木勝の稿をみて、ぼくは首をひねった。

池のまわりを　ぐるっとまわって

君と踊ろよ　東京ブギウギ

甘い恋の歌　……

といったような作詞で、字脚はぴったりこないし、リズミカルでもない。

それに、どうして、池のまわりを、という言葉が出てきたかと思っていたら、じつは、鈴木君は池真理子にぞっこん惚れていたころである。コロムビアにしょっちゅう来ていたのも、取材とか音楽好きというよりは、平川英夫作曲の『愛のスイング』やぼくの『乙女の胸に』で売り出し中のチャーミングな新進歌手・池真理子がお目当てだったことがわかった。それで、池のまわり、ときたわけだ。

吹き込みがせまっていたので、とにかく協同作業で、

東京ブギウギ　リズムうきうき
心ずきずき　わくわく
海を渡りひびくは　東京ブギウギ……

という詞にまとめあげたのである。

池のまわり……という原詩は削るはめになったが、そのかわり、恋は成就し、やがて鈴木勝と池真理子はめでたく華燭の典をあげることになる（しかし、あまり長つづきせず、離婚した）。

『東京ブギウギ』のレコーディングのときは、にぎやかであった。二十二年の九月十日である。

コロムビアの吹込所は、そのころ、内幸町の東洋拓殖ビル内にあった。隣の政友会ビルが進駐軍に接収されていて、下士官クラブになっていた。

レコーディングが始まる時刻になると、どうしたことか、その米軍クラブから黒人や白人の下士官がぞろぞろスタジオにやってくる。英語の達者な鈴木勝が宣伝した様子だ。

「おれが作詞した『東京ブギウギ』ってのを吹き込むんだ、見にこいよ」

そんな調子だったのだろう。

「ブギウギを日本人がやるのか、そりゃ面白い」

そんな顔で、缶ビールやコカコーラなどをぶらさげて、スタジオ

⇧笠置シヅ子とのレッスン風景。

の中にまで入ってくる。とうとう、笠置シヅ子とオーケストラを遠巻きながら取り囲んでしまった。

「どうしましょう」

ディレクターが困惑している。

何しろ、日本は占領下だ。進駐軍を邪険に追い出すわけにはいかない。

「いいでしょう。かえってムードが盛り上がるかも知れない。このままやっちゃいましょう」

ぼくは、酒気を帯びたアメリカ兵たちが陽気に見守る中で、レコーディングを断行することにした。

鈴木勝は責任を感じている。二、三人の親しい者に声をかけたはずが、下士官クラブをカラにしたばかりか、近くに点在する将校宿舎や軍属《シビリアン》クラブからも音楽好きが噂をきいて押しかけてきている。懸命に静粛を呼びかけていたが、心配は無用だった。指揮棒がおろされると、ぴたりと私語がやみ、全員のからだはスイングしているが、セキ一つ出さない。

笠置シヅ子のパンチのある咆哮のような歌唱、ビートのきいたコロムビア・オーケストラ、それを全身で盛り立てている大勢のG・I、最高のライブ録音のムードだった。

OKのランプがつくと、真っ先に歓声をあげたのは、ぼくたちではなく、G・Iたちであった。たちまち『東京ブギウギ』の大合唱だ。ビールやウイスキーや、チョコレートや、そのほか当時の日本人には貴重なものがどんどんスタジオ内に運びこまれ、期せずして大祝賀会になってしまった。

ぼくは、ビルに舌つづみをうちながら、『東京ブギウギ』がアメリカ人にも通じた喜びをかみしめていた。

レコードの発売は翌二十三年一月の予定である。その間、ステージで反応をみることにした。大阪の『梅田劇場』に笠置シヅ子が出演する。まずそこで、発売されたばかりの『セコハン娘』（結城雄二郎詞）とともに『東京ブギウギ』を披露した。これは大成功だった。大阪人は時流に敏感なのか、乗りやすいのか、はたまた東京……というタイトルに魅力を感じるのか、『東京ブギウギ』は大阪で火がついたのである。

『東京ブギウギ』流行の陰の功労者に漫画集団をあげることができる。漫画集団は、当時はやりのマンガショーを日劇で演じていた。ぼくが彼らの控室に陣中見舞に行くと、何と壁いっぱいにマンガ入りで『東京ブギウギ』の歌詞が貼り出されていて、

「これはいいですよ、みんな一度で好きになっちゃった。服部さん、教えてくださいよ」

と大騒ぎである。ついに、漫画集団の主題歌みたいになってしまい、横山隆一氏などは未だに、ぼくに会うと『東京ブギウギ』の思い出を語ってくれる。

一月のレコード発売に合わせて、東宝の正月映画『春の饗宴』（山本嘉次郎監督・池部良、若山せつ子主演）に笠置シヅ子が特別出演して『東京ブギウギ』を主題歌として歌った。レコードは急上昇に売り上げをのばしたが、この歌が爆発したのは、やはり日劇三月の『東京ブギウギ』であった。
ト、オッ、キヨ、ブギウギ、というバイタリティーあふれる独特の歌い出しで、超満員の劇場は早くも興奮のるつぼと化した。

ぼくは上演にあたって、笠置君に説明した。

「とにかくブギは、からだを揺らせてジグザクに動いて踊りながら歌うんだ。踊るんだ。踊りながら歌うんだ」

そこで、彼女は不思議な振りを考え、ステージ狭しと踊り歌ったので、それが大受けで、老いも若きも、大学教授も芸術家も、かつぎ屋も夜の天使たちも、皆一体となって熱狂的な声援を送った。

笠置シヅ子は、復興を急ぐ敗戦国日本の、苦しさから立ち上がろうとする活力の象徴のように大衆に感じられたのではあるまいか。そして、底抜けに明るい『東京ブギウギ』は長かった戦争時代をふっ切らせ、やっと平和を自分のものにしたという実感を味あわせてくれる……と、多くの人がこもごもに語った。東京ブギウギは平和の叫びだ、と。

『東京ブギウギ』の成功で、それから数年、ブギウギものが世を賑わせた。ぼくが作曲したブギと名のつくもののみを吹き込み順に題名だけをあげると、

『さくらブギウギ』『ヘイヘイブギ』『博多ブギ』『ジャングルブギ』『ブギウギ音頭』『大阪ブギ』『北海ブギ』『ブギウギ時代』『これがブギウギ』『三味線ブギウギ』『ホームランブギ』『オリエンタルブギ』『大島ブギ』『名古屋ブギ』『買物ブギ』『ビックリシャックリブギ』『ジャブジャブブギ』『銀座ブギ』『道行きブギ』『ジャパニーズブギ』『カミナリブギ』『恋のブギウギ』『七福神ブギ』『芸者ブギ』など三十曲近くを数える。

『買物ブギ』は、昔、大阪の法善寺横丁の寄席で聞いた上方落語の『ないもの買い』をヒントに、

村雨まさをのペンネームで歌詞も自分で書き、大阪弁の面白さをねらった。

魚屋、八百屋と買い物をする光景を、品物を羅列してギャグに仕立てたわけだが、レッスン途中で笠置君が舌をかみそうになって、

「ヤヤコシ、ヤヤコシ」

と言い出したのを、そのまま歌詞に織り込んだ苦心もある。「ワテほんまによう言わんワ」や「おっさんおっさん」が当時の流行語になった。

ステージでは、ぼくが言う前に、笠置君は、エプロン姿に下駄《げた》ばきというういでたちを作り、舞台の袖から出てくるときも、イントロに乗って飛び出してきて、タカタカタカタカ、ボンボン、というリズムに合わせて、下駄で見事なタップをふんだものである。

笠置シヅ子は、誰もが言うように芸魂の人であり、不出世のショーマンだったと思う。

『ジャングルブギ』は黒沢明監督の映画『酔いどれ天使』の主題歌として作曲したものだが、その歌詞を黒沢氏が自分の意図で書いてきた。彼一流の激しい表現で、なるほど面白い。一例が「月の赤い夜にジャングルで、腰の抜けるような恋をした」「月の青い夜にジャングルで、骨のうずくような恋をした」である。

さすがに笠置君も照れて、

「えげつない歌、うたわしよるなァ」

と、溜息をついた。

そこで、少しやわらげて「骨のとけるような恋をした」「胸がさける程泣いてみた」で吹き込みをした。

このように立てつづけにブギをヒットさせた笠置シヅ子は『ブギの女王』と呼ばれるようになったことは周知のことである。

しかし、舞台の華やかさ、力強さに反して、彼女の私生活は別人のようであった。

幕間には楽屋へ走り帰って、エイ子ちゃんをあやし、ときには乳房をふくませて、また、あわただしく舞台へかけ戻る。質素で、派手なことをきらい、まちがったことが許せない道徳家でもあった。しかし、世話好きで、人情家で、一生懸命に生きているという感じをにじませていた。

そんなところが、舞台のすばらしさと表裏をなして、特別の人気を呼んだのであろう。当時、笠置シヅ子後援会というのが誕生したが、その会長が現役の東大総長南原繁氏である（笠置君の父親と郷里の中学で同級生というよしみもあった）。熱烈なファンは、フランス文学者の辰野隆、作家の吉川英治、林芙美子、林房雄、画家の梅原龍三郎、女優の田中絹代、山田五十鈴、高峰秀子……と有名人が無数であった。

しかし、最も笠置シヅ子に声援を送っていたのは、有楽町や上野界隈の夜の天使たちであった。悲しい、しいたげられた境遇をもつ彼女たちは、苦しさを顔にあらわさずに舞台で明るく力強く歌い踊る笠置シヅ子に自分たちの希望を投影していたのであろう。

日劇のステージのかぶりつきに、花束をもち、目を輝かせた彼女たちの姿を見ない日はなかった。

青い山脈・銀座カンカン娘

昭和二十五年に徳川夢声氏と対談した『週刊朝日』が手許に残っている。夢声氏の『問答有用』であるが、その中で、

「あなたの歌は陽気だからいいですよ、おおむね日本の流行歌は陰気でしてね」

という話をうけて、ぼくはこう答えている。

「ぼく改心したんですよ。前にはたいへん憂鬱《ゆううつ》な歌を書いていたんですね。たとえば『別れのブルース』『雨のブルース』『湖畔の宿』みんなそうです。日本の島国的な淡いセンチメンタリズムにあきたらなくなって、終戦後、方向をかえたんです。ことに最近は、明るいもので流行するんなら、そのほうがよっぽど日本のためにもなるんじゃないかということを、まともに考え出してきましてね」

当時のぼくの気持はこれに要約されていると思う。

古賀政男氏は、生前よく、「僕が作曲している間は日本はよくならない。良ちゃんの時代になっ

て明るい歌が流行れば世界の日本になる」と話されていたが、お世辞でもありがたい先輩の言葉として拝聴してきた。

戦後間もなく、ぼくは再び、レコード、ステージ、映画、放送と一つのからだを三つにも四つにも分けて仕事をする日日を送るようになった。

ステージのほうは、日劇の『ジャズ・カルメン』（白井鉄造作）の後、伊藤道郎、伊藤喜朔の兄弟と組み、『東京カルメン』を再度、国際劇場で上演した。これは現実の東京を舞台にしたラク町（有楽町）のカルメンお静の物語である。スタッフは、制作が松崎啓次。作・演出が伊藤道郎。作詞は藤浦洸、伊藤道郎、村雨まさを。装置は伊藤喜朔。音楽はもちろん、ぼくである。配役は、カルメンお静＝笠置シヅ子、保世時夫＝ディック・ミネ、マリマのお園＝橘薫、フランスお絹＝服部富子、トランプ・ミッチー＝小川静江、毛利信治＝海老名昭良、花売娘＝山本照子、山本和子。国際劇場の大舞台いっぱいに組んだ第一幕の有楽町のガード下は実物そのままで、省線電車が時折り通過するなど、大がかりな装置だった。道郎先生のハバネラによる総員のシルバの踊りが圧巻だった。

翌昭和二十三年になると、日劇で『東京ブギウギ』。有楽座で『声は曲者』。日劇の『夜のプラットホーム』『ジャングルの女王』などの音楽及び指揮を担当している。

このころ、ぼくは、コロムビアの専属以外の歌手とも仕事がしたくて、フリーになった。これに関して、一つの秘話がある。

仕事で金沢へ出向き、自由時間に加賀百万石で有名な城のまわりをそぞろ歩いているとき、ふと、二つのメロディーが浮んだのである。すぐに宿に帰って、譜面にまとめた。一枚の楽譜にはディック・ミネ用と書き、一枚の楽譜には灰田勝彦用と記入した。ともにコロムビア以外の歌手である。ディック・ミネはテイチク、灰田勝彦はビクターであった。しかし、作曲家というものは声に惚れるものだ。その歌手の声の魅力に刺激されて曲想が浮ぶことがある。金沢城の堀端で浮かんだメロディーもこの例であった。

だが、専属契約であれば、いかんともしがたい。ディック・ミネ用は、帰京後、霧島昇でレコーディングした。これが『胸の振子』（サトウハチロー詞）である。

今一つの灰田勝彦用は、その後、ビクターとも仕事ができるようになって、思い通り彼によって吹き込んだ。昭和二十三年の十二月に発売された『東京の屋根の下』（佐伯孝夫詞）がこれである。

このようなこともあって、コロムビアの了承のもとにビクターと二社同条件の契約を結んだわけである。フリーといっても、大手のコロムビアとビクターの二社に限る、という紳士協定があった。このころ、妹の服部富子がテイチクからビクターに移籍したので、妹のための曲も書くことができるようになった。服部良一曲、服部富子歌、の兄妹コンビによるレコードは『小鳥娘』（西条八十詞）『愛の小函』（藤浦洸詞）『これが恋かしら』（村雨まさを詞）『思い出のユーモレスク』（村雨まさを詞）『涙の花くらべ』（佐伯孝夫詞）『バイバイ上海』（村雨まさを詞）『霧のサンフランシスコ』（村雨まさを詞）『あの夜のワルツ』（佐伯孝夫詞）などがある。

放送関係は、そのころはテレビはもちろん、ラジオ局もＮＨＫ以外はなかった時代（民放開始は昭和二十六年）で主として東京（ＡＫ）と大阪（ＢＫ）で作曲、編曲、指揮の仕事をした。昭和二十一年九月にレコードになった『黒いパイプ』も、ＢＫから委嘱された戦後はじめてのラジオ歌謡で、六月に初放送されている。

ＡＫの仕事で記憶に最も残っているのは『世界の音楽』である。そのころ、すべてのプログラムに米人の意志が入っていたが、『世界の音楽』も『話の泉』や『二十の扉』とともに、ＣＩＥのクルース氏の監督で登場した番組だった。

ぼくは、クルース氏の依頼でオープニング音楽『流れくる』（藤浦洸詞）を書き、毎回新しい曲を作ったり、世界の名曲の編曲も手がけた。近藤積プロデューサーのキューで、演奏は前田環指揮の東管と東唱。茂木太郎アナウンサーの名調子も忘れがたい。

映画の仕事で、印象的な作品を二、三、記しておこう。

昭和二十二年の早春、東宝が第一組合と第二組合に分かれて、新東宝へ第二組合が籠城したころの話である。一時期苦楽を共にした高見順の原作の『今ひとたびの』を担当した。この映画は、名匠五所平之助演出に、三浦光雄さんの流麗なカメラ、高峰三枝子の清楚な美しさ、竜崎一郎の素朴さで、終戦後の映画の中では水ぎわ立ったフィルムだった。

この映画のクランクアップ間近いころ、音楽の打ち合わせに五所さんほか数人の助監督と会った。何日間で作曲できるかと問われたが、予定は四日間しかとられていない。試写をみて、音楽の分量が二十六ロール、しかも美しい画面に興奮したのでオケの編成も四十人ぐらい使いたかったぼくは、一週間の作曲期間を申し出た。

即座に助監督からモノイイがついた。それは許されない、スケジュールは決まっていて、今になってそんなことを言うのは組合を無視した意見だという。

当時はなんでも組合組合で、われわれ新東宝組が、第一組合の仕事を故意に遅らせて妨害すると邪推している気配である。ぼくは率直に、この映画が大作であること、画面の調子が自分をとらえて、どうしても清楚で優美な音楽を書きたい、ことに白ばらのシーンには主題曲を設定したい、等を語り、最少限度一週間の作曲期間を要することを強く主張した。

温和な五所監督も最初はスタッフの意志を察知して、なかなか首をたてに振らなかったが、芸術的良心を認めてかぼくに味方し、やがてぼくの主張は組合で認められた。ぼくは幾日も徹夜し、五所さんをはじめ威勢のいいスタッフとの約束を十分に果たすべく書きつづけ、二日間で二十六ロールをダビングしおえた。

最後の録音が終ったとき、五所さんと堅い握手をかわし、助監督や録音技師とも肩をたたきあって祝った。

完成試写の夜、銀座の酒場「白ばら」で、高見順、プロデューサーの藤本真澄、五所監督らスタッフ一同とビールで乾杯を重ねた。ことに白ばらのテーマ音楽は印象深いと喜ばれた。険悪だった録音前の空気は払拭され、音楽効果は十分認められた。

『白ばらの歌』は、その後、主演女優の高峰三枝子が藤原洸の作詞で吹き込んだが、弦楽合奏で聞くほうが、ぼくにはなつかしい。

＊

『青い山脈』も東宝映画の主題歌として書いたものだ。石坂洋次郎氏の原作を、同じ慶応の後輩ということでプロデューサーの藤本真澄氏が映画化権を得て、戦後のもやもやを吹きとばすような明るい青春映画を、という狙いで総指揮をとった。その主題歌と音楽担当を依頼され、西条八十先生から主題歌の歌詞も届いた。

昭和二十三年の秋のそのころ、ぼくは、大阪の梅田劇場と京都の大映撮影所とをかけもちで仕事をしていた。梅田劇場は笠置シヅ子のショー、大映は『春爛漫狸祭』か『花くらべ狸御殿』か、なんでも狸がらみのミュージカル的な映画の音楽監督をしていた。

ぼくの場合、音楽担当は即、主題歌も書くことである。ちなみに、狸祭のほうの主題歌は『面影の花』（西条八十詞・二葉あき子歌）と『夜風のタンゴ』（西条八十詞・楠木繁夫、三原純子歌）であり、狸御殿のほうは『涙の花くらべ』（佐伯孝夫詞・服部富子歌）である。

大いそがしの中で、『青い山脈』の主題歌を一日も早く完成せよ、とせかされていた。

梅田から省線に乗って京都へ向かう途中のこと、日本晴れのはるか彼方に、くっきりと稜線を描く六甲山脈の連峰を車窓越しにながめているうちに、にわかに曲想がわいてきた。

きびしい食糧難の時代で、買い出しの人たちやヤミ屋らしい連中ですし詰めの電車の中である。鞄から五線紙を取り出すことはできない。また、五線紙をひろげれば乗客の注目の的となり作曲は進まない。だが、この状態が五分も過ぎれば、浮かんだメロディーは霧散してしまう。

ぼくは急いでポケットから手帳を取り出して、鉛筆で走り書きの計算をはじめた。次々に流れ出る『青い山脈』の旋律を、口の中でむにゃむにゃつぶやきながら、ハーモニカの略符で書きとめていった。

6032
3343
64322
3000
3377
0776
3317
6000
5003
6050
4324
+　3000

周りの人たちには、恐らく、ヤミ屋がもうけを思い出しながら商売の計算をしていると見えたであろう。隣のオッサンや前のアンチャンが、数字をのぞきこみながら、仲間顔で意味ありげな笑いを浮かべている。

しかし、この数字の中に、

若く明るい　歌声に
雪崩《なだれ》は消える　花も咲く
青い山脈　雪割桜
空のはて
今日もわれらの　夢を呼ぶ

の、あのメロディーが秘められていることは、どなたもご存知ないことであった。

電車が京都駅へ静かにすべりこんだころは最後の一節をめでたく書きおえていた。

この計算書を五線紙に写し、編曲もおえて録音の日を迎えた。

ところが、監督の今井氏が、なぜかこの曲を好まない。もう一曲東京で書いたが、これもダメ。副主題歌の『恋のアマリリス』も画面にあわないといって不採用。せっかくの西条先生の詩もムダになってしまった。しかし、プロデューサーの藤本真澄氏は、最初から主題歌を設定して、脚本にも挿入する個所を指定しているのだ。

ダビングの日、今井監督はついに姿を見せなかった。これにはぼくも驚いた。演技指導はもちろん、衣裳、小道具一切に、どんな微細なことでも立ち会って決定する演出家が気にいらないといって音楽を無視するのはどうしたことか。同じスタッフなら話し合えば解決できるはずである。

やむを得ず、ぼくは脚本の指定通りに録音をおえた。池部良や原節子、杉葉子らが自転車で走るシーンに主題歌『青い山脈』を流した。

この『青い山脈』を藤山一郎と奈良光枝でレコード化し、コロムビアから発売されたのは翌二十四年二月二日であった。映画も公開されると大当りだったが、レコードはレコードで大ヒットとなった。

昭和五十五年に、TBSが「歌謡曲と日本人」のテーマで明治、大正、昭和の三代にわたる千曲の歌謡曲について全国三千人を対象にしたアンケート調査を行なった。その結果「日本人の最も好きな歌」のトップに『青い山脈』が選ばれていた。支持率約五十一パーセントということである。

映画主題歌としては、いささかまま子扱いを受けた形だったが、歌そのものが独り立ちをし、これだけ広く日本人に愛好されているのだとすれば、作曲家冥利《みょうり》というものであろう。もっとも、日本人がトイレットの中で、いちばんよく口ずさむのもこの歌だと聞かされて、ちょっと複雑な気持がした。

『青い山脈』は石坂洋次郎氏の原作であるが、同じ石坂文学の映画化作品では、二十五年に『山の彼方に』（西条八十詞・藤山一郎歌）、二十七年『丘は花ざかり』（西条八十詞・藤山一郎歌）にも主題歌を書いた。この二つの曲も、いまなお歌われている。

これらの映画作品をプロデュースした藤本氏は音楽に理解があるうえに、とにかく商売熱心だった。新しい映画ができると、その主題歌を銀座のクラブで流しのバンドに演奏させて徹底的に覚えさせるというやり方をしていた。作曲者としては、まことにありがたく頭の下がる思いをしたが、惜しくも先年亡くなられた。

『銀座カンカン娘』は、まず題名からすべてがはじまった。

新東宝から話があって、山本嘉次郎の原案・脚本、島耕二の演出で『銀座カンカン娘』という映画を作るから、まず主題歌を書いてくれ、という注文である。

⇧昭和24年、藤山一郎とともに。

「銀座カンカン娘の、カンカンって何ですか」

とプロデューサーにたずねると、

「さあ……。それは原案者に聞いてくださいよ」

という返事である。

早速、撮影所で御本人をつかまえた。

『話の泉』の名解答者で、物知り博士の山本嘉次郎氏は、自慢の美しいひげをなでながら、意外にも、

「ぼくにも、どういう娘かわからんのですよ。でも、調子のいい言葉でしょう、銀座カンカン娘って。あなたが作る主題歌から登場人物とストーリーを考えます」

と、澄ましたものだ。

「ただね、主演が高峰秀子と灰田勝彦で、主題歌も彼らに歌ってもらうことになるので、あまり品の悪いのは困りますな。銀座を代表する新女性を描くとして、しかし、いくら代表だからといって進駐軍相手のパンパンは敬遠しましょうや」

少しアウトラインが出た。

灰田勝彦と高峰秀子はビクターである。ビクターとなれば、作詞はエースの佐伯孝夫。

その日から、佐伯孝夫とぼくは、銀座八丁にカンカン娘をさがし求めた。

昭和二十四年の初頭、銀座はまだ完全に復興しておらず、ビルの谷間にヤミ売りの露店が並び、

進駐軍のジープが走り、G・Iが肩で風をきって歩き、その腕にどぎつい衣裳をつけたパンパン嬢がぶら下がっているという国籍不明の町であった。男女同権が叫ばれ、女性は解放されて威勢がよく、一様に派手になったが、赤いブラウスにサンダルをはいているという、チグハグな感覚の時代でもあった。

撮影とのかみ合わせで、仕上げの期限が切迫した。今回は、主題歌先行の映画である。プレスコ（事前録音）の前日、ぼくは佐伯孝夫を自宅に招いて二階の一室を提供し、ウイスキーを一本置いて、ぼくは下の応接室でほかの作曲をしていた。カンヅメにしたわけだ。

時々二階へ上がって様子をみるが、佐伯先生、エンピツをかじるだけでウイスキーはへっても原稿用紙は一向にへらない。

「なんとか助けてくれよ」

と、ついには悲鳴をあげる。

ぼくは時々歌詞を作りながら同時に作曲することがある。佐伯氏はそれを知っている。『買物ブギ』『バラのルンバ』『ヘイヘイブギ』などがその例で、純粋の詩人には「ワテホンマニヨウ言ワンワ」や「笑う門にはラッキーカムカム」など落語漫才のネタのような言葉は考えられない。「トリ貝赤貝タコにイカ」と舌をかまずに歌わせるのに、何十回笠置君に並べかえて歌わせたかしらない。おしまいには「ヤヤコシ、ヤヤコシ、あゝヤヤコシ」と言い出したので、それも歌に加えたことは前に書いた。

『銀座カンカン娘』の場合も、『東京ブギウギ』同様、詩というより調子のよいリズミカルな韻語がほしいのだ。

夜も二時を過ぎたので、これは大変だ、あすのプレスコに間に合わないとあわてだした。窮余の一策にメロディーといっしょに走り書きしたのが、

あの娘降られて　カンカン娘
傘もささずに　靴までぬいで
ままよ銀座は　私のジャングル
虎や狼　怖くはないのよ
これが銀座　カンカン娘

であった。

この詩をもとに、佐伯氏に二番、三番、四番、と書いてもらい、「あの娘降られて」が「雨に降られて……」になったりして、何とかプレスコに間にあった。

作詞作曲のコンビには時々こんなケースが起こりうるし、リズムものの場合は正統派の詩人には手にあまることもあるようだ。

そのころは、今とちがって、作曲と作詞を一人でやったり、シンガー・ソングライターという存在を認めない風潮があった。ぼくも作詞家の領分までおかす気はさらさらなかったのだが、必要上、作詞を兼ねざるを得なくなり、村雨まさをのペンネームの使用がこのころから増えてきた。

『銀座カンカン娘』もブギのリズムで書いた明るい曲で、映画も笠置シヅ子や岸井明らが共演して元気いっぱいに歌うミュージカル喜劇の仕立てであった。とりわけ、笠置シヅ子ファンの第一人者を任する高峰秀子は、笠置と共演できることで大喜びだった。

映画の封切りに先立ち、レコードの宣伝もかねて『ミス・カンカン娘大募集』が行なわれたことも付記しておきたい。

⇧昭和25年『ジャズ・カルメン』再演打ち上げパーティー（笠置邸にて）。

応募の条件は、銀座に住むか勤めをもつ未婚の女性で、高峰秀子に似ていること。反応はすさまじく、まず、ぼくの最初の質問に似て、「カンカン娘とは何ぞや」という手紙や電話が新東宝やビクターに殺到して、係員をてんてこ舞いさせた。解答はないのだ。

「映画を見てくだされればわかります」

とか、

「レコードを聞いていただければ、そこに歌われています」

とか、抜け目なく売り込みながら、適当にごまかしたらしい。

ミス・カンカン娘選出の会場は、銀座のどまん中、森永の前で、朝から大変な人出であった。審査員は島耕二監督、カンカン娘の高峰秀子、灰田勝彦、岸井明、それに新東宝とビクターの関係者。ぼくは他の仕事と重なってどうしても出席できず、逐一、その模様の連絡をうけていた。

何でも、応募者が五百人以上、野次馬が数千人、四丁目から五丁目にかけて人で埋まり、交通は遮断され、警官が大勢出て懸命に整理にあたったたという。

厳正な審査の結果、ミス・カンカン娘が決定し、数人のミスも選出された。賞品授与などの派手なセレモニーのあと、ミスと準ミスの諸嬢は「赤いブラウス、サンダルはいて」の歌詞通りの格好になり、銀座通りをパレードしたのであった。

宣伝効果は満点だった。

ところがである。数日たって、ミスに当選した美女が、じつは銀座裏のバーの屋根裏に住込みでいる女給さんで、それは応募条件に合うのだが、二人の子持ちであることがわかったから大変だ。

「こりゃ、ミスでもとんだミスだぜ」

と関係者が頭をかかえていると、山本嘉次郎氏はあわてず騒がず、

「それが、銀座カンカン娘、というものだよ」

と、にっこり笑われたということである。

戦後のジャズ・ポップス界

ここで、戦後のジャズ界を少しふりかえってみよう。

ジャズ禁止の戦時下にあって、一個所、ジャズがおおっぴらに演奏できた職場があった。NHKの謀略を目的とした国際放送である。

このグループを中心とした松本伸の『ニュー・パシフィック・バンド』が戦後最初のジャズ・オーケストラといえる。が、これとほとんど期を一にして、堰《せき》を切ったように多くのジャズ・バンドが結成された。進駐してきた米軍のキャンプやクラブの需要に応じるためである。占領下の日本列島には、いたるところにG・I施設がもうけられ、慰安のためのバンドを必要としたのである。

一時は、猫もしゃくしもといった状態で、少しでも楽器を扱える者はバンドマンを志し、東京駅の北口や横浜駅などが即席バンドの市場となったことは有名な話である。

玉石混合で、さまざまなトラブルが生じ、そのためバンドの格付けを行なうことになった。審査委員会ができて、会長には野川香文氏、委員には現役の実力者たちが就任した。指揮の部とバンドの部があり、それぞれ、スペシャルA、スペシャルB、A、B、C、Dとランクをつけ、それ相応の職場と出演料が割り当てられる仕組みである。

スペシャルAだけを記しておくと、指揮の部は紙恭輔と菊地滋弥。バンドの部は、紙恭輔とアーニーパイル・オーケストラ。多忠修とゲイスターズ。後藤博とディキシーランダース。渡辺弘とスター・ダスターズ。バッキー白片とアロハ・ハワイアンズ。松本伸とイチバン・オクテット。芦田満とニュー・パシフィック・バンドなどであった。

これらのバンドが、戦後間もないころの代表的なジャズ・バンドだったということができよう。その中で、日本のジャズ復興の一つの大きな原動力であった『渡辺弘とスター・ダスターズ』にスポットを当ててみよう。

渡辺弘の若いころのことは前に書いた。戦時中は水の江瀧子の専属楽団として『楽団若い人』を主宰、田島己之助、上野正雄、浦野正、長谷川米子、加藤一男、白片力（バッキー）らと邦楽座でテナー・サックスを吹いたり、編曲、指揮も担当していた。

二十一年六月、進駐軍のために誕生した渡辺弘とスター・ダスターズは、最初スイング・バンドのフル編成ではじめられた。

初期のメンバーは、サックスの多忠修、坂口新、橋本淳、ブラスの南里文雄、谷口安彦、鶴田富士夫、リズムの杉原泰蔵、加藤一男、谷竜介、松田孝義らで固め、編曲は浅井挙華、川上義彦が担当。二十三年ごろは黛敏郎も編曲陣に参加していた。

このバンドが結成当時、進駐軍の高級将校宿舎であった第一ホテルのテストを受けたときに演奏した曲がホーギー・カーマイケルの名作『スターダスト』で、これで見事にパスしたので、バンド名を『スター・ダスターズ』と命名した。

第一ホテルとの契約は、二十一年から三十二年五月まで十一年間続行されたが、これは彼の仕事に対する誠実さを物語るもので、ことさら音にヤカマシイ進駐軍を相手に働くことは、よほどの良心的な演奏態度でないと信用されない。

しかし楽員のほとんどがバンマス級で、メンバーの移動はやむをえない。

多忠修はゲイスターズを、谷口安彦はスイング・プレミアを、南里文雄はホット・ペッパーズを、杉原泰蔵はスイング東京を作って独立した。

渡辺弘は次々に新しく優秀なプレヤーを網羅してメンバーの充実をはかった。松本文雄、鈴木敏夫、増田義一と大阪方面からも招いた。

月八回のラジオ出演や劇場へも進出するようになると、スイング編成に弦や木管を増し、次第にシンフォニックな傾向に発展して三十数人の豪華な大編成に変っていった。バイオリンの田島己之助をはじめ東響の一流メンバーが応援に加わったのもこのころだ。

『スター・ダスターズ』の初期の歌手には、ベティ稲田、ディック・ミネ、ヘレン本田が選ばれ、その後は笈田敏夫、ディーブ釜范、ナンシー梅木となり、二十三年はじめごろニュー・パシフィックから移った石井好子は、一年半ばかり専属となってジャズを歌っていたが、やがて渡米した。そのとき、渡辺弘は石井好子に託して『スターダスト』の作曲者ホーギー・カーマイケルに贈り物をした。彼からもメッセージが送られ、「スター・ダスターズ」の名はアメリカでも通用するようになった。

石井好子のあとがまに、当時青山学院の学生だったペギー葉山が登場して、二十五年九月から五年間専属歌手としてジャズの本格的リズムとフィーリングを身につけた。一流楽団の専属歌手となるには、その楽団のメンバーからいろいろの注文が出て、完全に融合するまでには大変苦労するものだ。アメリカでも実力あるソロシンガーは一流楽団の専属歌手の中から育っていった。ペギー葉山もこの時期がつらくても有意義な修業時代であったにちがいない。彼女は二十七年にキングと契約して『ドミノ』『火の接吻』『プリテンド』『ケ・セラ・セラ』などの吹き込みをしたが、ジャズ歌手が日本語で歌ったことがレコードとして成功した。いわば、ジャズ・ソングの戦後版だが、戦前のジャズ・ソングがもっていたある種の泥くささはなく、国際的に通用する日本のポピュラー・シンガーの誕生であった。

渡辺弘は、二十九年、招かれてアメリカへ音楽視察旅行へ出かけた。帰国後、ますます洗練された指揮ぶりとスマートな容姿をシンフォニック・ジャズ・コンサートのステージにあらわして満都のファンを熱狂させた。

彼の楽団から巣立った歌手のうち、ミヨシ・ウメキ（ナンシー梅木）、ペギー・ハヤマ、ヨシコ・

イシイはいずれも世界のヒノキ舞台で活躍している。また、『スター・ダスターズ』のメンバーのほどんどは、その後バンマス級になって若いジャズメンの育成に励んだ。

渡辺弘を日本のジャズ復興を促進した功労者の一人にあげるゆえんである。

戦後のジャズは進駐軍のキャンプによって育成されたといっても過言ではないが、二十六年九月に日米講和条約が締結されると日本列島から基地が減少して行き、従って多数のジャズメンが国内市場に流れ込んだ。

日本は空前のジャズ・ラッシュ時代を迎えることになる。

『南里文雄とホット・ペッパーズ』『渡辺普とシックス・ジョーズ』『与田輝雄とシックス・レモンズ』『鈴木章治とリズム・エース』『ジョージ川口とビック・フォー』などがこの時代の寵児となった。

今日まで残っている実力派のビック・バンドが次々に登場してきたのも、このころだ。

名司会者小島正雄（トランペット）、名アレンジャー馬渡誠一（アルト・サックス）や黛敏郎（ピアノ）など人材の宝庫であった『ブルー・コーツ・オーケストラ』は、バンマスも時代によって交替し、メンバーの出入りも多かったが、二十七年ごろから小原重徳がリーダーとなって黄金時代を築いた。『渡辺弘とスター・ダスターズ』と実力人気を二分したものである。

ダンス・バンドの代表格は『奥田宗宏とブルー・スカイ・オーケストラ』。このバンドも息が長く、現在オールド・ボーイズでクラリネットと編曲を受け持っている上野正雄もメンバーだったことがある。

『見砂直照と東京キューバン・ボーイズ』『宮間利之とニューハード』『原信夫とシャープス&フラッツ』が誕生したのも昭和二十五年前後である。

この戦後第一次のジャズ・ブームが引き潮になり、次に盛り上がった第二次のジャズ・ブームの推進者が秋吉敏子や渡辺貞夫のバークリー音楽院であったことはよく知られている。

＊

戦後のポップスについては、その鳥瞰図は厖大になるし、それぞれの分野で書物も多く出ているので、ここでは、ぼくにとって印象的な『三人娘』のエピソードをあげるのにとどめたい。

昭和二十二年九月、横浜国際劇場で笠置シヅ子と美空ひばりが同じ舞台に出演した。

ひばりは前座に『セコハン娘』を歌うといったが、笠置は『セコハン娘』を発売したばかりである（ブギはまだ出ていなかった）。同じ舞台で同じ曲を歌うのは困るということで、ひばりは『星の流れ』を歌った。これが、ひばりちゃんの初舞台で、かれんな少女が低音で歌う「こんな女に誰がした……」は、好奇心をもつ観衆にはうけた。

当時、笠置シヅ子は、

「センセー、子供と動物《いきもの》には勝てまへんなぁ」

と述懐していた。

それから同劇場の福島支配人がマネージャーとなり、二十四年に日劇へ出演した。そのとき、ぼくは三階の稽古場で母親につれられたひばりちゃんと初めて会った。

「この子は先生の曲が好きで、笠置さんの舞台は欠かさず見ています。どうぞ、よろしくお願いします」

とあいさつされた。横で、ピョコンと頭だけ下げてニヤッと笑った少女に、ぼくは不敵な微笑を感じた。この時分からすでに大物の片りんがうかがえたのか、ともかく、本舞台に現われたひばりの『東京ブギウギ』は歌い方も間奏の踊りも笠置そっくりで、観衆はヤレ『豆ブギ』だの『小型笠置』だのとヤンヤの拍手である。

ぼくも舞台の袖で見ていて、その器用さと大胆さに舌を巻いた。

『ヘイヘイブギ』『セコハン娘』『ジャングルブギ』と、笠置君が歌うぼくの曲はすべて美空ひばりには欠かせないレパートリーとなった。

ここで厄介な問題が起こった。

二十五年七月、ハワイの松尾興行に招かれてぼくと笠置シヅ子がハワイを振り出しにアメリカへ行くと決まったとき、美空ひばりと川田義雄もハワイの二世部隊に招かれて一ヵ月早く渡米することになった。

松尾興行から急な連絡が入った。せっかく「服部・笠置のブギコンビ」のキャッチフレーズで宣伝を進めているのに、ひばりが一足先にブギを歌って回り、そのあとで同じ曲目で笠置が回るのでは興行価値は低下する。なんとかして欲しいという要請である。

中間に立ってぼくは困った。だが、ブギは笠置シヅ子というパーソナリティーを得てこそヒットしたのだ。美空ひばりが歌うことは自由だが、それによって最初に歌った人が迷惑をこうむるのは、作曲者としてみるに忍びない。相手が子供だといっても理由にはならない。やむを得ず音楽著作権協会を通じて、今回の渡米中のみ作品の使用を停止する旨通告した。

マネージャーの福島通人の談話が新聞に出た。「著作権協会を通じて使用料は支払っている。いけないといわれたからはもちろん歌わないが、今度の渡米は二世部隊の四一二連隊第百大隊の記念塔建設基金募集興行だから、先方から注文された場合、歌わなければ問題が起こるんではないか」というものであった。

著作権協会へ信託があっても、著作権者本人の許可がないと演奏できなかった時代である。この場合、創唱した歌手を保護するのは当然の処置と考えねばなるまい。

あちらでひばりがブギを歌ったかどうかは知らないが、帰国後はさっそく『河童ブギ』『東京キッド』『お祭りマンボ』と自分のレパートリーを確立していった。少女期を脱してからは、ジャズのスタンダード・ナンバーにも挑戦し『A列車で行こう』『アゲイン』『スターダスト』などのレコードはジャズ・マニアの間でも大変評判になった。

美空ひばりの当時の悲憤が、彼女を大きく発展させ、今日の大をなす素因の一つになったという見方もできよう。

江利チエミと初めて接したのは、二十四年七月の有楽座公演のときであった。チエミは、ひばり、雪村いづみと同じ年で、当時、十二歳。ぼくが音楽を担当したエノケン・笠置の『お染久松』と、もう一本『あゝ世は夢か幻か』のほうに、エノケン・笠置の子供の役で出演し、舞台でブギを歌った。日劇のひばりのような派手な演技ではなかったためか、反響は今一つであった。

チエミちゃんの父親の久保益雄氏は、かつてはぼくと同様、劇場のボックスでピアノやクラリネットを吹いていたミュージシャンであり、母親の谷崎歳子さんは東京少女歌劇団出身の女優である。

このときの久保さんのあいさつは、

「この子は、カタコトをしゃべり始めたころから、母親の腰ひもを鴨居《かもい》にぶらさげましてね、カメの子だわしを結びつけて、それをマイクがわりに笠置シヅ子さんのマネばかりしていましたよ」

であった。笠置シヅ子が『ラッパと娘』や『センチメンタル・ダイナ』を歌っていたころからのファンだったというわけだ。

そのころ、銀座に『銀馬車』というフロリダの津田又太郎さんが経営していたナイトクラブがあった。バンドは与田輝雄（サックス）をリーダーとした、フランキー堺（ドラムス）、秋吉敏子（ピアノ）、松本文男（トランペット）らのシックス・レモンズで、ぼくは終戦後のジャズの傾向を研究するため毎夜のように通っていた。

ある日、昼間ダンスパーティーがあって『銀馬車』へ入ったら、ちょうどチエミが舞台で歌っていた。オヤジさんが、

「この子のブギをぜひ聞いてやってください。この前よりはずっとうまくなっているはずです」

といい、チエミに『東京ブギ』や『ヘイヘイブギ』を歌わせた。

なるほど、有楽座のときとはちがって、ビートがあり、子供の声から脱して巧みなフィーリングを身につけていた。チェミは小学校の六年生のころから進駐軍のキャンプ回りをしている。キングと契約の話もあるが。ぜひチエミのために新しい曲を書いてくれと頼まれた。

さいわい、それから間もなくキングで吹き込んだ『テネシー・ワルツ』が大ヒットした。続いて『ツー・ヤング』や『ビブデ・バビデ・ブー』『カモンナ・マイハウス』とますますレパートリーをひろげ、独特の個性ある歌をレコードに吹き込んだ。

その後、アメリカへ行き、帰国したチェミはジャズ・フィーリングに格段の進歩をみせ、ことに黒人唱法を身につけて他の追随を許さない実力を示すようになった。

彼女も日本のジャズ・ポップス界に一時代を画した歌手であり、多彩なエンターテーナーであったが、思いがけない不幸な死を遂げてしまった。

三人娘の最後は、雪村いづみ。

彼女のデビュー盤『思い出のワルツ』は、チエミが渡米している間にヒットした。歌手でも俳優でもちょっと旅行したり、病気になったりすると、そのチャンスに慧星《すいせい》のように新人が登場する。しかもS・ブロセンの『思い出のワルツ』は、チエミも帰国したら吹き込むつもりで本場のアメリカで練習していた曲だったというから油断もすきもないというものだ。

そのヒット中であろう、ぼくは大阪駅の夜のプラットホームでビクターの今村氏にいづみちゃんを紹介されたのを覚えている。おさげ髪の、ヒョロヒョロのカラスみたいな小娘という印象をうけた。

雪村いづみの名付け親は小林一三で、本名は朝日奈知《とも》子、通称トンコ。父親は昭和十二年ごろ、コロムビアの専属だったヒロ・カレジアンス（スチール岡見如雪、ギター平沢信一、ウクレレ岡見清直、富永卓治、バス小原重徳）の主宰者だった。

チエミは母親を亡くしたが、いづみは父親と死別しており、母親が腸結核で入院すると、一家は十五歳のトンコが働いて収入を得なければならなかった。

コロムビアのドラム田中和男の紹介で、試みにダンスホールで歌った「ビコーズ・オブ・ユー」の評判がよく、日劇ミュージックホールの丸尾長顕に認められて出演のチャンスを得た。

当時、チエミが『テネシー・ワルツ』で一躍大スターになって進駐軍回りの歌手に困っていたころだ。木倉マネージャーがいづみと契約し、月五万円の保証で一家の生活は救われた。キャンプのステージに立っても、最初はレパートリーがなく、毎回同じ『ビコーズ・オブ・ユー』とアンコールに『支那の夜』を歌うだけだった。

ビクターへ入った動機は、トンコが毎日のように行く日劇近くの喫茶店『エルデー』に吉田正、多忠修、磯部ディレクターらのビクターのスタッフも常連として現われていたことによる。ある夜、トンコと一緒に帰る途中、自動車の中でルノーのエンジンの音に負けないような大声を張りあげて歌い出すのを聞いていて、多忠修が気に入り、折りからアメリカで流行っていた『思い出のワルツ』をトンコ用に編曲して歌わせた。

ビクターの幹部に、磯部ディレクターとともに推薦したが、どうも草葉ひかる以来、子供の歌手では頭を痛めていて乗り気ではない。そこで、ゲイスターズの演奏で『思い出のワルツ』をアセテート盤で録音し、営業関係の試聴会の後で、

「実は、こんな新人がいるんですが」

と聴かせたら、アッという間に六千枚の予約があった。驚いた今村文芸部長が六千枚だけプレスしようと決裁して、発売の運びとなった。結局、新人雪村いづみの『思い出のワルツ』は、当時としては空前の百五十万枚の売り上げを記録することになる。

吹き込みのころ、日劇の『ジャズ・パレード』に出演して、ゲイスターズと『思い出のワルツ』『ジャンバラヤ』を歌い、一緒に出た先輩の歌手たちを完全に食ってしまったことも語り草として残っている。

その年の秋には新東宝で『ジャズ娘乾杯』に出演して映画にも進出、『ジャンケン娘』では、ひばり、チエミ、いづみ、の三人娘が共演し、以後、レコードにステージに映画に三人娘の時代が続く。

この中で、アメリカ生活の長い雪村いづみが、今日に至るまでジャズ・ポップス界のトップ・シンガーの地位を保っていることは誰しも認めるところである。

渡米と二千曲記念ショー

話は少しもどるが、昭和二十五年の三月十七日から十九日まで、大阪の朝日会館でアメリカ博覧会記念公演が催された。

小牧バレー団と関西交響楽団による『グランドバレー・アメリカ』で、曲目はドヴォルザークの『新世界交響曲』とガーシュインの『ラプソディー・イン・ブルー』である。同時に、ぼくがＮＨＫの世界の音楽で書いた曲をシンフォニック・ジャズに発展させた『アメリカ人の日本見物』の新作発表も行なった。

プログラムは、

第一部　バレー『新世界交響曲』ドヴォルザーク作曲、指揮・朝比奈隆
第二部　シンフォニック・ジャズ『アメリカ人の日本見物』服部良一作曲・指揮
第三部　バレー『ラプソディー・イン・ブルー』ガーシュイン作曲、指揮・服部良一

プロデューサーは佐藤邦夫氏。振付けはもちろん小牧正英氏であるが、バレー台本には詩人の竹中郁氏が当り、衣裳と装置は小磯良平画伯と吉原治良画伯が担当するという画期的な公演であった。

ぼくにとっては二重三重の喜びがあった。念願のシンフォニック・ジャズを書き上げ、ビッグ・ステージで発表できたこと。目標の音楽家の一人であったジョージ・ガーシュインの代表作を指揮できたこと。そして、今は亡きメッテル先生門下の同輩である朝比奈隆氏と一緒に大きな仕事ができたことである。

『アメリカ人の東京見物』は、東京でもシンフォニック・ジャズのコンサートをひらいて発表した。

この年——正月は有楽座で、エノケン・笠置シヅ子で『ブギウギ百貨店』と『天保六花撰』、二月は日劇で笠置・堺駿二の『ラッキー・サンディ』を担当し、東宝映画のために主題歌『山の彼方』、笠置シヅ子のために『買物ブギ』を、その他、コロムビアとビクターの専属歌手のために新曲を月に五、六曲書いてレコーディングするという相変らずのいそがしさだったが、年の後半の四カ月は日本をルスにした。

美空ひばりのところでちょっとふれたが、ハワイの松尾興行による企画で、七月から十月いっぱい、ぼくと笠置シヅ子のブギ・コンビでアメリカ横断ツアーを行なうことが決まったからである。

出発にさきだち、六月六日から十二日まで日劇で『ブギ海を渡る』の題名で「服部・笠置渡米歓送ショー」が上演された。

さて、羽田空港を飛び立ち、途中、太平洋上のウェーク島へ着陸したとき、島で『銀座カンカン娘』のレコードが聞こえる。ハワイの二世歌手による、いわゆる海賊盤で、『銀座カンカン娘』はハワイ本島でも大流行だった。

ホノルルには、ちょうどそのとき『オーケストラの少女』などの音楽映画で有名なMGMのプロデューサー、ジョー・パスターナックが滞在していて引き合わされた。

パスターナックは新しい映画に使用する音楽をハワイで探していて、『ビヨン・ザ・リーフ』と『カンカン娘』の二曲が最終選考に残っていると言い、ハリウッドへ帰って行った。彼が映画で取り上げれば世界的な大ヒットは確実ということだったが、日本語であることも理由の一つで、惜しくも『ビヨン・ザ・リーフ』に決まったようだ。もし、あのとき映画に使ってもらっていたら、今ごろはハリウッドで豪壮な邸宅住まいだったかも知れない。

ハワイでは『東京ブギウギ』や『買物ブギ』も大評判で、日本同様、歌詞の中の「ワテほんまによう言わんワ」や「おっさん、おっさん」が流行語になっていた。ぼくたちが町を歩いていると、それと知っている現地の人々に、

「おっさん、おっさん」

とぼくは呼びかけられるし、笠置君は、

「ワテほんまによう言わんワ」

と話しかけられ、ワテほんまによう言わんワ、であった。

⇧昭和25年、ハワイにて、服部と笠置シヅ子。

ホノルルの国際劇場の公演では、灰田勝彦君も郷土であるハワイにきていたので、彼がスチールギターをひいて自作の『鈴懸の径』などを演奏する一景を作った。また、作家でのちに文化庁長官になる今日出海氏も二世部隊の映画化のことでホノルルにきており、夜になると何もすることがないからと国際劇場にやってきて、裏方を手伝ってくれたことも忘れられない思い出だ。

ロスアンゼルスで、ブギの王様ライオネル・ハンプトンと交歓したのをはじめ、アメリカ本土各地で多くのミュージシャンと知り合いになり、共演もした。

ツアーの最終地ニューヨークでは、ライブハウスでビー・バップが盛んに行なわれていた。ブロードウェーではミュージカルの『南太平洋』や『キス・ミー・ケイト』が上演されており、大変刺激をうけた。

十一月初めに日本に戻ると、直ちに六日から二十日まで目劇で、帰国記念ショー『ホノルル・ハリウッド・ニューヨーク』を山本紫朗とぼくの共同演出で上演した。ここで、アメリカ・ツアー中に勉強した成果として『オール・マン・リバップ』(村雨まさを詞・笠置シヅ子歌)をはじめ『アロハブギ』(藤浦洸詞・笠置シヅ子歌)『ロスアンゼルスの買物』(村雨まさを詞・笠置シヅ子歌)『アメリカ土産』(村雨まさを詞・服部富子歌)『ハリウッド噂話』(村雨まさを詞・リズムシ・スターズ歌)などを発表した。

とくに『オールマン・リバップ』はジェロム・カーンの『ショウボート』の中の名曲『オールマン・リバー』にヒントを得て、これにジャズのビー・バップをもじって『オールマン・リバプ』としゃれたものである。

翌二十六年も日劇のショーでいそがしかった。正月の『ラッキー・カムカム』、五月の『ヘイ・オン・ジャズ』、六月の『ジャングルの女王』などである。いずれも笠置シヅ子が主演で、山本紫朗とぼくの共同演出だった。『ヘイ・オン・ジャズ』には南里文雄が特別出演してトランペットを吹きまくった。

同じ二十六年の暮れから、太平洋戦争前の『松竹楽劇団』でなつかしい帝劇に再び音楽担当として関係するようになる。

かつては笠置シヅ子が花形であったが、戦後の帝劇ミュージカルスは越路吹雪が主役である。プロデューサーは秦豊吉氏。

第一回が二十六年春の菊田一夫作『モルガンお雪』。第二回は『マダム貞奴』。ぼくは第三回の『お軽と勘平』から作曲を担当した。

『お軽と勘平』は越路とエノケンの顔合わせだったが、つづいて越路、エノケン、灰田勝彦の『美人ホテル』。越路と森繁久弥の『天一と天勝』。笠置、エノケン、筑紫まりの『浮かれ源氏』。田中路子、宮本良平、三木のり平の『喜劇蝶々さん』などを作曲し、愛弟子の小川寛興が指揮をした。

一方、このころ、東京映画（東宝配給）『夢よいづこ』（小田基義監督）に、灰田勝彦と共演するということもやっている。ぼくは地のままでよ

⇧昭和26年、映画『夢よいづこ』に灰田勝彦と共演。

い音楽家「羽鳥良」という役で、灰田君とからむ芝居の場がかなり多くあった。

この映画のプロデューサーは、ウェスタンで一世を風靡した小坂一也君の父親の小坂隆文氏で、小坂プロデューサーは、ぼくの厚演技（好演技にあらず）をほめてくれたものだ。

小坂氏はその後『箱根風雲録』の製作で思惑がはずれて大穴をあけ、再起不能になり、一也少年も十分に家庭の恵みを受けるわけにはいかなくなった。父の失敗をみてじっとしていられない彼は、ついに家を飛び出し、ころがりこんだのがワゴン・マスターズの原田実の家だった。

小坂一也はその原田実と、ウエスタン物に情熱をわかせていた作曲家のレイモンド・服部の尽力によって、やがてスターとして脚光を浴びるようになる。

レイモンド氏が彼のために書いたデビュー曲『ワゴン・マスター』が意外に売れ出した。そこで、コロムビアの松岡醇三プロデューサーが身を入れ、本格的に売り出すためつづいて吹きこんだ『シックスティーン・トーンズ』と『ハート・ブレーク・ホテル』は小坂一也の人気を決定的なものにした。

小坂一也の全盛期、昭和三十一年ごろの、彼がメインボーカルだった『ワゴン・マスターズ』のメンバーは、原田実、堀威夫、藤本精一、住吉尚、小山栄である。

＊

昭和二十六年十一月十五日から二十八日までの二週間、『服部良一作曲二千曲記念ショー』が日劇で催された。

ぼくの作曲帳に記されてある作品第一号は、出雲屋少年音楽隊時代に書いた『いづもダンス』で、安来節をベースにしたフォックストロットである。大正十三年八月十八日、十七歳のときの作曲だ。以後、二十七年の歳月が流れ、作品の数も二千曲に達したわけである。ぼくは四十四歳になっていた。

所属のコロムビアとビクターの全面的な応援で、第一週はコロムビア勢で藤山一郎、二葉あき子、笠置シヅ子、奈良光枝、岡本敦郎、池真理子、リズム・シスターズ。第二週はビクター勢で市丸、灰田勝彦、淡谷のり子、渡辺はま子、服部富子、そのほか胡美芳と黄清石が加わった。

演出は山本紫朗、指揮はかつてぼくから和声学のレッスンをうけた佐野鋤、服部逸郎(レイモンド)、原六朗、小川寛興で、『ヒット・パレード』三部二十六景の各景を分担して、颯爽と棒を振ってくれた。

第十三景が、ぼくのためにもうけられた登場のシーンで、燕尾服のぼくが美女に包まれて華やかにセリ上がってくる。そして、フロント・マイクで聴衆にあいさつするわけだが、ある日、どうしたことか舌がもつれて、

「本日は、ぼくの二千曲記念の……」

というべきを、

「本日は、ぼくの紀元二千……」

といってしまった。

戦時中、紀元二千六百年の式典が大々的に挙行され、国民からの公募歌謡『紀元二千六百年』が、いたるところで歌われた。紀元二千六百年は、ぼくらの世代の頭にこびりついている言葉であった。言いまちがいに気づいたが、さあ、どうにもあとがつづかない。お客はクスクス笑い出すし、何を言ってもへどもどになって、立ち往生したことがある。

それからは注意して、ゆっくりしゃべったが、二度ばかり同じ誤りをくりかえした。

千秋楽の最後のステージでは、歌舞伎の向こうを張って、流行歌界で初めてのソソリをやった。灰田勝彦が女装で『セコハン娘』を歌えば、渡辺はま子は野球選手の男装で『東京の屋根の下』を歌う。市丸姐さんがハイヒールにイブニングドレスの洋装で淡谷ばりに腕を組んで『別れのブルース』を歌えば、淡谷のり子は日本髪のカツラで着物を着てツマを取り市丸ばりの『三味線ブギ』で応酬する。笠置シヅ子は中国服で『バイバイ上海』を歌い、妹の富子はゲタばきかっぽう着で『買物ブギ』を歌った。

当夜の「玄人《くろうと》のど自慢」には、東海林太郎、ディック・ミネ、堺駿二、南里文雄が飛び入りでぼくの曲を歌い、バンマス・クラスのかつての仲間、後藤博（トランペット）、杉原泰蔵（ピアノ）、飯山茂雄（ドラムス）がトリオで特別出演、『牡丹の曲』を歌ってくれた。

『湖畔の宿』の高峰三枝子が撮影の都合で来られなくなったので、木暮実千代さんがフィナーレのステージに花束を持って現われた。ぼくは彼女のファンの一人であっただけに、思いがけない贈り物に胸がドキドキした。

木暮さんとは『花の素顔』の映画で知り合い、よく西荻窪まで省線でいっしょに帰ったことがある。『青い山脈』では、芸者梅太郎に扮し、匂うような美しさをまきちらしてくれた。

彼女は歌は得意ではないが、たった一曲、歌いたい好きな曲があるという。

「先生の曲ですよ」

と、妖艶な流し目だ。

「なんでしょう」

「昭和十五年か六年だったかしら、松竹に入って、主役がとれるようになったころ、先生の『誕生日の午後』というレコードをよく聞いていました。淡谷さんが歌っていましたけど。あの曲はすてきだわ」

『誕生日の午後』は彼女の記憶通り、十五年の十月に藤浦洸作詞、淡谷のり子の歌でレコードが出ている。ぼくは、さっそく、『誕生日の午後』を木暮さんの音域《キー》に合わせて、ぼく自身で念入りに譜面を作り、彼女にお届けしたという涙ぐましい思い出がある。

大阪でも『服部良一作曲二千曲記念ショー』を、日劇と同じ形で、大劇の舞台にのせた。

千秋楽の日の最終回で、ぼくは華やかに美女に囲まれて登場した。

指揮は、まな弟子の小川寛興。いつものファンファーレとちがって童

⇧昭和26年、『二千曲記念ショー』フィナーレ（右より、服部富子、笠置シヅ子、小川静江、渡辺はま子、淡谷のり子、山本照子、山本和子）。

謡の『桃太郎』が聞こえる。曲に合わして階段を降りて行ったが、ぼくのアダ名を「燻製《くんせい》の桃太郎」（サトウハチロー命名）と知ってのイタズラだ。

ここで毎回、ＯＳＫのラインダンスが出場する。

「おや？」

ぼくは目をこらした。

今宵のラインダンスは、ＯＳＫガールスにしてはどうも足が大根のように太い。足のあげかたも、もたつき加減だ。衣裳はそろいの紫色の超ミニだが、フト先頭を見て驚いた。

妹の富子ではないか。つづいて、笠置シヅ子、小川静江、渡辺はま子、淡谷のり子、山本照子、山本和子……と、女性歌手総出演のラインダンスである。

黄色い掛声をあげながら一生懸命、太めの足をあげて踊っているトップ・シンガーたちを見ているうちに、ぼくの全身が熱くなり、目の前がぼーっと涙でかすんでいったのを覚えている。

彼女たちは、ぼくをアッといわせようと、二、三日前から極秘の猛練習を重ね、衣裳も自分のサイズに合わせて縫い直し、胸をわくわくさせて本番にのぞんだということだ。

東京公演でのソソリといい、玄人のど自慢といい、大阪公演での桃太郎行進曲といい、ぼくの音楽にゆかりの深いスターたちのラインダンスといい、生涯忘れることのできない記念ショーの演出であり、何よりのプレゼントだと感謝にたえない。

休止符なき音楽人生

音楽は天の与えた妙音であり、作曲とは神のみが与え給うものである。それに比べれば、絵画や彫刻や他の芸術は、必ずしも直接的に感動して涙ぐむほどの感銘を与えるものではない。ここに、絵画のような静的芸術と、音楽に代表される動的芸術のちがいがあるのだろう。

真に人の心を打つものは、音楽の神秘性にまさるものはない。

最近、こんなことをふと考える。そして、振り返って反省すると、自分が果して、それに値する音楽家であるのか、真に音楽家として生命を賭してきたぼくだったのかと、自分が疑われてくる。

天下の名曲と称される作品は、作曲家が自分の身命を削って、音楽の神様に捧げてきた供物である。そこには、いわゆる純音楽と大衆音楽との区別はない。たとえ小品たりとも身命を削ったものであれば、聴く人に音楽の神秘性と美しさを感じさせる。最近、テレビで名曲アルバムを耳にし、ドリゴのセレナーデ、トロイメライ、エーデルワイスなどの演奏を聴いたとき、ぼくは単なる郷愁以上の何かを感じるのだ。

昭和二十六年に、二千曲記念ショーを催して以来、作品数はさらに増えて今日では三千曲に及んでいるが、そのすべてが音楽の神秘性にふさわしい価値ある作品であったとは、もちろん考えない。しかし、流行歌、ジャズに始まって、校歌、社歌に至るまで、少なくとも一貫して音楽の神秘性に捧げる姿勢で書いてきた。

ブルースもブギウギも交響的作品も同じことで、その一つずつに自己の芸魂を打ち込んできた。あるときは学校の校庭で、全児童、全職員、ＰＴＡとともに、その校歌に与えた神秘的なものに心打たれ、また、ある会社の社歌を書き、その発表の日に、全社員とともに大声を上げて心から歌いつづける社長の感激の涙も見た。

この光景、この姿勢こそ、音楽が他の芸術とことなり、直接に人の心に訴える特別の力があることを示している。それも、音楽家の真の創作意欲、まじり気なしの人間性が、何ものにもかえがたい神秘を生むのである。この気持ちを忘れず、ぼくはこれからも命のつづく限り書き通す決意である。

二千曲記念ショー以後のぼくの歩みを、簡単に述べておこう。

日劇ショーと帝劇ミュージカルスの仕事はつづいていた。レコードのほうで印象に残っているのは、昭和二十七年吹き込みの、宮城まり子の『東京ヤンチャ娘』と『恋は陽気にスイングで』のカップリングである。作詞はともに井田誠一。宮城まり子のデビュー曲だったと思う。午前六時前に、譜面を取りにわが家へ現われて、ぼくをめんくらわせたものだ。

二十七年は、そのほか『ジャパニーズブギ』(村雨まさを詞・東郷たまみ歌)、『秘めた恋』(佐伯孝夫詞・ナンシー梅木歌)、『恋のハバネラ』(村雨まさを詞・淡谷のり子歌)など二十五曲の新曲を吹き込んでいる。

二十八年は『薔薇色の月』(若水かほる詞・藤山一郎歌)、『バイバイ東京』(村雨まさを詞・服部富子歌)、『牧場の時計』(藤浦洸詞・中村メイコ歌)、『キツネうどんの唄』(西沢爽詞・笠置シヅ子歌)など十五曲。

二十九年は『ブルーラブ』(アルバート・ハーツ詞、柳沢真一歌)、『ヨットの唄』(秦豊吉詞・越路吹雪歌)、『東京シンデレラ娘』(井田誠一詞・宮城まり子歌)、『夜汽車の女』(平凡募集詞・二葉あき子歌)、『リスボンの一夜』(藤浦洸詞・織井茂子歌)など二十数曲。

三十年は『緑のアムブレラ』(南波哲詞・芦野宏歌)、『メイコの電話』(井田誠一詞・中村メイコ歌)、『南の恋唄』(村雨まさを詞・宝塚シスターズ歌)、『老水夫の歌』(藤浦光詞・高英男歌)など三十曲近くをレコーディングしている。

このころ、シャンソンを愛好する『新風社』と称する詩人と作曲家の集まりがあった。

青砥道雄、黒崎貞次郎を中心に、詩人では勝承夫、深尾須磨子、サトウハチロー、藤浦洸。作曲陣には橋本国彦、宅孝二、伊藤翁介にぼく。歌手は長門美保、木下保、笹田和子という純音楽と大衆音楽の組み合わせで、新曲の発表会を開いた。

勝承夫が省線の中でスリにゴッソリやられたとき、くやしかったがスリもやっぱり人の子じゃ、と途端に一編の詩を書いた。これをぼくが作曲して発表したのを、高英男がいつのころか歌い出したのが和製シャンソン『三人の掏摸《スリ》の歌』である。

芦野宏とは、彼が上野の音楽学校卒業前に、東郷青児の紹介状を持って吉祥寺の拙宅を訪れてきたのが最初の出会いである。

東郷青児画伯といえば、氏の愛嬢の東郷たまみを預かったことがある。同じころ、水谷八重子さんの可愛いいお嬢さん、水谷好重と伊東深水画伯の令嬢、朝丘雪路もわが家に歌のレッスンにきており、同じ年ごろの三人娘はたちまち大の仲良しになった。そこで、ぼくが、

「君たち三人で会をやったら」

とすすめると、三人はおどり上がって喜び、早速『ホワイトクリスマス』の練習をはじめた。そのうち何やらヒソヒソ話、おそろいの衣裳を作ることが先決問題なのだ。

「素敵なグループの名前をつけなくちゃ」

と雪路。

「グッとイカス名前よ」

と、たまみ。好重が身をのり出して提案した。

「どう、私たちどんなにじょうずになっても親のおかげだの、七光《ななひかり》などと言われるじゃない。だから、はっきり、七光会ッてつけたら」

「賛成！」

と全員。

「うまい！　それだッ」

と、ぼくも同意して、『七光会』が誕生したものである。

映画音楽の仕事でも相変らず忙殺されていた。

二十七年の『丘は花ざかり』（主題歌は、西条八十詞・藤山一郎歌）、二十九年は『わたしの凡てを』（市川崑監督、池部良・有馬稲子主演）、『土曜日の天使』（山本嘉次郎監督、山口淑子・森繁久弥主演）、『兄さんの愛情』（丸山誠治監督、池部良、久我美子主演）など。三十年は『制服の乙女たち』（青柳信雄監督、雪村いづみ、小林桂樹主演）ほか数本の音楽を書いている。

三十年代から四十年代にかけて、香港映画の音楽を十数本担当したことも忘れられない。

香港との縁は、前にも書いた上海時代の中国五人組の作曲家の一人の姚敏《ヤオミン》である。姚敏君は、上海当時、ぼくの許にきて和声学の勉強をしていた。その彼が戦後香港へ移住したので、彼の招きで何回も香港へ出かけて、キャセイ映画やショー・ブラザーズ映画の音楽監督をしたのである。『野瑰玖の恋』（WILD ROSE）『女秘書艶史』『香江花月夜』『花月良宵』といった作品が思い起こされる。すべて香港ミュージカル映画で、主題歌、插入歌を数限りなく書いた。

しかし、姚敏君が亡くなり、香港映画の傾向も変わったことから、香港へ行く興味を失った。

同じころ、日本では『ニュー・ポップス・コンサート』を自分が指揮してしばしば開催した。音楽には、クラシックとかポピュラーとかいった区別は本質的にはないというのがぼくの考え方で、とにかくいい音楽を大衆に親しんでもらいたいという気持ちからだった。この考え方はぼくの一生を通じて変わっていない。

＊

昭和三十三年、作曲家仲間の有志にはかり、レコード会社専属の作曲家たちに呼びかけて『日本作曲家協会』を作った。

最初は、わずか二、三十人の会員で、古賀政男氏を会長に、ぼくが理事長になって発足した。それが現在では五百数十人の会員を擁する社団法人に発展している。

五十三年に古賀氏が亡くなられたあと、ぼくが推されて会長になった。

作曲家協会の最初の仕事は、世界各国にあってわが国にはないディスク・グランプリの制定だった。それが『日本レコード大賞』で、レコード界の繁栄と発展向上を目ざし、作詞、作曲、歌手陣の奮起を促すのが目的である。

レコード会社や歌手たちの協賛を得て、第一回の発表演奏会を東京・文京公会堂で開いたのは昭和三十四年だったが、初めのころは世間の関心も薄かった。

会場の入り口の前で、

「ただいま美空ひばりが歌っています。無料ですから、お入りください」

と道行く人たちに大声で呼びかけたくらいたった。が、それでもステージの上の人員より観客席のほうが人数が少ないというありさまだった。

しかし、あれから二十数年たった今日では、レコード大賞の入場券はぼくにだって手に入らないほどに発展した。大賞のほか各賞の受賞者から、実力者、人気歌手、アイドル等が年々芸能界に進出して活躍し、文字通りレコード界の登竜門として社会に広く認識されるようになった。

作曲家協会はレコード大賞だけでなく、「日本の音楽を世界の人々に」のキャッチフレーズで、昭和四十五年から毎年一回シンフォニー・コンサートを開催し、作曲家の渡辺浦人氏を中心にシンフォニックな音楽の発表を行なっている。

また、昭和五十五年からは、これと並行して合唱曲の発表を行なう『合唱音楽会』も開いている。とかく音楽を純音楽、軽音楽と区別したがる日本の悪習を打破し、クラシック音楽とポピュラー音楽を握手させ、日本人の手による本当の日本の音楽、聴いて楽しい音楽をつくり出していこうというねらいだ。
作曲家協会の今後の役割は、国際的な視野に立ちながら、来たるべき次の時代を先取りしつつ、人間の心が真に求めている方向に、われわれの音楽を探究し確立していくことにあると思う。
音楽は、言葉の壁を越えて世界に通じるものである。音楽を通じて国際的な文化交流の手を差しのべたいというのは、ぼくの昔からの念願で

⇧昭和53年、第25回『日本レコード大賞』の授賞式。

あった。

昭和四十七年五月、東京の日本武道館で第一回『東京音楽祭』が開催されて以来、今日までずっとこの審査委員長を務めてきたのもその気持ちからである。

ぼくは、かつてギリシャのアテネ国際音楽祭やブラジルのリオ国際音楽祭にも審査員として出かけたことがあった。しかし、いずれも最近は開催されていないので、いまでは『東京音楽祭』が世界の目標とされるようになった。日本のポップスも、今や世界的なレベルに達していることは、こうした国際音楽祭での実績を見れば明らかである。

そこで考えるのは、日本の国技といわれる大相撲に賜杯や総理大臣賞があるように、『東京音楽祭』の国際性に対しても、同じような励ましの言葉や表彰があっても不思議はあるまいということである。どんなに外人の参加者や受賞者も感激することかと思う。

ますます国際性を発揮する日本の音楽のためにも、より一層の認識と理解をねがうや切なるものがある。

かえりみれば、ぼくの音楽人生もさまざまな紆余曲折があったことをしみじみ思う。

初めのほうで、大正時代の貧しかった少年の日の思い出や、当時の庶民生活についても書いたが、事実、昔は貧富の差が激しく、そのため進学もままならず、生涯を不遇をかこって生きるしかない人たちも少なくなかった。幸いにも、ぼくは家庭の愛情に恵まれて育てられ、音楽を求めて生きる道を知り、温かい恩師に恵まれて音楽家を志し、作曲家として立つことができた。

そのささやかな自分の体験を顧みながら、チャンスと環境に恵まれない若い人たちに、「学歴がこわくて世間が渡れるか」と、ぼくは強調したいのである。人はだれでも、努力と運によって一人前の社会人として生きていけると自信を持ってほしいのだ。

ぼくは幸い後継者にも音楽を志す二世、三世がいる。ことに長男の克久は成蹊高校を出てから音楽の勉強のためにパリへ留学して、ぼくの通ることのできなかったエリートコースを進み、国際性も十分身につけることができた。しかし、音楽の理論や方法を得ても、人の魂を揺り動かし感動を与えるものは、オタマジャクシの楽譜や楽器ではなく、その心であり、芸術性の神秘的な奥深さである。

だいそれた言い方だが、人はただ生きるために働き、学ぶのではなく、共に生きている人類のために何かをなすべきだと信じている。こんな浅学菲才の男が言うべき言葉ではないが、あえてそう言いたいのである。

長い人生には悲しいことも少なくなかった。中でも最も心が痛むのは、妹・富子の死である。ごく最近、昭和五十六年の五月十七日、入院先の茨城県古河市の日赤病院で亡くなった。五人きょうだいの末っ子で、最後まで残るべき者がいちばん早く死んでしまったのだ。

戦時中、妹は中国の北部、中部と前線慰問に出かけたが、そのとき、乗っていたトラックが壕に落ちて負傷した。横隔膜を強く打ったのだが戦地なので十分に処置しなかったのが、のちのちまで響いたのだろう。肝硬変ということだったが、最後は呼吸困難となり、切開手術でのどを開き、亡くなるまでの一週間は歌を忘れたカナリアのように声も出せず、話もできなかった。

声の出る間はうわごとのように、

「兄ちゃん、わたし絶対に死なないわネ、死ぬのはいやヨ」

と、よほど生に執着があったようだ。ときにはぼくの手を握って、

「ベートーベンは日本にもいるわネ、兄ちゃんよ。ニチベン、わたしの兄ちゃんは日本のベートーベン、ニチベン」

と、そのたわいない言葉にぼくは涙ぐみ、妹の手を固く握ってうなずいたが、

「全快したら兄ちゃんと一緒に暮らそうね」

と言って聞かせたぼくの言葉も、はかない夢となってしまった。

最愛の妹を亡くして以来、人生のはかなさを感じることしきりである。次々と身近な友も消えていく。芸術家の死は、とりわけ切なく悲しいものである。しかしぼくは、そうした悲しさ、寂しさにも耐えて、終りなき自分の道を進んでいかなくてはならない。

流行歌、ジャズ、映画音楽、劇音楽、ステージ、そして社歌、校歌など、過去に三千曲を作品帳に記したぼくだが、現在は交響的作品に生命を賭けている。

初心に帰るというが、かつてメッテル先生に師事したときから、いつか立派な交響的作品を書きたいという志を抱いていた。交響的な音楽によって、民族のポエジーを、日本特有の美しい魂の詩

を、描きたいというのがぼくの夢であった。
戦時中からぼくが手がけてきた交響的作品は十指を下らないが、ことに近年、その志向がますます募ってくる。
昭和四十二年の『還暦記念コンサート』では、坂本博士と二期会で一時間のオペラ『聖者の恋』を発表した。還暦というとすぐ赤い帽子とくるが、まだまだ元気でオペラも書けますという姿を見てもらったつもりだ。
四十六年には交響詩曲『ぐんま』。
四十九年には交声曲『大阪カンタータ』。
五十四年は交響詩『マウント富士』。
そして、五十六年十一月一日には、群馬県の委嘱によるグランド・ワルツ『グリーン利根』を群馬県民会館で初演した。
ヨハン・シュトラウスの『ブルー・ダニューブ』に対抗した野心作で、作詞は鈴木比呂志氏。
序　詩　川をさかのぼる
第一章　利根のみなかみ
第二章　グリーン利根
第三章　坂東太郎
第四章　水音

第五章　河童幻想
第六章　母なる河
第七章　河口絶唱

利根川は全長三百二十三キロ。水源をもち県内を縦断する群馬県はもとより、一千万東京都民も、この母なる大河の水によって生きているのだ。

ぼくは、作詞の鈴木氏と源流の丹後山・奥利根湖から太平洋に注ぐ銚子の河口まで、何度となく現地取材をして構想を練り、まだ先輩が手がけない利根川の雄大な姿とロマンと、流域の人々の心のふれあいを、感謝をこめて譜面に移した。

演奏は、群馬交響楽団のフルメンバー。それに二期会合唱団、群馬大附属小学校合唱団の熱唱で、ぼくは大観衆の前で力いっぱいタクトを振った。

四十一分にわたる交響詩である、燕尾服の全身が汗みどろになっていくのを覚える。家人や弟子たちは、ぼくの健康を気遣って、自から指揮にあたることにブレーキをかけるが、ぼくは作曲や指揮に疲れを感じることは少ない。感じても、さわやかな疲れで、すぐに回復する。ぼくは音楽家として、いつまでも指揮棒を振りつづけたいと思う。

また、メッテル先生は

「習ったことはなんでも応用して書きなさい。最後の仕事はオペラです」

と言って下さった。まだ清水脩さんや團伊玖磨さんのような本格的なオペラに手をそめるに至ってないが、夢は捨てない。夢を捨てては、だいいち恩師に申し訳がない。

ぼくにとっては若くして死んだガーシュインが一つの目標であり、彼の『ラプソディー・イン・ブルー』や『パリのアメリカ人』そして『ポーギーとベス』の偉大なる業績を見るとき、死んでもいいからぼくなりのシンフォニック・ジャズに新たに挑戦したいと考えている。

昭和四十四年に紫綬褒章を受け、五十四年には勲三等の叙勲にあずかった。これに価する仕事を成し遂げたいから、まだまだ現役から引退するつもりは露ほどもない。

はじめのほうでも述べたが、ぼくは明治四十年の生まれである。だが、人に聞かれたときは一九〇七年の生まれだと答えることにしている。西洋の巨匠と時代を比べて換算しなくてもすむし、明治生まれというだけで頭が古いと思われたくないからだ。

昭和五十五年から推されて『日本音楽著作権協会』の会長にも就任したが、音楽著作権は作詩家、作曲家にとって死活の問題であり、協会の仕事は責任重大である。

われわれとしては、その権益に値する作品を生み出すことが義務であるが、同時にこの国の音楽文化を愛する著作権利用者の方々が、詩や音楽に生きがいを感じる者のために、よりよい理解者になっていただくことを念願する。

⇧昭和44年、古関裕而とともに紫綬褒賞を受賞。

ぼくの音楽人生には休止符はない。生命のつづくかぎり、絶え間なく作曲活動を行ない、同時に作曲家協会と音楽著作権協会の仕事に奉仕する決意を持っている。

あとがき

大正の末期に音楽に身を投じることは、かなり勇気を要することだったが、大阪で生まれて、大阪の商人《あきんど》になることを目的としていたぼくには、日本の戦前戦後の激動期を通じて、現在に至るまで、音楽で身を立てることができたことに、天を仰ぎ、地に伏して神に感謝を捧げたい。

西洋人には西洋音楽、日本人には琴、尺八、三味線と定められた時代が、明治、大正、昭和へと移行して、ぼくはドレミの音階で育った。

しかし、作曲だけは天の与えられるもの、特殊の音楽家が達成できるものと信じていた。それが何千曲と書き、六十年も続いていることは、自らを認めざるを得ない責任感がある。童謡、歌曲、ブラスバンド、オーケストラ、大衆歌曲、ジャズ、歌謡曲、校歌、社歌を書き、交響的作品を目指す。もちろん、恩師メッテル先生に誓った以上、一路これに邁進する。

かつて関東大震災のとき、上野の山へ避難された西条八十先生が、一少年のハーモニカによって、歌こそ大衆に与える偉大さを悟り、大衆歌、流行歌に筆を染められ、不世出の詩人は大衆歌曲王となった。

尊敬する西条八十先生の生きざまを信じて、我が道を行く。

ぼくの為し得ないことは長男や孫に、そして、共に学んだ門弟の誰かに受け継いで欲しい。

音楽人生六十年を一つの区切りとして、強いすすめがあって、ぼくの歩んできた道をまとめることにした。

比較的記録の少ない戦前、戦中に力点をおいて、ぼく自身の体験と見聞をありのままに記述したが、限られた紙面なので書き残した事柄が非常に多い。機会があれば、戦後中心のジャズ史と交友録を綴りたいと思う。

記憶をたしかめるためにも幾つかの著書を参考にさせていただいた。また、資料の整理、写真、作品リストの作成等に、堀江和男、瀬川昌久、横山脩、藤山皓三、および日本文芸社の書籍編集部水野修の各氏の協力を得た。ともども謝意を表したい。

昭和五十七年九月

服部良一

服部良一略歴・主要作品リスト

服部良一略歴

明治40年（1907）	0歳	10月1日、大阪・本庄で生まれる。	
大正3年（1914）	7	4月、大阪・東平野尋常高等小学校入学。	第一次世界大戦（7月）
大正10年（1920）	14	4月、大阪實践商業学校入学。	※大恐慌起こる
大正12年（1923）	16	9月1日、出雲屋少年音楽隊へ入隊。	関東大震災（9月）
大正13年（1924）	17	3月、大阪實践商業学校卒業。	
大正14年（1925）	18	5月、出雲屋少年音楽隊解散。	※不景気時代
		以後、ジャズバンド、大阪フィルハーモニック・オーケストラ等で演奏活動。エマヌエル・メッテル氏に師事。タイヘイ・レコードなどで編曲・作曲。	※道頓堀ジャズ全盛期 ※ラジオ放送開始（T14） 満州事変起こる（S6・9月）
昭和8年（1933）	26	8月26日、上京。	国際連盟脱退（3月）
昭和9年（1934）	27	2月、ニットー・レコードと契約。音楽監督となる。	満州帝政実施（3月）
昭和10年（1935）	28	12月8日、帝国ホテルで音楽結婚式。	
昭和11年（1936）	29	2月、コロムビアに専属作曲家として入社。	二・二六事件（2月）
昭和12年（1937）	30	7月、『別れのブルース』発売される。	日中戦争起こる（7月）
昭和13年（1938）	31	3月、中支前線慰問団に参加。	国家総動員法成立（3月）
		4月、帝劇の松竹楽劇団に加入。	
		以後、レコード、ステージ、放送、映画音楽と多彩な活動。	太平洋戦争開戦（S16・12月）
昭和19年（1944）	37	6月、陸軍報道班員として中国へ渡る。	B29東京初空襲（12月）
昭和20年（1945）	38	8月、上海で終戦をむかえる。	原爆投下、終戦（8月）
		12月、帰国。直ちに、多彩な音楽活動を再開。	※戦後の混乱時代

昭和22年（1947）	40	12月、『東京ブギウギ』発売される。	
昭和23年（1948）	41	フリーとなり、以後主としてコロムビアとビクターで作曲活動。	
昭和24年（1949）	42	3月、『青い山脈』発売される。	湯川秀樹ノーベル賞受賞（11月）
昭和25年（1950）	43	7月から10月まで渡米。	
昭和26年（1951）	44	『二千曲記念ショー』を東京と大阪で公演。	平和条約調印（9月）
昭和33年（1958）	51	日本作曲家協会設立、理事長に就任。	※ロカビリー大流行
昭和42年（1967）	60	還暦記念コンサートでオペラ『聖者の恋』を発表。	※エレキ・ギターブーム
昭和44年（1969）	62	紫綬褒章を受ける。	アポロ11号月面に人類第一歩
昭和47年（1972）	65	東京音楽祭を創設、審査委員長に就任。	
昭和53年（1978）	71	日本作曲家協会会長に就任。	古賀政男没
昭和54年（1979）	72	勲三等を叙勲。 交響詩『マウント富士』発表。	
昭和55年（1980）	73	日本音楽著作権協会会長に就任。	
昭和56年（1981）	74	交響詩『グリーン利根』を発表。	
昭和57年（1982）	75	10月、『ぼくの音楽人生』出版記念パーティー。	
昭和59年（1984）	77	10月、喜寿コンサート。	ロスオリンピック開催
昭和60年（1985）	78	12月8日、帝国ホテルにて金婚式。	
昭和61年（1986）	79	『昭和ラプソディ』自伝テレビ放映。	笠置シヅ子没
平成４年（1992）	85	レコード大賞音楽文化賞を受ける。 『服部良一祭』（大阪城ホール）開催。 『服部家の人々』（アートスフィア）公演。	
平成５年（1993）		1月30日没（享年85歳）、国民栄誉賞を受ける。	

服部良一主要作品リスト

＊〔　〕内は、C＝コロムビア、CR＝クラウン、CRY＝クリスタル、コッカ＝コッカレコード、K＝キング、N＝ニットー、PO＝ポリドール、TA＝タイヘイ、TE＝テイチク、TO＝東芝、V＝ビクター、無印は演奏用、ステージ用、委嘱、の略
●大正13年（1924）

「いづもダンス」（フォックストロット）

●大正15年・昭和元年（1926）

「よいどれ」（フォックストロット）／BK放送
「凡ては清し死によりて」詞・井上／試作
「なみだ」詞・間司つねみ／試作
「故郷（くに）の便り」詞・河津夏子／試作
「別離」詞・間司つねみ／試作
「我が胸にのぞみあり」詞・村雨まさを／試作
「わたり鳥」詞・間司つねみ／試作
「蛙のたわごと」詞・村雨まさを／試作
「深山のさくら」詞・西条八十
「病める母へ」詞・村雨まさを／試作
「DECK-CAN-SHOW」（デッカンショー）ダンス曲
「夜のなぎさ」詞・間司つねみ／ダンス曲
●昭和2年（1927）

「きりぎりすの歌」詞・村雨まさを／童謡
「哀愁」詞・みどり／未発表

●昭和4年（1929）

「おしろい花」詞・時雨音羽／未発表

●昭和5年（1930）

「郵便屋さん」詞・村雨まさを／童謡〔コッカ〕
「馬子唄」詞・平井潮湖／歌・黒田進〔C〕

●昭和6年（1931）

「淋しい支那港の夜曲」詞・松本英一／歌・黒田進〔TA〕
「噫中村大尉」詞・松本英一／歌・黒田進〔TA〕
「噫井上中尉夫人」作詞者不明／歌・黒田進〔TA〕
「大満州軍行進曲」作詞者不明／歌・上野勝教

「馬賊討伐の唄」詞・松本英一／歌・上野勝教〔TA〕

●昭和7年（1932）

「嘆きの夜曲」詞・西岡水朗／歌・黒田進〔TA〕
「月の出潮」詞・島田芳文／歌・月村光子〔TA〕
「あゝ美しの恋の君」詞・鹿山映二郎／歌・月村光子〔TA〕
「肉彈三勇士」歌・上野勝教〔TA〕
「夏祭りルンバ」詞・島田芳文／歌・黒田進〔TA〕
「恋の小夜曲」詞・西岡水朗〔TA〕
「オーバー・ザ・ヒル」詞・松本英一／歌・黒田進〔TA〕
「湖上の月」詞・島田芳文〔TA〕
「過ぎた昔が花なのよ」詞・畑喜代司／歌・小花〔TA〕

●昭和8年（1933）

「過ぎにし夢」詞・塚本篤夫／歌・月村光子〔TA〕
「春の丘」詞・島田磬也／歌・月村光子〔TA〕
「嘆きの渡り鳥」詞・塚本篤夫／歌・黒田進〔TA〕
「三原は晴れて」詞・塚本篤夫／歌・黒田進〔TA〕
「中矢孝二君を偲びて」詞・村雨まさを
「浜へ出て見りゃ」詞・野村俊夫／歌・黒田進〔TA〕
「虹は七色」詞・島田磬也／歌・川島信子（月村光子）〔TA〕
「渚の唄」島田磬也／歌・川島信子（月村光子）〔TA〕
「僕のプロムナード」詞・戸張もりを〔TE〕
「夢を残して」詞・小沼宏〔TE〕
「仰ぐ大空」詞・畑喜代司／歌・東海林太郎〔K〕
「思い出草」詞・田井美春／歌・松島詩子〔N〕
「夕陽に泣く」詞・松村又一／歌・松島詩子〔N〕
「故郷追われて」詞・松村又一／歌・黒田進〔N〕
「結ばぬ夢」詞・久保田宵二／歌・ミスコロムビア〔C〕
「港の丘に」詞・坂村眞民／歌・松平晃〔C〕
「佐渡が恋しゅて」詞・野村俊夫／歌・小花〔N〕
「水郷の唄」詞・島田磬也／歌・大山利夫〔TA〕

●昭和9年（1934）

「アカシヤの月」詞・佐々木緑亭／歌・林伊佐緒〔N〕
「強いようでも」詞・西岡水朗／歌・松島詩子〔N〕
「夜霧の街」詞・島田磬也／歌・由利文子〔N〕
「さくらおけさ」詞・野口柾夫／歌・美ち奴〔N〕
「うららか音頭」詞・野口柾夫／歌・美ち奴〔N〕
「つぼみの花」詞・西岡水朗／歌・小花〔N〕
「野辺の花」詞・篠崎雅彦／歌・松島詩子〔N〕
「野の光」詞・島まさき／歌・黒田進〔N〕
「根室音頭」詞・浦信一／歌・美ち奴〔N〕
「高千穂音頭」詞・平山芦江／歌・美ち奴〔N〕

「海の子守唄」詞・西岡水朗／歌・明本京静〔N〕
「港の別れ唄」詞・西岡水朗／歌・きみ栄〔N〕
「夏まつり」詞・吉井勇／歌・三上静雄〔N〕
「涙の舟唄」歌・きみ栄〔N〕
「宵恋し」詞・吉井勇／歌・林伊佐緒〔N〕
「フー」（編曲）歌・川畑文子〔C〕
「片しぐれ」詞・高橋掬太郎／歌・きみ栄〔N〕
「菊水音頭」詞・松村又一／歌・美ち奴〔N〕
「多助の歌」詞・高橋掬太郎／歌・林伊佐緒〔N〕
「東奥音頭」当選歌／歌・美ち奴〔N〕
「夏の行進曲」詞・島田芳文／歌・黒田進〔N〕
「そのまま別れて」詞・西岡水朗／歌・美ち奴〔N〕
「あゝ満州」（編曲）曲・永井巴／歌・美ち奴〔N〕
「糸のもつれ」詞・松村又一／歌・松島詩子〔N〕
「時雨三度笠」詞・久保田宵二／歌・林伊佐緒〔N〕
「かぼちゃでも」詞・清水かつら／歌・美ち奴〔N〕
「月も泣くかよ」詞・吉井勇／歌・林伊佐緒〔N〕
「東京かっぽれ」詞・伊藤松雄／歌・小花〔N〕
「たまのチャンス」詞・西岡水朗／歌・美ち奴〔N〕
「浅草おけさ」詞・戸張もりを／歌・美ち奴〔N〕
「胡弓の調」詞・伊藤松雄／歌・美ち奴〔N〕
「思い出す時ゃ」詞・宮本旅人／歌・林伊佐緒〔N〕
「波浮の夕凪」詞・松村又一／歌・小花〔N〕
「月の城ヶ島」詞・島田芳文／歌・日置静〔N〕
「旅で暮せば」詞・島田芳文／歌・黒田進〔N〕
「雨の小窓に」詞・最上洋／歌・小花〔N〕
「讃えよ春」詞・島田芳文／歌・黒田進〔N〕
「草笛吹けば」詞・島田磬也／歌・林伊佐緒〔N〕
「熱血ぶし」詞・西岡水朗／歌・金浜巌男〔N〕
「桜かっぽれ」詞・伊藤松雄／歌・小花〔N〕
「夜の浜辺」詞・村雨まさを／歌・藤川光男、北村喜久江〔CRY〕

●昭和10年（1935）

「流線型ジャズ」詞・藤原山彦／歌・志村道夫〔CRY〕
「僕等のハイキング」詞・島田磬也／歌・志村道夫〔N〕
「恋占い」詞・松村又一／歌・金子多代〔N〕
「港マドロス」詞・島田磬也／歌・志村道夫〔N〕
「明るい街強い街」歌・黒田進〔N〕
「春のコーラス」詞・伊藤松雄／歌・きみ栄〔N〕
「意想曲一九三六年」管弦楽、一管編成〔CRY〕
「気前を見せて」詞・西岡水朗／歌・黒田進〔N〕
「社頭の遺児」（浪花節）
「花見かっぽれ」詞・伊藤松雄／歌・小花〔N〕
「カスタネット・タンゴ」詞・奥野椰子夫／歌・林伊佐緒〔CR〕

「若草小唄」大連依頼歌／歌・美ち奴
「辛い別れも」詞・松村又一／歌・美ち奴〔N〕
「八戸みなと音頭」詞・東海林照／歌・美ち奴〔N〕
「八戸大漁節」詞・月舘秀雄／歌・美ち奴〔N〕
「星を仰いで」歌・松島詩子〔N〕
「はいよ節」詞・藤原山彦／歌・美ち奴〔N〕
「夕月見れば」詞・松村又一／歌・市川春代〔N〕
「送りましょう」詞・大木惇夫／歌・小花〔N〕
「曠野の渡り鳥」詞・萩原露情／歌・日置静〔N〕
「南国の夢」詞・西岡水朗／歌・奥田英子〔TA〕
「雪の曠野」詞・松村又一／歌・林伊佐緒〔N〕
「ジャズかっぽれ」詞・村雨まさを／歌・リズム・ボーイズ〔N〕
「初春ばやし」詞・伊藤松雄／歌・小花、美ち奴〔N〕
「満州音頭」詞・平山芦江／歌・美ち奴〔N〕
「朝の紅茶を召し上がれ」歌・服部富子〔N〕
「咲いた桜に」詞・松村又一／歌・きみ栄〔N〕
「夏やなぎ」詞・大木惇夫／歌・林伊佐緒〔N〕
「スキーぶし」詞・西川林之助／歌・林伊佐緒〔N〕
「天竜しぶき」詞・藤原山彦／歌・きみ栄〔N〕
「招く椰子の葉」歌・松島詩子〔N〕
「空を眺めて」詞・松坂直美／歌・内海四郎〔N〕
「神戸裏山ハイキングの唄」詞・久保田宵二／歌・黒田進〔N〕
「恋のカヌー」詞・西川晧庸／歌・志村道夫〔N〕
「みなと行進曲」詞・吉井勇／歌・林伊佐緒〔N〕
「大名古屋ばやし」詞・穂積久／歌・小花〔N〕
「新名古屋甚句」詞・穂積久／歌・美ち奴〔N〕
「添えぬ花なら」詞・高橋掬太郎／歌・小花〔N〕
「浮世こおろぎ」詞・大木惇夫／歌・澤雅子〔N〕
「しぐれ恋路」詞・野村俊夫／歌・喜代丸〔N〕
「東京さわぎ」詞・伊藤松雄／歌・小花、他〔N〕
「大阪さわぎ」詞・伊藤松雄／歌・小花、他〔N〕
「津軽恋しや」詞・西岡水朗／歌・美ち奴〔N〕
「曠野の月」歌・黒田進〔N〕
「口紅といて」詞・松村又一／歌・宮下礼子〔N〕
「塹壕の夢」詞・伊藤松雄／歌・虎龍〔N〕
「浪花うぐいす」歌・虎龍〔N〕

●昭和11年（1936）

「おしゃれ娘」詞・久保田宵二／歌・淡谷のり子、リズムシスターズ〔C〕
「涙の母子草」詞・久保田宵二／歌・関種子〔C〕
「あゝ無情」詞・久保田宵二／歌・豆千代〔C〕
「青春涙あり」詞・西岡水朗／歌・桜井健二〔C〕
「さても銀座は」詞・高橋掬太郎／歌・中野忠晴〔C〕

「ほろ酔い行進」詞・千島時雨郎／歌・新橋みどり〔C〕
「草津ジャズ」コロムビア・ジャズ・バンド〔C〕
「お江戸日本橋」歌・リズム・ボーイズ〔C〕
「東京見物」詞・西条八十／歌・中野忠晴、リズム・ボーイズ〔C〕
「僕にゃ二本の足がある」詞・サトウハチロー／歌・コロムビア・リズム・ボーイズ〔C〕
「舗道の薔薇」詞・藤浦洸／歌・ベティ稲田〔C〕
「恋の街」詞・藤浦洸／歌・宮川はるみ〔C〕
「夢見る心」歌・リキー宮川〔C〕
「月に踊る」詞・藤浦洸／歌・二葉あき子、リズム・シスターズ〔C〕
「八丈娘」詞・佐藤惣之助／歌・音丸〔C〕
「あなたのままよ」詞・久保田宵二／歌・ベティ稲田〔C〕
「ビロードの月」詞・藤浦洸／歌・二葉あき子、リズムシスターズ〔C〕
「ジャズ数え歌」詞・野村俊夫／歌・三益愛子〔C〕
「銃後大島くずし」詞・松村又一／歌・菊地章子〔C〕
「可愛い瞳」詞・久保田宵二／歌・松平晃〔C〕
「南国のセレナーデ」詞・藤浦洸／歌・二葉あき子〔C〕
「街のピエロ」詞・久保田宵二／歌・霧島昇〔C〕
「明るい月夜」詞・サトウハチロー／歌・藤山一郎〔C〕
「東京万歳」詞・久保田宵二／歌・豆千代〔C〕
「お夏清十郎」詞・時雨音羽／歌・橋本一郎〔TA〕
「愁いの眉」詞・松坂直美／歌・松平晃〔C〕
「流浪の夢」詞・高橋掬太郎／歌・松平晃〔C〕
「北海ぞめき」詞・伊藤松雄／歌・新橋みどり〔TA〕
「日本よい国」今中楓溪／歌・奥田良三〔C〕
「そこだそこだよ」詞・松村又一／歌・中野忠晴、リズム・ボーイズ〔C〕
「歌うサキソホン」詞・村雨まさを／歌・松平晃〔C〕
「旅の峠路」詞・高橋掬太郎／歌・伊藤久男〔C〕

●昭和12年（1937）

「霧の十字路」詞・高橋掬太郎／歌・森山久〔C〕
「悲しき孤児」詞・村雨まさを／歌・松平晃〔C〕
「二人の愛情」詞・久保田宵二／歌・豆千代〔C〕
「山寺の和尚さん」詞・久保田宵二／歌・中野忠晴、コロムビア・リズム・ボーイズ〔C〕
「希望の船」詞・佐藤惣之助／歌・奥田良二〔C〕
「作業服」詞・深尾須磨子〔C〕
「民謡ラプソディー草津節」詞・大木惇夫（NHK）
「銃後の母子草」詞・久保田宵二／歌・二葉あき子〔C〕
「ありがとうさん」詞・サトウハチロー／歌・岡本敦郎〔C〕

「泪のタンゴ」詞・奥山靉／歌・松平晃〔C〕
「酒場の思い出」詞・高橋掬太郎／歌・二葉あき子〔C〕
「涙ぐましい」詞・村雨まさを／歌・豆千代〔C〕
「別れのブルース」詞・藤浦洸／歌・淡谷のり子〔C〕
「追分」コロムビア・ジャズ・バンド〔C〕
「さすらいの夕べ」詞・高橋掬太郎／歌・崔承喜〔C〕
「海のパラダイス」詞・藤浦洸／歌・二葉あき子〔C〕
「月影の丘」詞・藤浦洸／歌・由利あけみ〔C〕
「楽しい奉公班」詞・国民奉公会制定〔C〕
「私のトラムペット」詞・村雨まさを／歌・淡谷のり子／トラムペット・南里文雄〔C〕
「荒城の月（変奏曲）」（編曲）／（BK放送）
「静御前」台本・深尾須磨子／歌・二葉あき子／語り手・岡田嘉子（BK放送）
「ヤッタナ」詞・佐藤惣之助／歌・中野忠晴、リズム・ボーイズ〔C〕
「何をくよくよ」詞・西岡水朗／歌・中野忠晴、コロムビア・リズム・ボーイズ〔C〕
「沈黙の凱旋に寄す」詞・新居あずま／歌・JOBK合唱団〔C〕

●**昭和13年（1938）**

「日本大好き」詞・野村俊夫／歌・コロムビア・リズム・ボーイズ〔C〕
「もしもし亀よ」詞・久保田宵二／歌・コロムビア・リズム・シスターズ〔C〕
「カレッジ・ソング」詞・西条八十／東宝映画『鉄腕都市』主題歌〔C〕
「鉄腕三銃士」詞・西条八十／東宝映画『鉄腕都市』主題歌〔C〕
「バンジョーで唄えば」詞・藤浦洸／歌・中野忠晴〔C〕
「雨のブルース」詞・野川香文／歌・淡谷のり子〔C〕
「武人の妻」詞・高瀬千鶴子／歌・渡辺はま子〔C〕
「南京みやげ」詞・西条八十／歌・ミスコロムビア〔C〕
「上海みやげ」詞・西条八十／歌・松平晃〔C〕
「月のセレナーデ」詞・藤浦洸／歌・松平晃〔C〕
「あなたくるなら」詞・久保田宵二／歌・豆千代〔C〕
「ジャズ浪曲」詞・服部良一／歌・コロムビア・ナカノ・リズム・ボーイズ〔C〕
「想い出のブルース」詞・松村又一／淡谷のり子〔C〕
「桜散る頃」詞・野村俊夫／歌・服部富子〔C〕
「中支の印象」管弦楽（BK放送）
「たそがれの小鳥」詞・サトウハチロー／歌・淡谷のり子〔C〕
「若人の春」詞・サトウハチロー／歌・松平晃〔C〕
「雪の丘越え」詞・サトウハチロー／歌・伊藤久男〔C〕

「さすらいのギター」詞・藤浦洸／歌・霧島昇〔C〕
「散りゆく花」詞・野川香文／歌・淡谷のり子〔C〕
「青い部屋」詞・サトウハチロー／歌・淡谷のり子〔C〕
「その火絶やすな」詞・北原白秋／国民歌謡〔C〕

●昭和14年（1939）

「夢去りぬ」（英語）詞・ビック・マックスウェル／歌・ファクトマン、霧島昇〔C〕
「若きこの春」詞・サトウハチロー／歌・松平晃〔C〕
「馬車よ何処まで」詞・サトウハチロー／歌・伊藤久男〔C〕
「愛国行進曲」（ジャズ編曲）コロムビア・ジャズ・バンド〔C〕
「乙女雲」詞・藤浦洸／歌・奈良光枝〔C〕
「港のかもめ」詞・久保田宵二／歌・松平晃〔C〕
「船頭旅唄」詞・林柳波／歌・音丸〔C〕
「陣中想妹」詞・森脇正夫／歌・霧島昇〔C〕
「鈴蘭物語」（「夢去りぬ」と同曲）詞・藤浦洸／歌・淡谷のり子〔C〕
「一杯のコーヒーから」詞・藤浦洸／歌・霧島昇、ミスコロムビア〔C〕
「雨の銀座」詞・サトウハチロー／歌・志村道夫〔C〕
「旅の喫茶店で」詞・高橋掬太郎／歌・霧島昇〔C〕
「広東ブルース」詞・藤浦洸／歌・渡辺はま子〔C〕
「銀座の舟唄」詞・村雨まさを／歌・藤山一郎〔C〕
「真昼の夢」詞・久保田宵二／歌・加古三枝子〔C〕
「東京ブルース」詞・西条八十／歌・淡谷のり子〔C〕
「丘の細径」高橋掬太郎／歌・二葉あき子〔C〕
「夢によく似た」詞・サトウハチロー／歌・二葉あき子〔C〕
「日本娘のハリウッド見物」詞・村雨まさを／歌・笠置シヅ子〔C〕
「どこのどの街」詞・サトウハチロー／歌・松平晃〔C〕
「明るい月夜」詞・サトウハチロー／歌・藤山一郎〔C〕
「アデュー上海」詞・藤浦洸／歌・渡辺はま子〔C〕
「懐かしのボレロ」詞・藤浦洸／歌・藤山一郎〔C〕
「あゝふるさと」詞・長田恒男／歌・松平晃〔C〕
「ラッパと娘」詞・村雨まさを／歌・笠置シヅ子〔C〕
「キューバの月」詞・野村俊夫／歌・ミスコロムビア〔C〕
「小鳥売の唄」詞・サトウハチロー／歌・松平晃〔C〕
「港の別れ」詞・高橋掬太郎／歌・奥山彩子〔C〕
「肩を並べて」詞・サトウハチロー／歌・藤山一郎〔C〕
「鳩の手紙」詞・サトウハチロー／歌・藤山一郎〔C〕
「夜のプラットホーム」詞・奥野椰子夫／歌・淡谷のり子（発禁）〔C〕
「タンゴ大阪」詞・松村又一／歌・二葉あき子〔C〕

「悲しいロケット」詞・藤浦洸／歌・淡谷のり子〔C〕
「センチメンタルダイナ」詞・野川香文／歌・笠置シヅ子〔C〕
「ロッパ歌の都へ行く」詞・上山雅輔／歌・古川ロッパ〔C〕
「いとしあの星」詞・サトウハチロー／歌・渡辺はま子〔C〕
「古いロマンス」詞・藤浦洸／歌・淡谷のり子〔C〕
「チャイナ・タンゴ」詞・藤浦洸／歌・中野忠晴〔C〕

●昭和15年（1940）

「初夢同志使節」詞・山下良三／歌・渡辺はま子（BK放送）
「女心のブルース」詞・西条八十／歌・奥山彩子〔C〕
「湖畔の宿」詞・佐藤惣之助／歌・高峰三枝子〔C〕
「春の夜の夢」詞・久保田宵二／歌・二葉あき子〔C〕
「初恋小唄」詞・西条八十／歌・ミスコロムビア〔C〕
「嬉しい日曜日」詞・サトウハチロー／歌・加賀美一郎〔C〕
「アリラン・ブルース」詞・西条八十／歌・高峰三枝子〔C〕
「支那むすめ」詞・高橋掬太郎／歌・菊地章子〔C〕
「満州ブルース」詞・久保田宵二／歌・淡谷のり子〔C〕
「煙突の歌」詞・藤浦洸／歌・中村メイ子〔C〕
「蘇州夜曲」詞・西条八十／渡辺はま子、霧島昇〔C〕
「花占い」詞・藤浦洸／歌・小夜福子〔C〕
「小雨の丘」詞・サトウハチロー／歌・小夜福子〔C〕
「ホット・チャイナ」詞・服部龍太郎／歌・笠置シヅ子〔C〕
「大空の弟」詞・村雨まさを／歌・笠置シヅ子〔C〕
「タリナイ・ソング」詞・秋山日出男／歌・コロムビア・ボーイズ（発禁）〔C〕
「スパイは踊る」詞・大和史朗／歌・リズム・シスターズ〔C〕
「東京の女性」詞・藤浦洸／歌・淡谷のり子〔C〕
「誕生日の午後」詞・藤浦洸／歌・淡谷のり子〔C〕
「回覧板」詞・横山隆一／歌・中村メイ子〔C〕
「古時計の歌」詞・野村俊夫／歌・松平晃〔C〕
「浪花女」詞・長田幹彦／歌・菊地章子〔C〕
「文明開化録（交声曲）」詞・佐藤惣之助／JOBK管弦楽、合唱（BK放送）
「ロッパ南へ行く」詞・上山雅輔／歌・古川ロッパ〔C〕
「八の字音頭」詞・野村俊夫／歌・伊藤久男、菊地章子〔C〕
「朗らかな鐘」詞・サトウハチロー／歌・霧島昇〔C〕
「私の好きなワルツ」詞・藤浦洸／歌・二葉あき子〔C〕

●**昭和16年（1941）**

「日の丸数え唄」詞・久保田宵二／歌・リズム・シスターズ〔C〕

「雨の沈丁花」詞・藤浦洸／歌・藤山一郎〔C〕

「波に揺られて」詞・西条八十／歌・川田晴久〔C〕

「海洋の歌」詞・西条八十／歌・牧継人〔C〕

「タンゴのお話」詞・村雨まさを／歌・笠置シヅ子〔C〕

「牡丹の曲」詞・西条八十／歌・山田五十鈴〔C〕

「若人の歌」詞・野川香文／オーケストラと軽音楽のための二重奏（NHK）

「星呼ぶ丘」詞・野村俊夫／歌・服部富子〔C〕

「KEIO&WASEDA」（ジャズ編曲）

「軍国女性」詞・松村又一／歌・渡辺はま子〔C〕

「流れ雲」詞・野村俊夫／歌・渡辺はま子〔C〕

「安南の月」詞・藤浦洸／歌・霧島昇〔C〕

「明日の運命」詞・西条八十／歌・渡辺はま子〔C〕

「六段」（編曲）一管編成〔C〕

「祖国の柱」詞・大木惇夫／国民歌謡〔C〕

「春之助の唄」詞・西条八十〔C〕

「野武士の唄」詞・西条八十／合唱〔C〕

「南の星」詞・西条八十／歌・霧島昇〔C〕

「星月夜」詞・武田喜代子／歌・二葉あき子〔C〕

「逢いみての」詞・西条八十／歌山田五十鈴〔C〕

「桃太郎」（ラジオオペラ）詞・サトウハチロー（NHKで放送予定が開戦で中止）

●**昭和17年（1942）**

「日本晴れだよ」詞・佐藤惣之助／歌・霧島昇〔C〕

「長恨歌」詞・西条八十〔C〕

「荒城の月ブギ」（編曲）ブギ第一号（NHK放送）

「電車は楽し」詞・サトウハチロー／歌・長門美保

「みたから音頭」農林省選定／歌・霧島昇、菊地章子〔C〕

「山の詩集」（組曲）詞藤浦洸（NHK放送）〔C〕

「銃後の妻」歌・菊地章子〔C〕

●**昭和18年（1943）**

「二つのクラリネットの為の（幻想曲）」

「風は海から」詞・西条八十／歌・渡辺はま子〔C〕

「森の囁き」（管弦楽）

「ポロネーズ風行進曲」

「アイレ可愛や」詞・藤浦洸／歌・笠置シヅ子〔C〕

「母は青空」詞・西条八十／歌・李香蘭〔C〕

「乙女のワルツ」（タンゴ編成）

「枕木」（満鉄映画）

「東京みやげ」詞・西条八十／歌・李香蘭〔C〕

●昭和19年（1944）
「馬車の中で」詞・石川啄木／歌・伊藤久男〔C〕
「私の鶯」（東宝映画）詞・サトウハチロー／歌・山口淑子〔C〕
「新しき夜」詞・サトウハチロー／歌・山口淑子〔C〕
「命の港」（東宝映画）詞・西条八十／歌・リズム・ボーイズ〔C〕
「翼の友情（中村少尉に捧ぐ）」詞・佐伯孝夫（NHK）
「綿繍山河」（中国映画）
「漢口的夜」（漢口ブルース）詞・佐伯孝夫／歌・渡辺はま子
「上海ローリング倶楽部の歌」詞・佐伯孝夫／歌・服部富子
「湖南進軍譜」詞・佐伯孝夫／歌・渡辺はま子
「蘇州矛兵団の歌」詞・小林兵団長／歌・服部富子、渡辺はま子
「新司偵の歌」詞・佐伯孝夫／歌・渡辺はま子
「君は船人」詞・西条八十／歌・伊藤久男〔C〕

●昭和20年（1945）
「同じ東亜の民じゃもの」
「今日も進みぬ幾山河」
「上海東照里の歌」詞・佐伯孝夫／歌・服部富子

●昭和21年（1946）
「夜来香幻想曲」（ラプソディー）歌・李香蘭と合唱
「民芸仲間の歌」詞・藤浦洸／歌・宇野重吉、他
「乙女の胸に」詞・サトウハチロー／歌・池真理子〔C〕
「黒いパイプ」詞・サトウハチロー／歌・近江俊郎〔C〕
「巴里よいとこ（ペペルモコ＝望郷）」詞・穂積純／『望郷』劇中
「銀座セレナーデ」詞・村雨まさを／歌・藤山一郎〔C〕
「白薔薇の唄」詞・藤浦洸／歌・高峰三枝子〔C〕
「神戸ブギ」詞・村雨まさを／歌・笠置シヅ子〔C〕
「復興ソング」入選詞／歌・服部富子〔C〕
「新道頓堀行進曲」入選詞／歌・服部富子〔C〕
「青春プランタン」詞・サトウハチロー／歌・志村道夫〔C〕
「愉快な仲間」詞・サトウハチロー／歌・榎本健一〔C〕
「勝利の南海ホークス」詞・梅木三郎／合唱団
「銀座三原メロディー」詞・サトウハチロー
「愛のリボン」詞・田賀甫／歌・並木路子〔C〕
「ピンアップの歌」詞・サトウハチロー
「青春の唄」詞・サトウハチロー／歌・志村道夫〔C〕
「あなたとならば（ハートのクイン）」詞・藤浦洸／歌・笠置シヅ子〔C〕

●昭和22年（1947）

「ジャズ・カルメン」（ミュージカル）歌・笠置シヅ子、他
「恋のいろ」詞・藤浦洸／歌・近江俊郎〔C〕
「スワニー河の歌」（編曲）詞・村雨まさを／笠置シヅ子
「我が輩は猫である」詞・サトウハチロー／歌・小川静江〔C〕
「苺は紅い」詞・藤浦洸／歌・山根寿子〔C〕
「胸の振子」詞・サトウハチロー／歌・霧島昇〔C〕
「夜のプラットホーム」詞・奥野椰子夫／歌・二葉あき子〔C〕
「返らぬ人」詞・大高ひさを／歌・淡谷のり子〔TE〕
「してるのかしら」詞・村雨まさを／歌・橘薫〔C〕
「カンナの花」詞・中西武夫／歌・月丘夢路（映画）
「夏のルンバ」詞・安西冬衛／BK放送
「東京ロマンス」詞・アーネスト・ホーブライト／歌・池真理子〔C〕
「コペカチータ」詞・村雨まさを／歌・笠置シヅ子〔C〕
「バラのルムバ」詞・村雨まさを／歌・二葉あき子〔C〕
「セコハン娘」詞・結城雄次郎／歌・笠置シヅ子〔C〕
「小鳥娘」詞・西条八十／服部富子〔C〕
「東京ブギウギ」詞・鈴木勝／歌・笠置シヅ子〔C〕
「浮かれルンバ」詞・野川香文／歌・笠置シヅ子〔C〕
「ある月の夜に」詞・サトウハチロー／歌・灰田勝彦〔C〕
「還らぬ昔（ブルーアンダンテ）」詞・藤浦洸／歌・笠置シヅ子〔C〕
「磯節」（ジャズ編曲）／BK放送
「時計台の下で」詞・藤浦洸〔C〕
「見たり聞いたりためしたり」詞・サトウハチロー／歌・リズム・ボーイズ〔C〕
「涙の虞美人草」詞・大高ひさを／歌・淡谷のり子〔TE〕
「街の広場」詞・竹中郁／ラジオ歌謡
「泣かないで」詞・清水みのる／歌・淡谷のり子〔TE〕
「東京カルメン」（ミュージカル）歌・笠置シヅ子、他
「どこかで誰かが」詞・サトウハチロー／合唱〔C〕
「愛の小函」詞・藤浦洸／歌・服部富子〔C〕
「雨ぞ降る」詞・野村俊夫／歌・高峰三枝子〔C〕
「まち角のブルース」詞・藤浦洸／奈良光枝〔C〕

●昭和23年（1948）

「さくらブギウギ」詞・藤浦洸／歌・笠置シヅ子〔C〕
「ヘイヘイブギ」詞・藤浦洸／歌・笠置シヅ子〔C〕
「夢去りぬ」詞・奥山靉／歌・霧島昇〔C〕

「シャンソン東京」詞・佐伯孝夫／歌・橘薫〔C〕
「恋の峠路」詞・藤浦洸／歌・笠置シヅ子〔C〕
「別府ブルース」詞・藤浦洸／歌・笠置シヅ子〔C〕
「博多ブギウギ」詞藤浦洸／歌・笠置シヅ子〔C〕
「ジャングルブギ」詞・黒澤明／歌・笠置シヅ子〔C〕
「面影の花」詞・西条八十／歌・二葉あき子〔C〕
「大阪ブギウギ」詞・藤浦洸／歌・笠置シヅ子〔C〕
「ある夜のブルース」詞・藤浦洸／歌・奈良光枝〔C〕
「北海ブギウギ」詞・藤浦洸／歌・笠置シヅ子〔C〕
「箱根八里（追分）」（編曲）
「アイ・ラブ・ユー」詞・アルバート・ハーツ／歌・越路吹雪
「タンゴ・カサブランカ」詞・堀田半四郎／歌・淡谷のり子〔C〕
「恋はバラの花」詞・白井鉄造／歌・灰田勝彦〔V〕
「東京の屋根の下」詞・佐伯孝夫／歌・灰田勝彦〔V〕
「深紅のボレロ」詞・藤浦洸／歌・藤山一郎〔V〕
「これがブギウギ」詞・村雨まさを／歌・笠置シヅ子〔C〕
「雪のブルース」詞・佐伯孝夫／歌・市丸〔V〕
「三味線ブキウギ」詞・佐伯孝夫／歌・市丸〔V〕
「千鳥の曲」（編曲）一管編成〔C〕
「夜風のタンゴ」詞・西条八十／歌・楠木繁夫、三原純子〔C〕
「観音音頭」詞・山田順子
「アリランルンバ」詞・村雨まさを／歌・服部富子〔V〕
「スティールマン三つの歌」詞・村雨まさを／歌・松島詩子
「特ダネ記者」詞・大森実／歌・笠置シヅ子（NHK）
「ブギウギ娘」詞・村雨まさを／歌・笠置シヅ子〔C〕
「ブギウギ時代」詞・村雨まさを／歌・笠置シヅ子〔C〕
「青いランプ」詞・深尾須磨子／BKラジオ
「セントラルシャンソン」歌・藤山一郎
「砂漠の花嫁さん」詞・佐伯孝夫／歌・服部富子（NHK）
「バクダットの娘」詞・サトウハチロー／映画主題歌
「コロムビアの歌」詞・藤浦洸／歌・コロムビア合唱団
「トヨタ自動車社歌」詞・西条八十
「アサヒビールテーマ」歌・リズム・シスターズ
「雨はビルに降りそそぐ」詞・梅木三郎／歌・小川静江〔C〕
「思い出のユーモレスク」詞・村雨まさを／歌・服部富子〔V〕
「南国の恋の想い出」詞・小田もとよし／歌・服部富子〔V〕
「これが恋かしら」詞・村雨まさを／歌・服部富子〔V〕
「指の歌」詞・西条八十／歌・星野美代子〔C〕
「恋のスリル」詞・井田誠一／歌・笠置シヅ子〔C〕

「ブギウギ音頭」詞・村雨まさを／歌・市丸〔V〕
「ビギンザコンガ」詞・野川香文／歌・笠置シヅ子〔C〕
「港の雨」詞・梅木三郎／歌・池真理子〔C〕
「南の恋唄」詞・村雨まさを／歌・宝塚三人娘

●昭和24年（1949）

「嘆きのルンバ」詞・野村俊夫／歌・二葉あき子〔C〕
「恋のアマリリス」詞・西条八十／歌・二葉あき子〔C〕
「ハロー銀座」詞・村雨まさを／歌・リズム・シスターズ〔C〕
「青い山脈」詞・西条八十／歌・藤山一郎、奈良光枝〔C〕
「あなたとならば」詞藤浦洸／歌・笠置シヅ子〔C〕
「ホームランブギ」詞・サトウハチロー／歌・笠置シヅ子〔C〕
「恋のジャングル」詞・井田誠一／歌・暁テル子〔V〕
「涙の花くらべ」詞・佐伯孝夫／歌・服部富子〔V〕
「マロニエの巴里」詞・西条八十／歌・芦野宏〔C〕
「カスタネット・タンゴ」詞・奥野椰子夫／歌・藤山一郎〔C〕
「リラの街角」詞・佐伯孝夫／歌・灰田勝彦〔V〕
「恋の流れ星」詞・佐伯孝夫／歌・山口淑子〔V〕
「グッドバイ」詞・藤浦洸／歌・藤山一郎、池真理子〔C〕
「黒いパイプ幻想曲」詞・サトウハチロー／シンホニック（NHK）詞・森川幸吉
「伊豆の夢」詞・村雨まさを／歌・服部富子〔V〕
「バイバイ上海」詞・佐伯孝夫／歌・高峰秀子〔V〕
「銀座カンカン娘」詞・佐伯孝夫／歌・灰田勝彦〔V〕
「我が夢我が歌」詞・島田磬也／歌・笠置シヅ子〔C〕
「ジャブ・ジャブ・ブキウギ」詞・藤浦洸／歌・近江俊郎〔C〕
「ロマンス航路」詞・藤浦洸／歌・近江俊郎〔C〕
「オリエンタルブギ」ダンス曲
「ブギゴットン」ダンス曲
「花の素顔」詞・西条八十／歌・藤山一郎〔C〕
「名古屋ブギ」詞・藤浦洸／歌・笠置シヅ子〔C〕
「午前二時のブルース」詞・藤浦洸／歌・小川静江〔C〕
「情熱娘」詞・藤浦洸／歌・笠置シヅ子〔C〕
「流れくる」詞・藤浦洸／NHK『世界の音楽』テーマ曲
「乙女雲の唄」詞・藤浦洸／歌・奈良光枝〔C〕
「恋のジプシー」詞・佐伯孝夫／歌・暁テル子〔V〕
「春はほのぼの」詞・安藤壮一郎〔C〕
「二世音頭」詞・並木功／ロスアンゼルスより委嘱
「新宿ブルース」詞・藤浦洸〔C〕
「いのちむなしく」詞・井田誠一／歌・平野愛子〔V〕
「縁もゆかりも」詞・村雨まさを／歌・市丸〔V〕

「波止場通りの唄」詞・梅木三郎／歌・池真理子〔C〕
「夜空のタンゴ」詞・西条八十／歌・二葉あき子〔C〕
「大島ブギ」詞・藤浦洸／歌・笠置シヅ子〔C〕
「銀座お洒落娘」詞・村雨まさを／歌・服部富子〔V〕
「恋は馬車に乗って」詞藤浦洸／歌・藤山一郎〔C〕
「さすらいのブルース」詞・佐伯孝夫／歌・奈良光枝〔C〕
「ギター抱えて」詞・佐伯孝夫／歌・灰田勝彦〔V〕
「銀座ジャングル」詞・佐伯孝夫／歌・暁テル子〔V〕
「想い出の白蘭」詞・佐伯孝夫／歌・山口淑子〔V〕
「東京カチンカ娘」詞・村雨まさを／歌・暁テル子〔V〕
「恋の長崎」詞・梅木三郎／歌・市丸〔V〕
「想い出のプラットホーム」詞・奥野椰子夫／歌・二葉あき子〔C〕

●昭和25年（1950）

「山のかなたに」詞・西条八十／歌・藤山一郎〔C〕
「ワンエンソング（一円ソング）」詞・村雨まさを／歌・灰田勝彦〔V〕
「ハロー王さん」詞・吉川静夫／歌・服部富子〔V〕
「買物ブギ」詞・村雨まさを／歌・笠置シヅ子〔C〕
「サム・サンデーモーニング」詞・山口国敏／歌・霧島昇〔C〕
「君の手紙（ラブレター）」詞・村雨まさを／歌・橘薫〔C〕
「日本野球の歌」詞・藤浦洸
「ブギカンタータ」詞・村雨まさを／合唱（NHK）
「古き巴里」詞・西条八十／歌・芦野宏〔C〕
「愉快なお巡りさん」詞・村雨まさを／歌・高倉敏〔C〕
「ビックリシャックリブギ」詞・山本嘉次郎／歌・榎本健一（映画）
「白バラのワルツ」詞・村雨まさを／歌・服部富子（映画）
「ロスアンゼルスの買物」詞・村雨まさを／歌・笠置シヅ子〔C〕
「アロハ・ブギ」詞・藤浦洸／歌・笠置シヅ子〔C〕
「オールマン・リバップ」詞・村雨まさを／歌・笠置シヅ子〔C〕
「ザクザク娘」詞・藤浦洸／歌・笠置シヅ子〔C〕
「アメリカ土産」詞・村雨まさを／歌・服部富子〔V〕
「君死に給ふ事なかれ」詞・与謝野晶子／歌・松島詩子
「さようなら」詞・深尾須磨子／歌・小川静江（NHK）
「ハリウッドブギ」村雨まさを／歌・服部・リズム・シスターズ
「能里子の唄」詞・西条八十／歌・二葉あき子〔C〕
「東京ブパッピー」詞・藤浦洸／歌・小川静江〔C〕
「アメリカ人の東京見物」管弦楽
「大島ズキズキ」詞・吉川静夫／歌・暁テル子〔V〕

「デンスケ節」詞・山口国敏／歌・堺俊二〔C〕
「ペ子ちゃんセレナーデ」詞・東美伊（藤浦洸補作）／歌・笠置シヅ子〔C〕
「恋の山彦」詞・西条八十／歌・奈良光枝〔C〕
「長崎ラプソディー」詞・坂口淳／歌・市丸〔V〕
「そんな娘がいるかしら」詞・梅木三郎／歌池真理子〔C〕
「みなとの朝」詞・竹中郁／歌・小川静江〔C〕
「遠き日の夢」詞・サトウハチロー／歌・灰田勝彦〔V〕
「あわきあこがれ」詞・藤浦洸／歌・藤山一郎〔C〕
「ロマンス航路」詞・藤浦洸／歌・近江俊郎〔C〕
「ハリウッド噂話」詞・村雨まさを／歌・服部・リズム・シスターズ
「富山中部高校の歌」

●昭和26年（1951）

「霧のサンフランシスコ」詞・村雨まさを／歌・服部富子〔V〕
「ミシン娘」詞・上山雅輔／歌・服部富子〔V〕
「グットナイト東京」詞・佐伯孝夫／歌・淡谷のり子〔V〕
「ホノルルボンガ」詞・村雨まさを／歌・暁テル子〔V〕
「東京のお嬢さん」詞・北村昇／歌・久慈あさみ〔V〕
「喧嘩ブギ」詞・村雨まさを／歌・榎本健一〔C〕
「お嫁になんか」詞・村雨まさを／歌・服部富子〔V〕
「ヤンキー・セレナーデ」詞・井田誠一／歌・小畑実〔V〕
「福助足袋テーマ」
「雨のビギン」詞・村雨まさを／歌・小畑実〔V〕
「ハーイ・ハイ」詞・村雨まさを／歌・笠置シヅ子とコロムビア・シスターズ〔C〕
「落葉の港」詞・勝承夫／歌・高英男〔K〕
「ボン・ボレロ」詞・村雨まさを／歌・笠置シヅ子〔C〕
「チャイナタウンの灯」詞・西条八十／歌・白光〔C〕
「ホット・チャイナ」詞・服部龍太郎／歌・笠置シヅ子〔C〕
「アリラン・ルンバ」詞・村雨まさを／歌・服部富子〔V〕
「雨の日ぐれ」詞・サトウハチロー／歌・二葉あき子〔C〕
「二人の秘密」詞・青木爽／歌・石井好子
「浮かれルンバ」詞・野川香文／歌・笠置シヅ子〔C〕
「オリーブの歌」詞・河西新太郎／歌・二葉あき子〔C〕
「小豆島音頭」詞・中岡章太郎／歌・久保幸江〔C〕
「服部時計店の歌」詞・藤浦洸
「恋のハバネラ」詞・村雨まさを／歌・淡谷のり子〔V〕
「貴方は罪な人」詞・井田誠一／歌・淡谷のり子〔V〕
「2001曲マーチ」（2000曲記念）詞・西条八十／歌・全員フィナーレ
「ラッキーサンデー」詞・山口国敏／歌・霧島昇
「道行きブギ」詞・村雨まさを／歌・笠置シヅ子、榎

本健一
「ニコニコフクチャン」詞・横山隆一／歌・中村メイ子〔C〕
「清雅荘ナイショ節」詞・村雨まさを
「銀座コンガ」詞・藤浦洸／歌・藤山一郎〔C〕
「うす暗き路なれど」詞・サトウハチロー（NHK）
「東京よさこい」詞・村雨まさを／歌・市丸〔V〕
「観光バスの唄」詞・火野葦平

●昭和27年（1952）

「浅草ラプソディ」詞・サトウハチロー／歌・霧島昇〔C〕
「ジャパニーズ・ブギウギ」詞・村雨まさを／歌・東郷たまみ〔C〕
「ベラベラソング」詞・村雨まさを／歌・リズム・シスターズ〔C〕
「七福神ブギ」詞・野村俊夫／歌・笠置シヅ子〔C〕
「カミナリブギ」詞・野村俊夫／歌・笠置シヅ子〔C〕
「夢よいずこ」詞・佐伯孝夫／歌・灰田勝彦〔V〕
「秘めた恋」詞・佐伯孝夫／歌・ナンシー梅木〔V〕
「恋のハバネラ」詞・村雨まさを／歌・淡谷のり子〔V〕
「東京のえくぼ」詞・西条八十／歌・藤山一郎〔C〕
「浮かれ三味線」詞・井田誠一／歌・市丸〔V〕
「あの夜のワルツ」詞・佐伯孝夫／歌・服部富子〔V〕
「丘は花ざかり」詞・西条八十／歌・藤山一郎〔C〕
「君を待つ間」詞・西条八十／歌・奈良光枝〔C〕
「三味線かっぽれ」詞・佐伯孝夫／歌・市丸〔V〕
「花のビギン」詞・村雨まさを／歌・笠置シヅ子〔C〕
「東京やんちゃ娘」詞・井田誠一／歌・宮城まり子〔C〕
「霧の夜汽車」詞・佐伯孝夫／歌・小畑実〔V〕
「ジャングルの女王」歌・暁テル子〔V〕
「ごきげんね」詞・丘十四夫／歌・久保幸江〔C〕
「あなたのハンカチ」詞・村雨まさを／歌・越路吹雪
「上郷高校校歌」
「大島第一中学校の歌」詞・西条八十
「帝人三原工場の歌」詞・藤浦洸
「川崎重工の歌」
「文明堂」（カステラ娘）
「アイルカムツーユー」『胸の振子』の英語版
「恋の花言葉」詞・藤浦洸／歌・奈良光枝〔C〕
「チャイナ・ムーン」詞・西条八十／歌・白光〔C〕
「うたかたの恋」詞・佐伯孝夫／歌・小畑実〔V〕
「恋のブギウギ」詞・村雨まさを／歌・池真理子〔C〕
「一目でずばり」詞・井田誠一／歌・市丸〔V〕
「ちょっとセンチねェ」詞・村雨まさを／歌・榎本美佐江（V）

「恋は陽気にスイングで」詞・井田誠一／歌・宮城まり子〔V〕
「青い夜のタンゴ」詞・佐伯孝夫／歌・小畑実〔V〕

●昭和28年（1953）

「浅草数え歌」詞・村雨まさを／歌・リズム・シスターズ
「ばら色の月」詞・若水かほる／歌・藤山一郎〔C〕
「尼寺の和尚さんが」詞・村雨まさを／歌・リズム・コーラス〔C〕
「銀座の舟唄」詞・村雨まさを／歌・藤山一郎〔C〕
「浅草ブギ」詞・サトウハチロー／歌・笠置シヅ子〔C〕
「水の煙の対話」（交響組曲）案・藤浦洸（NHK）
「ライオン歯磨の歌」詞・伊藤三夫
「川崎車輛社歌」詞・正中健一
「箒草の唄」詞・持丸
「牧場の時計」詞・藤浦洸／歌・中村メイ子〔C〕
「栄三郎流し」詞・服部龍太郎／歌・勝太郎
「浦川音頭」詞・服部龍太郎／歌・勝太郎
「日本電建の唄」
「慶應の歌」（ジャズ編曲）
「キツネうどんの唄」詞・西沢爽／歌・笠置シヅ子〔C〕
「ラブ数え歌」詞・村雨まさを／歌・リズム・シスターズ〔C〕
「バイバイ東京」詞・村雨まさを／歌・服部富子〔V〕
「雨のホノルル」詞・村雨まさを／歌・鶴田六郎〔V〕
「ウェーキは晴れ」詞・梅木三郎／歌・笠置シヅ子〔C〕
「シルバービジョンの唄」詞・サトウハチロー／歌・藤山一郎
「嘆きのバンドマン」詞・寺尾智沙／歌・霧島昇〔C〕
「薔薇とリボン」詞・西条八十／歌・宝とも子
「涙の孔雀」詞・西条八十／歌・織井茂子〔C〕
「倭文子の唄」詞・西条八十／歌・奈良光枝〔C〕

●昭和29年（1954）

「春の教会堂（三月のうた）」詞・サトウハチロー／歌・服部富子
「鬼は外マンボ」詞・藤浦洸／歌・笠置シヅ子
「芸者ブギ」詞・藤浦洸／歌・笠置シヅ子〔C〕
「わたしの凡てを」詞・菊田一夫／歌・二葉あき子〔C〕
「リンディルウ」詞・アルバート・ハーツ／歌・柳沢真一〔C〕
「浪曲カンタータ」詞・村雨まさを
「若い東京」詞・井田誠一／歌・森晴夫〔V〕
「光の交響楽」（NHK）
「東京ルンバ」詞・野川香文／歌・淡谷のり子

「夜汽車の女」詞・平凡募集／歌・二葉あき子〔C〕
「日の丸セイロン紅茶の歌」詞・サトウハチロー／歌・服部富子
「エッサッサマンボ」詞・服部鋭夫／歌・笠置シヅ子〔C〕
「雨傘の唄」詞・奥山靉／歌・池真理子〔C〕
「リスボンの思い出」詞・藤浦洸／歌・織井茂子〔C〕
「二十五時のビギン」詞・奥山靉／歌・池真理子〔C〕
「マルガリータ」（タンゴ）詞・奥山靉／歌・池真理子〔C〕
「安川電機テーマ」
「美しき瀬戸の夕映え」JOFK（広島）
「ヨットの唄」（帝劇ミュージカル）詞・秦豊吉／歌・越路吹雪
「ためいきルンバ」歌・宮城まり子〔V〕
「虹の並木路」詞・菊田一夫／歌・岡本敦郎、奈良光枝〔C〕
「ブルー・ラブ」詞・アルバート・ハーツ／歌・柳沢真一〔C〕
「君懐かしのトランペット」詞・井田誠一／歌・生田恵子〔V〕
「東京の空恋し」詞・井田誠一／歌・生田恵子〔V〕
「東京シンデレラ娘」詞・井田誠一／歌・宮城まり子〔V〕
「ああ故郷の君いずこ」詞・井田誠一／歌・三浦洸一〔V〕
「こけし河童」詞・八木隆一郎（舞踊劇）
「姑娘悲歌」詞・松坂直美／歌・服部富子〔V〕
「恋の娘浪曲師」詞・南波哲／歌・宮城まり子〔C〕
「青山学院・ラグビー部の歌」

●昭和30年（1955）

「おしどり航路」詞・南波哲／歌・榎本美佐江〔V〕
「女中奉公の歌」詞・村雨まさを／歌・笠置シヅ子〔C〕
「恋のヤンチャ娘」詞・南波哲／歌・宮城まり子〔V〕
「初恋の調べ」詞・奥山靉／歌・伊藤久男〔C〕
「藪入娘」詞・山下与志一／歌・笠置シヅ子〔C〕
「Yacco Samba」（編曲）歌・リズム・シスターズ
「緑のアンブレラ」詞・南波哲／歌・芦野宏〔C〕
「馬鹿にしゃんすな」詞・村雨まさを／歌・中村メイ子〔C〕
「目あり耳あり」（電通社歌）詞・サトウハチロー／歌・高沢明
「目下花嫁修業中」詞・山下武雄／歌・中村メイ子
「小さな恋をしちゃったの」詞・橘英哲／歌・中村メイ子〔C〕
「老水夫の歌」詞・藤浦洸／歌・高英男
「ピアノコンチェルチーノ」ピアノソロ・宅孝二
「丸栄躍進曲」詞・野村俊夫／歌・青木洸一

「マンボ18番茶も出花」詞・井田誠一／歌・雪村いずみ〔V〕
「シャグリ会の歌」詞・水島輝文／歌・芦野宏
「地獄門」（舞踊劇）詞・長谷川一夫、中村扇雀
「日立マークはベリーナイス」詞・西条八十
「BonBoisの歌・画架の森」詞・野上彰
「山の端かげの葡萄の色」詞・大倉芳郎／歌・藤山一郎
「シャンソンドートンボリ」詞・村雨まさを／歌・服部富子
「大丸百貨店テーマ」
「渋谷小学校の歌」詞・中野実
「Ja, Jambo」詞・村雨まさを歌笠置シヅ子〔C〕
「たよりにしてまっせ」詞・吉田みなを／歌・笠置シヅ子〔C〕
「Ja, Jambo娘」詞・村雨まさを／歌・朝丘雪路〔C〕
録音交響詩曲「お丶さか」詞・安西冬衛
「インディアンの乙女」詞・佐伯孝夫／歌・水谷良重〔V〕
「花嫁はどこにいる」詞・飯沢匡／歌・中村メイ子〔V〕
「夢のひと」詞・藤浦洸／歌・奈良光枝〔C〕
「メイコの電話」詞・井田誠一／歌・中村メイ子〔V〕
「メイコのワルツ」詞・井田誠一／歌・中村メイ子〔V〕
「腰抜け馬子唄」詞・村雨まさを／歌・中村メイ子〔V〕
「情熱のキャリオカ」詞・村雨まさを
「南の恋唄」詞・村雨まさを／歌・浜、如月、朝風（宝塚）
「青い果実」詞・佐伯孝夫／歌・曾根志郎〔V〕
「夢の中のパーティー」詞・佐伯孝夫／歌・曾根志郎〔V〕
「白いキャンパス」詞・藤浦洸／歌・藤山一郎〔C〕
「新浦島物語」（ラジオオペラ）１９５５年度芸術祭参加作品／詞・藤田敏雄／歌・荒秩規子、淀かおる、浜口庫之助、宮本正、リズム・シスターズ、ＪＯＡＫ合唱団

●昭和31年（1956）

「青山コアラーズの歌」詞・中村五郎／コーラス
「夜来香」（編曲）詞・藤浦洸／歌・胡美芳
「扇を持つ女」詞・西条八十／歌・池真理子〔C〕
「五人囃子がやって来た」詞・藤田敏雄／歌・藤山一郎〔C〕
「心の小雨」詞・野村俊夫／歌・コロムビアローズ〔C〕
「ＯＴＶオープニングミュージック」
「交声曲大阪」（ＯＴＶ開局記念）管弦楽
「青春我が胸に」詞・三坂ますみ／歌・岡本敦郎
「伊予三島市立松柏小学校校歌」

●昭和32年（1957）

「勝浦中学校の歌」詞・白鳥省吾

「金魚」（フルート曲）
「微風と街路樹」詞・藤浦洸／歌・芦野宏、星野みよ子〔C〕
「ニッカウヰスキーの歌」詞・サトウハチロー／歌・ダークダックス
「しあわせのワルツ」詞・岩谷時子／歌・コロムビアローズ〔C〕
「東洋紡テーマ」
「不二家のミルクチョコレートの歌」歌・リズム・シスターズ
「かかしでござる」詞・サトウハチロー／歌・ダークダックス〔C〕
「アジア映画祭の歌」
「雨だれ母さんの歌」詞・大木惇夫／KRドラマ
「香港」（映画）
「昔話もととり山」（松竹新喜劇）詞・阿木翁介
「かんてき長屋」（松竹新喜劇）詞・舘直志
「東京ロメオ」詞・野上彰／歌・芦野宏、中原美沙緒
「女床屋の歌」詞・村雨まさを／歌・笠置シヅ子
「二人の喫茶店」詞・石本美由起／歌・コロムビアローズ〔C〕
「ブルーとピンクの新婚旅行」詞・福永純子／歌・芦野宏、星野みよ子〔C〕
「宝ビールの歌」詞・サトウハチロー／歌・ダークダックス
「一枚のシュミーズ」詞・宮沢章二／歌・宮城まり子
「君と初めて逢った夜」詞・石本美由起／歌・湯川きよみ〔C〕
「愛の火曜日」詞・大木惇夫／歌・コロムビアローズ〔C〕
「妲己」（大阪歌舞伎座）詞・白井鉄造
「お婆さんと小犬」詞・西沢爽／歌・深緑夏代
「ふくすけ」（おとぎプロ）詞・横山隆一

●昭和33年（1958）

「高砂ジャイアンツの歌」（高砂部屋応援歌）
「聖火かざして」（行進曲）第三回アジア競技大会〔C〕
「凡々座ミュージカル」詞・村雨まさを（京都南座）
「俺はハイティーン」詞・石本美由起／神戸一郎〔C〕
「俺は孫悟空」詞・西沢爽（東映マンガ映画）
「ブルーラブ」詞・薩摩忠
「戦鼓」（浪曲）詞・村上元三／歌・天中軒雲月
「ポギーとベス」（全曲）民芸
「お染囃子」詞・村雨まさを／歌・花村菊江〔C〕
「すずかけの散歩道」詞・西条八十／歌・宝田明〔C〕
「虹のワルツ」詞・武鹿悦子／歌・安田祥子〔C〕
「思い出の蘇州」詞・井田誠一／歌・服部富子〔V〕

「情無用の港町」詞・西沢爽／歌・若山彰〔C〕
「田園ソング」詞・丘灯至夫／歌・若山彰〔C〕
「東京べべ」詞・水島哲／歌・中島そのみ〔C〕
「東京ハイティーン」詞・石本美由起／歌・沢村みつ子〔C〕
「あなたの名前」詞・西条八十／歌・能沢佳子〔C〕
「ロンリークリスマス」詞・服部はつね／歌・中原美沙緒
「長崎小学校の歌」
「清水小学校の歌」（高槻市）詞・郷田恵
「玉野家政女子専門学院歌」詞・脇太一
「トヨタミシンの歌」詞・菊田一夫／歌・ペギー葉山
「東洋製菓」詞・サトウハチロー／歌・朝丘雪路

●昭和34年（1959）

「涙よさようなら」詞・星野哲郎／歌・コロムビアローズ〔C〕
「ジャコンパの歌」詞・古賀政男（日本作曲家協会の歌）
「テレホンラブコール」歌・築地容子（三越）
「山のかなたに」詞・西条八十／歌・宝田明〔C〕
「窓」詞・中沢悦子／歌・二葉あき子
「女秘書艶史」（香港映画）
「プリンセスポロネーズ」（美智子妃に捧げて）
「春風のビギン」詞・山下与志一／歌・水谷良重
「タンゴの好きなお嬢さん」詞・福永純子／歌・芦野宏〔C〕
「夜の吐息に」詞・野上彰／歌・ビショップ節子（TV）
「日本生命応援歌」詞・藤浦洸／歌・藤山一郎
「マドモアゼル日立」詞・西条八十／歌・芦野宏

●昭和35年（1960）

「慕情の香港」詞・星野哲郎／歌・コロムビアローズ〔C〕
「私は待つ」（西遊記）詞・西沢爽／歌・島倉千代子〔C〕
「でたらめの歌」（西遊記）詞・西沢爽／歌・守屋ひろし〔C〕
「パンならシキシマ」詞・石本美由起
「仙台一高野球部の歌」詞・高木健夫
「野瑰玖の恋」（香港映画）
「おそめの四季」詞・吉井勇
「灰色の巴里祭」詞・薩摩忠／歌・中原美沙緒〔C〕
「空白」詞・星野哲郎／歌・井上ひろし〔C〕
「香港チャチャチャ」詞・星野哲郎／歌・スリーキャッツ〔C〕
「淋しい僕になっちゃった」詞・西沢爽／歌・守屋ひろし〔C〕

「大日本印刷応援歌」詞・サトウハチロー
「凸版印刷板橋工場歌」詞・内田ゆたか／歌・若山彰

●**昭和36年（1961）**

「古い錨のブルース」詞・石本美由起／歌・コロムビアローズ〔C〕
「見つめないで」詞・中沢悦子／歌・森さかえ〔C〕
「香港の夜」詞・星野哲郎／歌・宝田明〔C〕
「何故」詞・中沢悦子／歌・森さかえ〔C〕
「大阪の夜」詞・中沢昭二／歌・神戸一郎〔C〕
「狸小路のお姐ちゃん」詞・村雨まさを／歌・こまどり姉妹〔C〕
「やきいもの歌」詞・村雨まさを／歌・花菱アチャコ
「夜のうた」詞・内村直也／歌・佐々木俊子
「浪花無情」詞・関沢新一／歌・藤山寛美〔C〕
「アキラのええじゃないか」詞・関沢新一／歌・小林旭〔C〕
「船頭子守唄」詞・村雨まさを／歌・小林旭〔C〕
「愛知トヨタの歌」

●**昭和37年（1962）**

「小児女」（香港映画）
「共同印刷社歌」詞・サトウハチロー
「風雲児」詞・星野哲郎／歌・村田英雄〔C〕
「Sophia Sophia」詞・村雨まさを
「雨のメリケン波止場」詞・野上彰／歌・淡谷のり子〔C〕
「遠い日のブルース」詞・永六輔／歌・淡谷のり子〔C〕
「兄さんの愛情」（東京映画）
「一貫三百どうでもいい」詞・関沢新一／歌・藤山寛美〔C〕
「荒原哀歌」詞・星野哲郎／歌・村田英雄〔C〕
「アイ・アイ・ブルー・ロード」詞・村雨まさを／歌・高沢明〔C〕
「思い出のスカイライン」詞・青木義久／歌・高沢明〔C〕
「輪になって」（北九州市記念）詞・村雨まさを／歌・藤山一郎
「さよなら初恋の町」詞・ホセしばざき／歌・高橋元太郎〔TO〕
「泣きべそ節」詞・関沢新一／歌・北原謙二〔C〕
「大原高校応援歌」詞・神原茂弘
「三菱金属桶川工場の歌」

●**昭和38年（1963）**

「放浪記」詞・十二村哲／歌・松山恵子〔TO〕
「香港夜曲」詞・岩谷時子／歌・陳玉華〔TO〕
「香港ディンドン娘」詞・ホセしばざき／歌・陳玉華

〔TO〕
「うるま育ち」詞・遠藤石村／歌・嘉手納清美〔TO〕
「星空の那覇空港」詞・内村直也／歌・嘉手納清美〔TO〕
「女」詞・野上明／歌・淡谷のり子（放送）
「浪曲月夜鳥」詞・十二村哲／歌・松山恵子〔TO〕
「香港組曲」（交響組曲）
「デイゴの花はなぜ赤い」詞・松井由利男／歌・嘉手納清美〔TO〕
「暁の合唱」（宝塚映画）詞・岩谷時子／歌・星由里子〔TO〕
「ああ戦友よ」詞・川内康範／歌・松崎進一郎〔TO〕
「摩文仁の丘」詞・山口獏、十二村哲補／歌・嘉手納清美〔TO〕
「東京の雨」詞・薩摩忠／歌・芦野宏〔TO〕
「富岡市歌」詞・鈴木比呂志
「青年の歌」詞・大木惇夫／歌・立川澄人
「青い風船」詞・志賀大介／歌・星由里子〔TO〕
「東京の空の下隅田川は流れる」詞・薩摩忠／歌・芦野宏〔TO〕
「東京のブルース」詞・薩摩忠／歌・芦野宏〔TO〕
「絵描と詩人」詞・中沢悦子／歌・芦野宏〔TO〕
「きっとね」詞・中沢悦子／歌・弘田三枝子〔TO
「女の肌」詞・藤浦洸／歌・朝丘雪路〔C〕

「フランスベッド社歌」
「品川区民の歌」

●昭和39年（1964）

「王貞治選手応援歌」詞・丁志明
「シャーケー大ちゃん」（テレビ映画）詞・島田馨也／歌・陳玉華
「恋の夜来香」詞・島田馨也／歌・陳玉華〔TO〕
「Co-Coの子守唄」（次女・梢結婚記念）
「松竹新喜劇劇団の歌」詞・藤沢桓夫／歌・服部富子
「わてら年輪」（日生劇場）詞・渋谷天外
「香港ブルームーン」詞・村雨まさを／歌・陳玉華〔TO〕
「函館の灯」詞・鈴木比呂志／歌・藤島恒夫〔TO〕

●昭和40年（1965）

「宮崎南高校の歌」詞・黒木惇吉
「興津中学校校歌」
「パレットのワルツ」（三女・早苗結婚記念）
「紀陽音頭」
「五番町夕霧楼」詞・伊馬春部／歌・小倉康子
「こどもの国の歌」詞・西条八十〔C〕
「好きだってサ」詞・沢ノ井千江児／歌・古瀬洋子〔TO〕
「凸版印刷社歌」詞・内田ゆたか

「自衛隊友の会の歌」詞・川内康範

●昭和41年（1966）

「愛こそ光り我が命」詞・島田馨也
「日本精工の歌」詞・大木惇夫
「乗泉寺の歌」
「駅前二十年」（森繁劇団）
「アドリブで逢いましょう」詞・村雨まさを／歌・服部富子
「新治中学校歌」詞・鈴木比呂志
「水たまり」詞・中沢悦子／歌・森下美智子〔TO〕
「謀網嬌娃」（香港映画）
「香港花月夜」（香港映画）
「サーカスマーチ」詞・川内康範／歌・藤島恒夫〔TO〕
「恋してはじめて」詞・川内康範／歌・森下美智子〔TO〕
「虹のさすらい」詞・川内康範／歌・園田ひろし〔TO〕
「富士パルプ社歌」
「谷川電機社歌」詞・伊野上のほる

●昭和42年（1967）

「煙よけむり」（森繁劇団）詞・永井龍男
「須川小学校歌」詞・鈴木比呂志
「愛することは（禁じられた恋）」詞・村雨まさを／歌・森下美智子〔TO〕
「Oh! My CHAKO」（初音結婚記念）詞・村雨まさを
「銀色の渚」詞・志賀大介／歌・園田ひろし〔TO〕
「青春鼓王」（香港映画）
「聖者の恋」（オペラ）詞・寺崎浩／歌・坂本博、他
「あしたぼの歌」
「唇をかんで」詞・村雨まさを／歌・森下美智子〔TO〕
「群馬女子短期大学校歌」詞・鈴木比呂志
「美土里中学校歌」詞・鈴木比呂志
「京ヶ島小学校歌」
「美光写苑の歌」詞・伊野上のぼる
「ふたりの花園」詞・志賀大介／歌・園田ひろし〔TO〕
「異郷の夜」詞・鈴木比呂志／歌・克美しげる〔TO〕
「香港日本人学校校歌」詞・鳩貝実次郎
「香港日本人学校の歌」詞・藤田一郎

●昭和43年（1968）

「さつま音頭」詞・永田三甫〔C〕
「ミキモトの歌」（御木本真珠社歌）
「花月良宵」（香港映画）
「どんたくの歌」詞・伊野上のぼる
「不死鳥よ永遠に」（岩切社長のために）詞・渡辺網纜
「銀座の森のワルツ」（三越）

「子供交通安全数え歌」
「群馬県民の歌」詞・高草木昭允
「沼田西中学校の歌」詞・鈴木比呂志
「万場高校の歌」詞・鈴木比呂志

●昭和44年（1969）

「讃えよ日本万国博」（ミュージックエイト社）
「高原が呼んでいる」詞・鈴木比呂志／歌・水原弘〔TO〕
「下仁田国定公園音頭」詞・鈴木比呂志／歌・水原弘〔TO〕
「山田仙寿堂社歌」
「安中市歌」
「細江中学校歌」
「東京電子工業KK社歌」

●昭和45年（1970）

「銀座の仲間」詞・村雨まさを／酒場セレナーデの歌
「アスタ・マニアーナ」詞・岩村悦子／歌・由紀さおり、トリオ・ロス・チカノス〔TO〕
「霧のブルーナイト」詞・二条冬詩夫／歌・石原裕次郎〔TE〕
「銀座夜のブルース」詞・池田充男／歌・石原裕次郎〔TE〕
「あいつの女」詞・小笠原マミ／歌・石原裕次郎〔TE〕
「恋の交差点」詞・瀧原健之／歌・服部富子
「この道を歩いて行こう」詞・岩村悦子／歌・二葉あき子
「入野小学校校歌」詞・長谷川良太郎
「日本流通研究所」（社歌）詞・伊野上のほる

●昭和46年（1971）

「君の名はさくら」詞・あみはるこ／歌・由紀さおり〔TO〕
「群馬銀行の歌」詞・村田文彦
「幻燈画の世界に」詞・藪田義雄
「ら・どんな銀座」詞・佐伯孝夫／歌・トリオ・ロス・パンチョス
「夜霧銀座のバラード」詞・池田充男／歌・麻里圭子〔TE〕
交響詩曲「ぐんま」詞・鈴木比呂志
「遥かなる草原」詞・吉岡治／歌・舟木一夫〔C〕
「悲しき船出」詞・藤浦洸／歌・霧島昇〔C〕
「愛のからっ風」詞・古館多加志／歌・由紀さおり〔TO〕
「三菱未来讃歌」詞・大倉芳郎
「渋谷ライオンズクラブの歌」詞・水島輝文
「前橋保育専門学校の歌」詞・鈴木比呂志

「さりげない別れ」詞・吉岡治／歌・舟木一夫〔C〕
「都井岬旅情」詞・黒木清次／歌・舟木一夫〔C〕
「あれから一年」詞・なかにし礼／歌・泉のり子
「別れの部屋」詞・なかにし礼／歌・泉のり子

●**昭和47年（1972）**

「月蒼く恋は命」詞・井上梅次／歌・島倉千代子
「鍵をかけないで」詞・なかにし礼／歌・菅原洋一〔PO〕
「この世に生まれて」詞・なかにし礼／歌・坂本すみ子
「さよならTOKYO」詞・安井かずみ／歌・槇岡婦貴子
「備前音頭」（岡山県）詞・村雨まさを
「隅田川ぞめき」詞・佐伯孝夫／歌・市丸〔V〕
「大利根小学校の歌」詞・鈴木比呂志
「桐生東小学校校歌」詞・鈴木比呂志
「富岡西中学校校歌」詞・鈴木比呂志
「ワコー工業社歌」詞・阿木翁助

●**昭和48年（1973）**

「あじさい旅情」詞・石本美由起／歌・島倉千代子
東京ニュー演歌十二曲（LP）詞・藤田まさと〔V〕
1「羽田エア・ポート」歌・日吉ミミ
2「新宿流れ花」歌・日吉ミミ
3「深川育ち」歌・三善英司
4「隅田川」歌・三善英司
5「池袋夜曲」歌・松崎しげる
6「渋谷ブルース」歌・松崎しげる
7「六本木の夜」歌・佐良直美
8「ニコライの鐘が鳴る」歌・佐良直美
9「雨の自由ヶ丘」歌・青江三奈
10「赤坂界隈」歌・青江三奈
11「銀座人生」歌・松尾和子
12「原宿の灯」歌・松尾和子
「君死に捨う事なかれ」詞・与謝野晶子／歌・島田裕子〔PO〕
「おとこ雨おんな雨」詞・佐伯孝夫／歌・市丸〔V〕
「鏡の中の女」詞・藤浦洸／歌・淡谷のり子
「明日に生きよう」（50周年記念）詞・村雨まさを
「京都中央信用金庫の歌」詞・喜志邦三
「四万の若草」（中の條第三小中学校校歌）詞・鈴木比呂志

●**昭和48年（1974）**

「行進曲郷愁」（ミュージックエイト社）
「華麗なる行進曲」（ミュージックエイト社）
「昔のあなた」詞・山上路夫／歌・雪村いずみ

「青山一丁目のブルース」詞・村雨まさを／歌・服部富子
「微笑むモナリザ」詞・山上路夫／歌・ダークダックス
「ミュージックエイトの歌」詞・伊野上のぼる
「カネコ種苗社歌」
「大阪カンタータ」（交声曲）詞・喜志邦三、坂田寛夫／1動く大阪、2郷愁の大阪、3祭の大阪、4明日への大阪
「荏原警察署の歌」
「渚のボレロ」詞・藤浦洸／歌・藤山一郎
「ラブストーリー」（クラブ澄の歌）詞・村雨まさを
「日本の四季」（合唱曲）詞・村雨まさを
「宮崎西高校の歌」詞・南邦和

●**昭和50年**（1975）

「士師の杜」詞・鈴木比呂志
「子供の為のピアノ小協奏曲」
「はんなさわらび学園の歌」詞・鈴木比呂志
ピアノコンチェルト「あにいもうと」
「ネオトロみんなのうた」詞・森美代子
「木にも心が」詞・鈴木比呂志／歌・石井義郎
「商工会議所婦人部の歌」詞・野村若葉子
「舞いすがた」詞・鈴木比呂志／歌・八千代会
「呑んで歌ってセレナーデ」詞・村雨まさを／歌・セレナーデ会
「渡瀬小学校の歌」詞・鈴木比呂志
「美九里小学校の歌」詞・鈴木比呂志
「拓殖銀行応援歌」（北海道）詞・藤浦洸
「久喜市小学校の歌」詞・浜梨花枝
「桜井組音頭」詞・鈴木比呂志

●**昭和51年**（1976）

「渋川市の歌」詞・応募作
「漂泊」詞・伊良子清白／歌・樋本栄
「なにも言わないで」詞・村雨まさを／歌・築地容子
「悪い人ネ」詞・村雨まさを／歌・築地容子
「指定席」詞・向井四郎／歌・石井好子
「たそがれにピアノを聞けば」詞・福田一三／歌・石井好子
「花いっぱいの歌」詞・阿部淳一
「昭和建設ＫＫ社歌」詞・鈴木比呂志
「自治大学校歌」「自治大学愛唱歌」
「岩本中学校の歌」詞・鈴木比呂志
「水月小唄・祇園花街ブルース」詞・宮田晴朗
「東京実務補習所の歌」詞・川北博
「松井田東中学校の歌」詞・鈴木比呂志

●昭和52年（1977）
「みだれ髪より」詞・与謝野晶子／歌・島田裕子〔PO〕
「木琴の為の小協奏曲」詞・平岡養一
「わが街大阪の歌」詞・吉川昌英
「歌は心の友だちさ」詞・鈴木比呂志
「目黒警察署の歌」詞・なかにし礼／歌・藤山一郎
「人生はブルース」詞・村雨まさを〔C〕
「大阪市民音頭」詞・安本栄次
「前橋育英学園短期大学校歌」詞・鈴木比呂志
「共立社歌」詞・鈴木比呂志

●昭和53年（1978）
「JBC社歌」詞・鈴木比呂志
「琥珀会の歌」詞・山辺直行
「こだま幼稚園歌」詞・鈴木比呂志
「藤岡東中学校歌」詞・鈴木比呂志
「法師潟の宿、詩の宿」詞・鈴木比呂志
「サタデーナイト」（アドリブの歌）詞・村雨まさを
「菊地建設社歌」
「品川音頭」詞・石本美由起
「太産工業KK社歌」詞・鈴木比呂志
「総社第二保育園の歌」詞・鈴木比呂志

「大生相互銀行の歌」詞・鈴木比呂志
「山口則子着物気付教室の歌」詞・鈴木比呂志
「あたし」詞・星野哲郎／歌・美川憲一〔CR〕
「青のブルース」詞・星野哲郎／歌・美川憲一〔CR〕

●昭和54年（1979）
交響詩「富士」（マウント富士）
「二つのクラリネットの為の協奏曲」
「煙の霊歌」
「国華頌社歌」
「日の友同志歌」「月の友行進曲」詞・星野哲郎
「日本電池社歌」詞・山上路夫
「高野建築社歌」詞・石本美由紀
「松谷のうた」詞・鈴木比呂志
「老神恋歌」詞・鈴木比呂志
「母」詞・鈴木比呂志

●昭和55年（1980）
「おとなのメルヘン」詞・石原和三郎／歌・ボニージャックス
「若人の歌」（ブラスバンド用）
「アンナカレーニナ」詞・藤公之介／歌・由紀さおり〔TO〕

「白夜のタンゴ」詞・大津あきら／歌・由紀さおり〔TO〕
「ロマンスに乾杯」詞・竜真知子／歌・由紀さおり〔TO〕
「人魚のささやき」詞・遠藤幸三／歌・由紀さおり〔TO〕
「ティボリ公園にて」詞・竜真知子／歌・由紀さおり〔TO〕
「館林第十小学校校歌」詞・鈴木比呂志
「桐丘短大校歌」詞・鈴木比呂志
「北信会の歌」詞・鈴木比呂志

●昭和56年（1981）

「一富士社歌」詞・西沢爽
「日宝総合製本社歌」「愛唱歌」詞・田渕志郎
「たちらねの母の匂い」詞・鈴木比呂志
「林屋八景」詞・鈴木比呂志
グランドワルツ「グリーン利根」詞・鈴木比呂志／歌・二期会コーラス
「東芝労働組合社歌」詞・志賀大介
「日鉄電設工業社歌」詞・志摩海夫
「見明川中学校校歌」詞・宇田川敬之助
「サンデーアフターヌーン御堂筋」詞・築地容子、村雨まさを／歌・築地容子
「近畿建設社歌」

●昭和57年（1982）

「与三郎色ざんげ」詞・西沢爽／歌・市丸〔V〕
「さかづき小唄」詞・西沢爽／歌・市丸〔V〕
「元総社北小学校校歌」詞・鈴木比呂志
「ふりむかないで」詞・恩田幸夫
「吉井西小学校歌」詞・野中一美
「東日本ビジネスアカデミー社歌」詞・鈴木比呂志
「あかぎ賛歌」（赤城国体記念）詞・鈴木比呂志

●昭和58年（1983）

「東京ますいわ屋社歌」詞・鈴木比呂志
「本州ＢＭ社歌」
「若竹保育園歌」詞・鈴木比呂志
「日本の母の歌」詞・鈴木比呂志
「人生はマラソン」詞・村雨まさを
「猿ヶ京セレナーデ」詞・鈴木比呂志
「犬山旅情」詞・鈴木ハナ
「MY TOWN OSAKA」詞／歌・築地容子

●昭和59年（1984）

「一秒だけのランデブー」詞・宮下智／歌・田原俊彦〔ポニーキャニオン〕
「犬山市の歌」歌・藤山一郎

「南部中学校校歌」詞・岩瀬ひろし

●**昭和60年**（1985）

「田中城址慕情」詞・金栗利三
「ああ田中城」詞・金栗利三
「世界はひとつ輪になろう」詞・石本美由起
「君はひとりじゃないんだよ」詞・石本美由起
「石亭社歌」詞・岩瀬ひろし
「石亭音頭」詞・岩瀬ひろし
「利根村の歌・美しき利根」詞・鈴木比呂志
「メキシコ70年祭」
「安中実業高校校歌」

●**昭和63年**（1988）

「沼田南中学校校歌」

祖父の想い出　あとがきにかえて

祖父・服部良一と僕の幼い頃の想い出は実はそんなに多くない。というのも、一緒に住んでいたわけではなかったので、年に数回、洗足の家に遊びに行って「おお！　よく来たな！」と迎え入れて頭をなでてくれた程度。

十月一日の誕生日、正月、クリスマスには親戚全員が集まってみんなでパーティーをするのが楽しみだった。小学生ぐらいから孫たちで音楽会を開くようになり、そこで一人ずつ歌を披露した。審査員はそれぞれの親で審査委員長に服部良一、副委員長は父の服部克久。公平を期すために優勝は実力関係なく持ち回りだった。それが僕たち孫の一年に数回あるメインイベント。年長者が思春期に入るとその音楽会も自然消滅してしまったが、中学生の頃には少し音楽の勉強もはじめていたので、入場用の曲を僕が作って、司会進行が得意な別のいとこがプログラムを作成したりして、結構、いとこ同士の中でそれぞれの特技を活かしたイベントになっていたと記憶している。覚えているのはいつも審査委員長をやってくれている祖父にみんなから感謝状を贈ろうということになり、手作りの賞状を作って、音楽会の最後にレコード大賞で審査委員長・服部良一がやっていたように感謝状の授与式をやった。それは本人も大変に嬉しかったようで、のちに何かのエッセイで「今までもらったどの賞状よりも嬉しかった」と書いてくれていて、その賞状も大切に保管してくれていたそうなので、やって良かったなと思っている。

でもやっぱりその頃の祖父と僕の思い出はごく普通のおじいちゃんと孫の関係という感じ。高校生になって、音楽家の道を志そうと決めた時も特に相談した記憶はないけれど、父親と同じパリに留学をしようと決意し、母と一緒に、きちんと制服を着て祖父の前で報告をしたのはとてもよく覚えている。パリに出発する日、祖母と二人でわざわざ成田空港まで見送りに来て、餞別に腕時計をプレゼントしてくれた。その腕時計は中学生の頃に祖父の仕事部屋に遊びに行った時にかっこいいなと思ったものと同じブランドで、僕が気に入っていたことを覚えてくれていたのかもしれない。

その後パリで受験に失敗した僕に手紙を送ってくれて、服部良一と印刷された専用の原稿用紙にマスからはみ出すぐらいに大きな字で「受験に失敗したことを落ち込んでいるかもしれないが、そんなに落ち込む必要はない。いろいろ吸収して勉強して、気楽にやるように。」と書いてあった。でもすぐそのあとに「お前が三代目としてパリに行っていることは世間の皆様が知っているのだからね。克久はパリで自分の世界観をしっかり作ってきている。自分もメッテル先生に音楽の基礎を学び、ポップスも勉強した。」と書いてあって、プレッシャーをかけているんだか励ましているんだかよくわからない手紙だなと思ったけれど、きっと両方本心だったろうし、僕を三代目としてちゃんと認識してくれていたと思う。そういえば、パリ留学期間に日本映画祭みたいなものがあり、戦争中や戦後の邦画をまと

⇧パリ留学を見送りに来てくれた家族と友人。中央が隆之、右に父克久、1人おいて祖父母の良一・万里子、妹の奈緒、母時子。

めて上映していて、クレジットに「音楽　服部良一」と書いてあってびっくり。恥ずかしながら、その頃、祖父をヒットメーカーとしての認識はあったけれど他の仕事やディテールは知らなかったので、そういう形で彼の仕事に触れられたのも貴重な経験だった。

フランスから帰国して祖父が亡くなるまでの数年間、いくつか親子三代という形での仕事があり、あらためて服部良一の音楽に同業者として触れることになった。存命中、まわりがそういう機会を作ってくれていたのかもしれない。その短い期間に少しでも音楽の話など膝を詰めて話せなかったことは、今でも大きな心残りのひとつだ。その後、祖父の作品をアレンジしたり演奏する機会も増えてきて、作曲家としての祖父と関わる時間も多くなった。父が亡くなってからメディアで服部良一について話すのは僕の役割となった。

ＮＨＫ朝の連続テレビ小説『ブギウギ』の音楽を担当したことで、あらためてこの本『僕の音楽人生』を深く読み込み、祖父のオリジナルスコアとしっかり向き合った時間は、実際一緒に過ごした時間を除けば一番深く彼の音楽と関わった時間かもしれない。ドラマの視聴者にはあまり関係ないが、服部良一の原譜は同業者の僕が見てもびっくりするほど緻密に書いてあって、丁寧に音符が記されており、濃いオーケストレーションだった。「東京ブギウギ」はドラマ用に少し手直しをしようと思っていたのに、あまり手直しをする必要がなかったほど。そういうスコアはとても熱量が必要で、言い方は悪いが面倒な作業。当時の祖父の仕事に対する姿勢が見えて、彼が持っているサービス精神みたいなものが譜面全体から伝わってきた。「買物ブギ」などは作詞までしていて、その内容はコントのようだし、今のラップに通じるものがあり、とにかく人を笑わせてやろう、びっくりさせようという、ある意味作曲家としての矜持のようなものが感じられる。そのような仕事の情熱は父、克久にも、そして僕にもないような気がする。

若い頃の服部良一には「野心」みたいなものがすごくあって、この本に書いてあるように、常に周囲にアンテナを張り、先輩である古賀政男先生をとても意識しているし、大阪にいたら取り残されてしまうというような不安、ブギにしても戦前から譜面を手に入れ、それをいろんな所で試して、戦争が終わったらこれを使って皆を元気にしようと絶妙なタイミングで世の中に出す。正直そんな〝野心家〟服部良一を僕は見たことがないし、晩年の祖父にそんな片鱗を感じてはなかった。最晩年に本人からその時のギラギラした思いを少しでも聞けたら、どういう言葉で語ったんだろうと、そこにはとても興味がある。

あらためてこの本を読んで、祖父の音楽に対する態度や、すべてを音楽に捧げたことを思うと僕自身も襟を正さなければいけないなと思う。直接交わした言葉は少なかったとしても、祖父の生き様から今の時代に通じる沢山の学びがあり、頑張れよと僕に叱咤激励してくれているような気持ちにもなる。今回復刊したこの『僕の音楽人生』を通じて音楽家・服部良一に多くの方々が興味を持っていただけたならこんなに嬉しくて涙ぐましいことはありません。

服部隆之

2023年9月

服部良一（はっとり りょういち）

明治 40 年　1907 年、大阪・本庄で生まれる。
大正 14 年　出雲屋少年音楽隊入隊（17 歳）。
昭和 8 年　25 歳、上京。翌年、ニットー・レコードと契約、音楽監督となる。
昭和 10 年　28 歳、音楽結婚式を挙げる。翌年、コロムビアに専属作曲家として入社。
昭和 23 年　フリーとなり、主にコロムビアとビクターで作曲活動。
昭和 26 年　作曲が二千曲を超え、二千曲記念ショーを東京と大阪で開催。
昭和 33 年　日本作曲家協会設立、理事長に就任。
昭和 44 年　紫綬褒章を受ける。
昭和 47 年　東京音楽祭を創立、審査委員長に就任。
昭和 53 年　日本作曲家協会会長に就任。翌 54 年、勲三等を叙勲。
昭和 55 年　日本音楽著作権協会会長に就任。
平成 4 年　レコード大賞音楽文化賞を受ける。
平成 5 年　1 月 30 日没、享年 85 歳、国民栄誉賞を受ける。

DTP／株式会社光邦
協 力／日本コロムビア株式会社
　　　服部音楽出版／オフィス胸の振り子（服部朋子）
写真協力／中西美樹子（P81）

ぼくの音楽人生《おんがくじんせい》

2023 年 11 月 10 日　第1刷発行

著　者　服部良一《はっとりりょういち》
発行者　吉田芳史
印刷所　株式会社光邦
製本所　株式会社光邦
発行所　株式会社日本文芸社
　　　　〒 100-0003 東京都千代田区一ツ橋 1-1-1　パレスサイドビル 8F
　　　　TEL.03-5224-6460（代表）

Printed in Japan 112231030-112231030 Ⓝ 01（180018）
ISBN978-4-537-22164-0

日本音楽著作権協会（出）許諾第 2307139-301 号

◎本書は 1993 年発行『ぼくの音楽人生』に加筆、訂正を加え、再編集したものです。
内容に関するお問い合わせは、小社ウェブサイトお問い合わせフォームまでお願いいたします。
ウェブサイト　https://www.nihonbungeisha.co.jp/